徐州工程学院学术著作出版基金资助

苏北农村城镇化的金融支持研究

邵 川 著

中国矿业大学出版社

图书在版编目(CIP)数据

苏北农村城镇化的金融支持研究 / 邵川著. —徐州：中国矿业大学出版社，2016.12

ISBN 978-7-5646-3421-6

Ⅰ. ①苏… Ⅱ. ①邵… Ⅲ. ①城市化—金融支持—研究—江苏 Ⅳ. ①F299.275.3②F832.753

中国版本图书馆 CIP 数据核字(2016)第 316776 号

书　　名　苏北农村城镇化的金融支持研究

著　　者　邵　川

责任编辑　李　敬　郭　玉

出版发行　中国矿业大学出版社有限责任公司

（江苏省徐州市解放南路　邮编 221008）

营销热线　(0516)83885307　83884995

出版服务　(0516)83885767　83884920

网　　址　http://www.cumtp.com　**E-mail**:cumtpvip@cumtp.com

印　　刷　江苏淮阴新华印刷厂

开　　本　787×1092　1/16　**印张** 14.25　**字数** 272 千字

版次印次　2016 年 12 月第 1 版　2016 年 12 月第 1 次印刷

定　　价　35.00 元

（图书出现印装质量问题，本社负责调换）

前　言

新型城镇化需要着重解决两个问题：一是人往何处去？二是钱从哪里来？《国家新型城镇化规划（2014—2020年）》明确指出，加快发展中小城市，有重点地发展小城镇，通过提升县城、重点镇、特大镇与特色镇的基础设施水平和城镇功能，发展县域城镇经济，推动农村人口就近城镇化。城镇建设离不开金融支持，金融要素是推动城镇化的最重要因素之一，而资金短缺与金融发展滞后是农村城镇化的短板。在传统城市化建设依靠土地出让、银行贷款渠道获得城镇建设资金的模式不可完全复制的情况下，研究县域金融、创新金融工具和拓展金融市场对农村城镇化进程具有重要意义。

本书旨在通过研究金融驱动城镇化的动力机制、农村城镇化的金融供给现状、农村城镇化的金融需求及缺口、金融支持农村城镇化的实证分析等，论证金融支持城镇化的具体实施路径，探讨金融支持农村城镇化发展的路径与应对措施。首先，从区域发展的视角，依托区域空间集聚理论与外部性理论，阐述金融驱动城镇化的机制与作用机理。城市的本质是集聚经济，集聚是城市产生的基本动力，也是扩大城市规模与推动城镇化发展的重要因素；金融能够降低企业的交易成本与融资成本，是提升区位优势的必要因素，所以，金融的这种外部性是集聚发生的重要驱动力。其次，构建城镇化评价指标体系，综合测量与评价苏北农村城镇化发展水平。评价结果表明，苏北农村城镇化水平高于全国平均水平，县城与部分建制镇经济发展条件较好，适宜推动农村城镇化，引导农村居民就地向市民转变。在推动农村城镇化的过程中，以差别发展、重点突出、因地制宜为原则，重点培育经济、社会及规划等各方面条件允许的小城镇，完善其功能，扩大其规模，使之成为农村人口就地城镇化的载体。第三，从存贷款规模、金融发展与金融结构等三个方面对苏北农村金融供给进行综合评价。与省内其他地区相比较，苏北农村金融发展相对滞后，市场集中程度与垄断程度较高，尽管各县市存、贷款规模增长较快，但金融效率提升缓慢，金融有效供给不足的现象依然存在。第四，采用结构方程模型、面板数据模型等方法，以江苏苏北为例进行金融支持农村城镇化发展的实证分析。在农村，金融发展相对滞后，民间金融对正规金融有一定的替代，使得实证分析有一定的困难，通过模型比对，采用结构方程模型与面板数据模型处理相关数据，得出苏北农村金融与城镇化之间的关系为金融“供给引领”模式为主的结论，推导出金融支持城镇化的具体路径。第五，采用野外调查法，从小城镇经济个体的金融需求、农村土地金融以及小城镇建设融资需求等三个方面分析苏北农村城镇化的金融需求。现阶段，小城镇经济个体的资金供给分别来自于正规金融与民间借贷，其中，以正规金融为主，民间借贷是重要补充；农村土地金融刚刚起步，在政策扶持的背景下，已成为家庭农场的一个重要融资来源。

2002～2015 年，尽管苏北农村金融发展有了显著的提升，然而在城镇化进程中苏北农村金融仍存在着诸如农村储蓄存款流失显著、资金供给短缺、金融组织体系薄弱、机构垄断特征明显、民间金融不规范以及农地金融发展滞后等问题。当前，城镇化建设对金融发展又提出了新的需求，已经远远超出了传统金融的供给范畴，要发挥金融“供给引领”的作用推动农村经济增长与城镇化建设，必须要进一步创新农村金融供给才能够满足新型农村城镇化的金融需求。本书基于供给侧视角，从引导商业金融服务农村城镇化，规范民间金融、完善金融机构体系、盘活土地要素、发展农地金融、完善金融制度、推动金融创新等方面提出金融驱动新型城镇化的对策与建议。

本书的创新点存在于三个方面：第一，从金融的外部性与空间集聚效应的视角分析了城镇化的金融支持机制。城镇化引致的要素集聚及经济增长对金融发展产生了更高的要求，同时也给金融发展提供了更为广阔的市场，促使金融发展不断深化，二者之间形成循环累积因果链条。第二，利用结构方程模型探讨了金融各变量对苏北农村城镇化各变量的影响，并得出苏北农村地区金融发展与城镇化之间存在金融“供给引领”模式的结论，推导出苏北各县市金融发展影响农村城镇化的主要路径。第三，系统研究了苏北农村城镇化的金融供给与金融需求。金融供给研究从农村金融政策演变、金融供给规模与金融发展等方面展开，发现苏北农村金融发展存在农村金融产品与服务仍然为明显的虚弱化、农村正规金融供给不能够满足农村金融需求等问题；同时，将农村城镇化的金融需求分解为若干层面，分析并测算了苏北农村城镇化建设的资金需求量。总之，本书系统地分析与研究了金融对农村城镇化的支持机制与推动路径，在很大意义上是对金融支持城镇化研究领域的丰富与补充。

著　者

2016 年 11 月

目 录

第1章

绪　论

1.1　研究背景与意义

1.1.1　研究背景

1978～2015年，我国城镇化取得了显著的成绩，城镇常住人口从1.7亿人增加到7.7亿人，城镇化率从17.92%提升到56.1%，年均增长1%，依据诺瑟姆曲线，城镇化进程进入加速期。城镇化在我国经济社会发展中的作用与地位进一步凸显的同时，也出现了一些亟待解决的现实问题。第一，劳动力等经济发展要素过于向大城市集中，而县域小城镇集聚要素能力普遍较弱，导致大城市快速发展，而小城镇相对落后，造成了“城市病”与“城乡二元结构”问题并存；第二，大城市中农民工阶层数量庞大，与城市居民构成“城市二元结构”；第三，大量农村人口尤其是青壮年劳动力涌入大城市，造成农村“空心化”、土地撂荒、农村留守妇女与留守儿童等经济社会问题。针对城镇化发展进程中出现的上述问题，2012年，党的十八大提出新型城镇化战略，推动城镇化健康有序发展。

新型城镇化是以人为本的城镇化，着重解决农民工阶层的城市融入以及农村转移居民的就近城镇化问题。前者对应着农民工市民化，后者则与农村城镇化相对应。2014年，李克强总理在政府工作报告中进一步明确了新型城镇化的核心任务：“促进约1亿农业转移人口落户城镇，改造约1亿人居住的城镇棚户区和城中村，引导约1亿人在中西部地区就近城镇化”。从一定意义上讲，农村转移人口就近城镇化即为农村城镇化，通过进一步培育与提升县域发展条件较好的小城镇，促进各种经济要素向小城镇集中，引导农业转移人口在当地完成由农民向市民的转型，生产和生活方式由乡村型向城市型转化，推动传统的农村文明向现代的城市文明转变。人口就近城镇化是安置部分农民工与新增城镇人口的重要途径，既缓解了大城市的人口压力，又在欠发达的农村地区推动了小城镇

(增长极)的培育,从而达到促进经济发展,缩小城乡二元差距的目标。不同于传统的城市化,农村转移人口就地城镇化强调城镇基础设施的均衡扩散与资源、人口的相对集中[1]。由于我国地域广阔,各地农村发展差异性较大,推动农村城镇化要做到区别对待,因地制宜,原则上应依据国土功能区规划,在经济发展条件较好、农村城镇化有一定基础、重点建设城市群的地区大力推动农村城镇化。在农村城镇化进程中,"重点镇"、"特色镇"无疑成为重要的战略节点。一方面,"重点镇"、"特色镇"是农村经济的增长极,建设"重点镇"、"特色镇"构成了农村城镇化的重要内容。另一方面,"重点镇"、"特色镇"是城镇化的战略基点,承担着城市群的塔基功能,没有这部分城镇的充分发展,就不会产生大、中、小城市有机配合的城镇体系(胡必亮,2007)。

农村城镇化建设的资金需求巨大,而资金缺口显著、金融有效供给不足。第一,农村城镇化建设资金缺口庞大。据统计,按年均提高1%的城镇化速度,转移人口每年达到1 300万,10年达到70%的城镇化水平,将总共转移约1.3亿人口,平均每个转移人口约需投入15万元,则全国年均投入约2万亿元,而2011年,中国城镇建设投资的费用总额1.4万亿元,缺口约0.6万亿元,规模十分庞大(陈雨露,2013)。实际上,长期以来"城市偏向"①的发展政策使得我国城镇建设投资主要用于大中城市,小城镇建设投入严重不足,资金缺口规模更为庞大。第二,农村金融有效供给不足。城乡二元经济结构导致农村资金源源不断地流向城市,造成农村"经济失血"严重;"利率双轨制"以及与小城镇建设融资等相关的政策性金融支持不到位,降低了金融支持农村城镇化的效率;农村城镇化金融需求具有多层次及多元化特性,而金融服务品种单一;城镇化建设项目中大多具有公共产品属性,这与金融企业的盈利性运营目标相违背;等等。这些都构成了农村城镇化的金融制约因素。

在农村金融市场规模较小、金融有效供给不足的背景下,金融只能促进城镇化建设,而无法主导城镇化进程,所以农村金融支持城镇化建设应有所侧重,必须寻找好着力点与切入点,做到"有所为,有所不为"[2]。本书以金融驱动农村城镇化为研究对象,以江苏苏北农村城镇化为案例,从金融驱动城镇化的机制与维度、农村城镇化的金融需求与金融供给现状、金融支持农村城镇化的缺口与不足等方面展开理论与实证研究,探索农村城镇化的金融支持路径与金融驱动机制。

---

① 城市偏向是指政府为实现特定目标而实施的一系列偏向于发展城市部门的政策。第二次世界大战之后,亚非拉地区的一些欠发达国家为迅速实现经济独立和国家富强,大都选择了城市—工业化发展模式,力图通过优先发展城市部门来带动整体经济的增长。在研究与反思城市—工业化发展模式的过程中,Lipton(1977)提出了城市偏向理论(Urban Bias Thesis)。

1.1.2 研究意义

农村城镇化是我国新型城镇化的一个重要组成部分，县域小城镇在分流农村转移人口、推进农村城镇化、构建城市群等方面起着非常重要的作用。而农村城镇化的瓶颈主要存在于小城镇基础设施落后与产业支撑不足两个方面，这两方面的发展与建设既需要财政资金支持，更需要多层次、多元化的金融体系支持。近二十年的城市化主要表现为大城市扩张，其产业发展有较为成熟的城市金融支持，其城市基础设施建设融资有"土地财政"支持，对于资金缺口巨大的农村城镇化来讲，存在着农村金融基础薄弱且"土地财政"难以复制的显著问题，因而研究金融支持农村城镇化具有重要的理论意义与实践意义。

1.1.2.1 理论意义

农村城镇化的金融支持研究作为金融支持城镇化研究的一个有机组成部分，丰富了相关研究体系。国外城市化发展主要沿着工业化—城市化的路径，工业化为城市建设与发展铺垫了充足的税收与资金积累，鲜有金融支持城镇化的研究；国内中心城市的城市化进程，既有成熟的金融体系支持，又有"土地财政"保障；国内农村城镇化，作为我国新型城镇化进程的一个必要阶段，既缺少国外经验，国内中心城市扩张的经验又不可完全借鉴。因此，研究农村城镇化的金融支持机制具有一定的开拓性，是对金融支持城镇化研究的丰富与补充。

第一，从机制与机理的角度研究农村城镇化的金融支持，丰富与补充城镇化的金融支持理论研究。制度动力对农村城镇化的驱动是全方位的。高效率的金融制度安排可以合理配置资金资源，推动经济发展，促进农村城镇化进程；效率较低的金融制度安排则会发生资金资源的错配，制约经济发展，阻碍农村城镇化进程。集聚效应是城镇化的根本动力，已有的研究已经达成这样的普遍共识：金融是形成城镇化集聚效应的一个重要因素，其对城镇化的推动作用表现在金融的外部性。本书从农村城镇化建设的金融需求以及农村金融供给现状出发，在农村金融有效供给不足的情况下，将金融对城镇化促进作用的外部性具体化，从影响的切入点出发，形成农村城镇化金融驱动的机制与机理分析。

第二，为全面推进农村城镇化，健全与完善农村金融供给体系提供理论指导。已有的农村金融研究主要是从"三农"视角，致力于解决农村、农业与农民的问题，在农村金融供给理论基础之上，本书依托农村城镇化建设，展开农村金融需求分析，并提出具有针对性的完善农村金融供给的举措，农村金融供给体系既包含"三农"层面，也包含基础设施建设及非农产业发展层面；既有政策金融、商业金融、合作金融的传统供给层面，也有小微金融、普惠金融的创新供给层面；既有直接融资，也有间接融资。

第三，为建立县域资金实现内部循环的长效机制提供理论支持。长期以来，农村资金流向城市，支持城市建设的同时，造成农村资金极度短缺，农村发展深受影响。农村城镇化建设的资金缺口十分庞大，留住农村资金并形成资金的优化配置体系就极为必要。本书以金融支持农村城镇化为契机，通过构建系统的农村金融供给体系，研究农村资金循环的形成机制与机理。

第四，为深化农村金融改革与金融创新提供理论依据。农村金融改革既要针对农村实际发展有的放矢，又要避免“头痛医头，脚痛医脚”，实施系统性的农村金融改革，以支持农村城镇化建设目标。农村金融需要从体制机制、机构体系、金融工具等方面进行全面改革，既发挥既有的农村金融优势，又积极创新与发展以农村金融体制、金融市场、金融机构、金融工具等为主要内容的农村金融体系，推动农村金融改革的深化与创新。

1.1.2.2 实践意义

本书的实践意义及应用价值在于多措并举补充农村城镇化建设的资金缺口，系统性地完善农村金融体系，构建农村城镇化金融支持的长效投融资机制，实现农村金融体系的良好运行，以更为有效地支持农村城镇化，实现金融发展与城镇化建设的良性互动。

第一，有助于推动构建新型农村城镇化金融支持体系，破解农村城镇化的资金难题。资金短缺是农村城镇化面临的重要问题，而农村金融有效供给不足，农村城镇化的金融需求难以被满足，阻碍了现代农业发展与农村城镇化进程。本书围绕农村城镇化，构建以政策性金融为引导、商业性金融为主导、民间金融为补充的新型农村金融体系，推动多种性质金融资源共同支持农村城镇化建设；通过研究与构建金融支持机制，形成对城镇新兴产业、保障性住房、基础设施建设以及农业发展等有效的金融支持，以带动产业与要素的空间集中，促进城镇产业结构优化，更为有效地推动人口就地城镇化。

第二，有助于促进民间金融的规范化与合法化。民间金融长期在农村经济发展中占有一席之位，但由于缺少合理的规范与引导，出于防范金融风险的需求，民间金融从 1998 年起被界定为非法[①]，导致曾经十分活跃的合会、私人钱庄等民间机构消失或转入地下。为充分调动农村资金参与农村城镇化建设的积极性，引导农村民间金融进入正规金融体系极为必要；民间金融具有亲民、便民的

① 非法金融机构，指未经主管部门批准，擅自设立从事或者主要从事吸收存款、发放贷款、办理结算、票据贴现、资金拆借、信托投资、金融租赁、融资担保、外汇买卖等金融业务活动的机构。1998 年 7 月 3 日，朱镕基总理签署国务院令《非法金融机构和非法金融业务活动取缔办法》，取缔上述非法金融机构。

特性，引导其进入正规金融，更有利于构建竞争有序的农村金融市场。

第三，有助于农村土地金融改革的深化与完善。农村城镇化面临着一般农户贷款困难，农村城镇化资金短缺的困境，解决问题的关键在于增强农地产权权能，促进农地增值，进而推动农地使用权的货币化与资本化，土地金融已经在全国多地实施。土地集中使用是农村城镇化的一个重要特点，如人口集中居住、耕地集中使用、建设工业园区等，农村城镇化建设必然会深化与完善土地金融改革，通过建立土地银行、发行土地债券等举措，完善支持农村城镇化的土地金融，吸引城市闲置资金进入农村城镇化建设，促进城乡资金循环。

第四，江苏省位于我国东部沿海地区，位列长三角城市群与东陇海城市群的重要地域，是农村城镇化发展的重要地区，经济发展与城镇化进程均处于全国前列。同时，江苏省南北区域差异较大，南北差别类似于我国东部及中部地区，因此，对于苏北农村城镇化的研究既是江苏省自身城镇化建设及缩小区域差异的需要，也具有对东部发达地区农村城镇化的前瞻意义及对中部欠发达地区农村城镇化的借鉴意义。

1.2 国内外相关研究述评

1.2.1 国内相关研究

国内对金融支持城镇化的研究主要围绕金融发展与城镇化的相关性、农村城镇化金融支持的必要性、农村城镇化的金融支持内容以及当前金融支持农村城镇化存在的问题等方面展开，而对金融支持城镇化的机制与机理方面的研究较少。

1.2.1.1 关于城镇化的动力与作用机制的研究

1.2.1.1.1 城镇化动力研究

改革开放以来，中国城镇化的持续、快速推进引发了学者们对城镇化动力的探讨，对城镇化动力的解释经历了从一元到多元的过程。改革开放初，周一星(1980)以工业化(一元动力)解释了城镇化的发展过程。后来的研究中，对城镇化动力的解释逐渐趋于二元化与多元化。20 世纪 80 年代以后，“推力—拉力”作用机制逐渐成为业界内普遍认同的城镇化动力机制，城镇化的推动力来自于农业的发展，农业发展解放了农业剩余劳动力，并为城镇化提供农产品剩余；城镇化的拉动力则来自于非农产业的发展以及城市在就业机会、经济收入、生活水平、个人发展方面所具有的优越性(孙久文、叶裕民，2010)[3]。部分学者在我国城镇化发展实践的基础上，提出我国城镇化的动力可分为“自上而下”与“自下而上”两种类型，前者的动力来自中央政府的政策制定对城镇化的推动，后者来自于农村非农产业的发展以及基层政府的力量（唐蜜、肖磊，2014）[4]。还有学者将城镇化动力进一步归纳为市场主导动力和政府主导动力两种类型，将城镇化的推动力与拉动力合并到市场机制中，在城市上升阶段，这两种动力都会形成自我强化的循环累积因果链条（李强，2012）。欧向军等（2008）通过对江苏省城镇化进行实证研究，将城镇化动力总结为行政力、市场力、外部力与内在力等 4 种动力[5]。魏冶等（2013）借鉴这种四维分析方法，将影响我国城镇化的动力机制同样分成行政、市场、外向和内源四种动力因子，建立指标体系并分别进行了面板分析、时序分析和空间分析。研究表明，上述四种动力在时间与空间上都有较为显著的分异。长时间尺度内，动力机制具有一定的动态性和趋势性，内源力作用逐渐上升，而行政力作用逐渐下降将成为必然趋势；空间分析显示，市场力与内源力具有一定的历史依赖性，优势地区将继续保持领先，落后地区继续维持落后状态。随着市场力的不断稳固和内源力的持续增长，城镇化不平衡发展的趋势将加剧。增加行政力的宏观调控作用，促进城镇化动力的多元化是缓解这一不平衡的重要策略[6]。总之，我国城镇化的主要动力表现为市场力，即农业与工业的发展分别对城镇化形成了推拉机制，市场力与内在力的历史依赖性导致城镇化水平的区域差异，行政力是协调城镇化水平区域差异的重要策略，而外在力作用表现较弱。如表 1-1 所列。

表 1-1　关于城镇化动力机制研究的发展

动力机制	主要观点
一元动力	以工业化解释城镇化的发展
二元动力	农村的推力机制与城市的拉力机制
	市场主导和政府主导
	“自上而下”与“自下而上”的动力机制
多元动力	城镇化的动力分为行政力、市场力、内在力、外部力

我国社会经济的二元结构特点突出，农村城镇化动力是与农村经济社会发展相适应的动力，与城市化的动力不完全相同：从市场的角度，包含农业生产力提高、乡镇企业发展、小城镇服务功能与品质的提升；从政府的角度，主要是国家的相关政策措施推动；从农民的角度，则是农民个体利益的保障与满足。许学强等认为农业发展和农村改革是农村城镇化的初始动力，对外开放是农村城镇化的加速器，在经济发达而又对外开放的地区，农村人口向城市人口转化并不主要

是因为城市现代大工业的发展，也不必然进入到大城市，而是由于农村经济快速发展，就近转移到小城镇，实现农村城镇化；国家的有关政策，则是实现农村城镇化的关键激励因素[7]。周毅(2010)将农村城镇化的动力机制归纳为农村工业化推进、比较利益驱动、农业剩余贡献和制度变迁等四个方面[8]。

综上所述，经济发展是农村城镇化发展的核心动力，政策措施是农村城镇化的辅助动力，小城镇居住功能与城镇品质的提升是农村城镇化的重要保障。农村城镇化是一个要素持续集聚的过程，非农人口和非农产业在小城镇集中只有达到一定的规模，才能够降低交易成本，产生规模经济和集聚经济，因此，集聚的发生在农村城镇化中是一个需要不断强化的循环累积因果过程。现阶段，在新型城镇化的背景下，农村城镇化扩张的动力不可能依靠人口红利的释放与城镇土地规模的快速扩张，提升农村城镇化水平的途径，一是要依靠提高产业的生产效率来促进经济增长，进而推动城镇化进程；二是依靠提高小城镇生活品质与公共服务质量，吸引人口集中，推动城镇化全面发展。提升农业生产效率以解放农业劳动力，提升工业生产效率以促进小城镇财富积累，提升服务业生产效率以扩大就业规模与提高小城镇宜居水平。总之，提高产业效率与提升小城镇品质才是推动农村城镇化的有效途径。

1.2.1.1.2 城镇化的作用机制分析

城镇化机制是城镇化进程中，各种影响城镇化的因素之间的互相联系、互相制约的互动关系。李世泰等将农村城镇化的动力机制总结为推动农村城镇化所必需的动力产生机理，以及维持、协调和改善这种作用的机理，使之在城镇化中持续、有序发挥作用的，以既定资源为约束，以资源配置方式为条件，以各种制度为保障的综合系统[9]。

集聚具有动力的一般特征，是区域经济增长的动力机制，因而也是城镇化发生的动力机制。首先，集聚作为动力具有方向性，在区域经济发展过程中主要表现为正向性。例如，当区域经济处于集聚经济状态时，集聚动力与区域经济的发展方向一致，是区域经济发展的正向动力。第二，集聚是一个动态的过程。在区域空间上，集聚度随时都在发生变化。区域作为开放的空间，流动性要素随时都有流入与流出，如新兴的企业或新的产业的不断兴起，区域外的企业向特定区域空间的迁移，以及区域内的企业向其他区域的迁移随时都在发生；非流动性要素如区内自然环境等也在随时发生着改变。上述变化均会带来集聚度的变化，从而导致集聚动力的变化。第三，集聚动力具有加和性。集聚的过程伴随着区域经济的发展过程，区域经济发展的过程又是集聚度不断提升的过程，集聚程度随着区域经济的发展而增加。第四，集聚是区域经济发展的内生动力。集聚过程发生在区域的特定空间范围之内，集聚是导致区域经济发展的内在原因，因而是区域经济发展的内生动力。同时,集聚动力作为内生动力是时间的增函数,即随着时间的推移,集聚动力逐步加强[10]。

1.2.1.2 关于金融发展是城镇化的重要推动因素的研究

相关研究证明,金融要素是推动城镇化的最为重要的因素之一,城镇化与金融发展显著正相关。伍艳(2005)选取1978～2002年中国城市化水平和金融发展的数据,利用简单相关分析和偏相关分析检验了中国城市化水平和金融发展的关联性,认为城市化水平和金融发展水平数据序列之间具有很强的正相关关系。郑长德(2007)认为金融中介的发展与城镇化进程间内含着一种互动机制:一方面,金融中介可以促进城镇化发展;另一方面,城镇化水平的提高又可以通过生产要素的不断集聚,使市场规模得以扩大,从需求和供给两个方面促进金融中介的发展。黄勇、谢朝华(2008)采用非结构化的向量自回归模型(VAR)检验发现,我国银行贷款和城镇化建设之间存在着直接因果关系。银行贷款对城镇化建设具有重要的支持效应,但金融部门对城镇化建设的资金需求的兴趣在降低,为了更好地满足城镇化建设中的资金需求,可以通过建立多元化的投融资体制,完善城镇金融服务体系、完善信贷管理体系和规范政府与金融部门之间的关系等途径,强化金融支持效应。郑枚、傅强(2008)研究表明,保费收入、存款余额、贷款余额、金融机构的现金收入四个指标的增加都促进了城镇化率的提高。王楠(2011)从以下几个方面探索城市金融发展对城市化影响的机理和方式:通过建立PVAR模型,发现金融发展是城市化程度的Granger原因,金融发展可以促使城市化程度的提高;通过建立面板协整模型,发现全部金融机构的贷款与GDP的比率对于城市投资是正向的拉动作用;通过建立动态面板数据模型,发现城市金融发展对城市产业结构的升级具有一定的正向推动作用,且这种作用具有一定的滞后性。

1.2.1.3 关于金融促进城镇经济增长的研究

现代金融是经济发展的核心,城镇化水平与金融发展具有正向相关性,主要因为经济增长对城镇化进程具有显著的带动作用,随着经济的不断增长,城镇化水平会相应地提升;城镇化的推进与城镇金融发展水平的提升也会促进城镇经济增长。金融发展对经济增长的促进作用除了提供系统的支付与清算平台之外,还主要表现在以下方面:

金融促进资本积累。资本是经济增长的重要因素之一。传统经济学认为,国民收入等于消费与投资之和,或者消费与储蓄之和,投资等于储蓄,投资的资本来源于储蓄,是国民收入减去消费的余额,也被称为资本积累。金融在影响资本积累的过程中,第一,具有动员储蓄的功能,把社会上闲散的资金集中起来;第二,具有提供储蓄者与借贷者之间融资平台的功能,将资金盈余者与资金短缺者联系起来；第三，具有信息搜集的功能，消除储贷之间的信息不确定性，降低交易成本，消除资本流动风险；第四，具有事后监督与获取信息的功能，保障资金的安全[11]；第五，金融中介在借贷活动中还具有范围经济和规模经济，金融中介较之于个人更能够摊平交易成本[12]。金融体系在促进储蓄有效地转化为投资，实现金融资源的有效配置的同时，发挥着风险管理、流动性供给、价格发现、信息提供、提供激励等功能。

金融发展促进产业结构优化升级。优化产业结构是推动经济增长的重要力量，其中，金融发展是影响产业结构优化升级的重要因素之一。金融发展通过资金导向效应、资金形成效应和风险管理效应等促进产业结构的不断优化，进而推动经济增长。范方志等(2003)从我国东、中、西三个区域分别研究金融发展与产业结构升级的关系，得出金融发展是以优化产业结构为中介，通过影响产业结构来推动经济发展的结论。马智利(2008)采用非平稳时间序列分析法研究的结果同样表明了产业结构与金融发展之间存在长期均衡关系，其中，与金融市场化比率之间存在双向的 Granger 因果关系，与金融相关比率存在单向 Granger 因果关系。王春丽(2011)在实证研究中国 31 个省、区、市面板数据模型后，认为金融发展变量对产业结构优化具有明显的推动效果。李万超等(2013)对农村产业结构与农村金融发展的关系进行研究，以乡镇企业增加值与农村生产总值作为农村产业结构评价指标，得出类似的结论：农村金融深度、农村金融结构与农村金融效率对农村产业结构优化都具有正向促进作用，其中，农村金融深度的影响占主导地位。

1.2.1.4 关于我国农村金融与农村经济增长关系的研究

相关文献表明，关于中国的农村金融发展与经济增长之间关系的研究主要集中于农村金融对经济增长促进作用的实证分析(姚耀军，2004；谭崇台，2015；傅昌銮，2014、2015；赵洪丹，2015；温涛，2005；阮华，2015；刘丹，2015；刘芬华，2010)，研究产生两个截然相反的结论。一方面，二者之间存在相关关系。全国范围看，农村金融发展对农村经济增长具有影响作用，姚耀军以 1978～2002 年数据为基础对中国农村金融与农村经济的研究表明二者具有长期均衡关系；谭崇台对全国 31 个省区研究也发现农村金融发展与农村经济增长之间存在基本显著的正相关；李雪梅以分形的方法对中国农村金融与经济增长的关系分析表明，二者之间的关系表现为非线性关系。省域范围看，赵洪丹、王德英、杨青、金宇宙等分别对吉林、浙江、新疆、西部地区等进行农村金融发展与经济增长的验证表明，二者之间有波折，但整体上存在均衡关系，但是存在正向影响与负向影响两方面之说。另一方面，二者之间没有显著的相关性，甚至存在负向影响。陈敏采用面板门限的方法，以 1994～2008 年数据为基础，研究我国 31 个省区的农村金融发展与农村经济增长关系，结果表明二者之间存在均衡关系，但是负向相关；朱喜等(2006)对中国农村信贷效率的研究表明，农村信贷不能有效促进农村投资的增加和农村收入的增长；何广文(2001)认为农村金融供给不能适应农村金融需求；蓝虹(2013)研究表明农村金融存在金融排斥，影响农村经济发展；温涛(2005)和余新平(2010)则证明了农村信贷对农村经济增长存在着负向作用。

针对我国农村金融对农村经济增长的影响不显著甚至是负向相关的问题，学者们也进行了相关探讨。第一，我国农村金融市场的确在一定程度上存在着金融供求不平衡问题，导致农村金融体系不能满足农村经济增长需求。林毅夫(2000)从我国经济发展战略的角度总结出农村金融是外生于农村经济的，建国伊始，我国发展战略是赶超战略，重化工业和城市是发展重点，资源包括资本等向这两个方向集中，农村金融系统自然而然地就成为吸纳农村资金并将其向城市与工业部门输送的渠道，所以农村金融发展的过程是一个由政府主导的强制性的制度变迁的过程(何广文，2001)，农村金融的外生性从其存在时就表现出来。这种非内生于农村经济的金融系统不仅不可能满足农村经济增长需求，而且造成农村资金的大量外流，农村金融的供给与需求失去平衡。20 世纪末，东南亚金融危机促使我国商业银行进行改革，商业银行逐步上收和取消县市支行的贷款审批权，基层网点只存不贷，致使资金流出农村，农村地区存贷失衡，直接弱化了农村地区的经济输血和造血功能(陈敏，2014)，对我国农村金融体制产生了重大的影响。阮华(2015)将农村金融供求失衡归纳为总量失衡、结构失衡、区域性失衡以及制度性失衡等四个方面，并总结出农村金融供求失衡的内在原因：产权制度不健全、金融主体激励不足、制度安排不合理。第二，农村二元金融虽然在一定程度上弥补了农村正规金融供给的短缺与不足，但导致以正规金融机构为统计口径的研究结果出现偏差。所谓农村金融的二元结构，就是正规金融机构与民间非正规金融组织并存，以国家正规金融机构为主，民间非正规金融组织为补充。正规农村金融信贷适用于以经营为目的的农业生产方式，而农村小农社会的生产方式的金融需求在此很难得到满足。至于我国的农村生产是不是小农社会生产，刘丹(2015)解释为改革开放以来实行的家庭联产承包责任制是将农业大生产的一种碎化，实际就是重新恢复存续已久的小农经济。因为所有的市场需求都会引致对应的市场供给，而农村正规金融不能满足小农生产方式的金融需求，较之于农村正规金融，农村非正规金融具有社会信息优势和成本优势，所以农村正规金融与非正规金融的二元并存形成一种常态。第三，关于农村非正规金融的产生，比较普遍的看法是，政府的利率管制、正规金融市场存在的信息不对称以及交易成本等因素，造成了农村正规金融信贷的供给对象主要是以经营为目的的农业生产方式，而农村小农社会生产方式的金融需求得不到满足,只能求助于自有资金、友情借贷、熟人借贷或农村的非正规金融机构借贷。以上几种农村融资方式随着社会的发展顺序演变,当农民收入水平日益提高、社会进程日趋加快、人际关系演变日趋复杂,农村非正规金融将会得到进一步的发展,交易的商业特性明显,交易以逐利为目的,交易需要抵押,交易范围拓宽,农村非正规金融逐步从民间自由借贷活动发展为民间金融组织。值得一提的是,农村非正规金融活动的最初产生具有明显的社会特性,主要依靠人情关系维持借贷平衡,但随着农村经济的快速发展与农民收入水平的大幅度提升,农村非正规金融活动的社会性逐渐消失,人情借贷转化为商业借贷,无息贷款转化为有息贷款,农村非正规金融活动表现出完全的经济特性,当农村非正规金融机构的契约形式趋于市场化、内部机构趋于正规化,最终将发展为农村正规的金融机构。另外一种看法是,我国的农村非正规金融已经存在了几千年之久,不是因为正规金融不作为才导致非正规金融的出现,而是因为农户的资金需求才产生的农村非正规金融,从这一视角看,农村非正规金融内生于农户的资金需求(刘丹,2015;姜旭朝,2004)。

上述研究形成了农村金融与农村经济增长的匹配性较弱的结论,这一问题的产生原因及解决路径成为学者们又一个研究领域,并影响了我国农村金融改革的方向。林毅夫从"最优金融结构理论",解释欠发达国家(地区)的金融体系应以中小银行为主体。所谓"最优金融结构理论"是指,"一个经济体在不同的发展阶段具有不一样的要素禀赋结构与要素价格,进而决定了最适合的产业结构"。金融结构只有与产业结构相适应,才是符合经济发展需求的金融结构,才能最有效地发挥促进经济增长的作用,发达国家(地区)以大银行为金融市场的主体,欠发达国家(地区)则应以中小银行为金融市场的主体。欠发达地区的金融发展存在"小银行优势"(small bank advantage)。所谓"小银行优势",是指与大银行相比,小银行所具有的从管理层到企业客户的信息链条短与发放贷款的审批链条短等优势与中小企业所具有的信息不透明与融资规模小等特质相匹配,这就使得小银行为小企业提供金融服务具有得天独厚的优势。就我国农村地区来讲,劳动力相对丰富,资本相对稀缺,产业类型属劳动密集型产业,企业结构以中小企业为主体,农村金融体系发展应依据"最优金融结构理论"发展中小金融机构。为了解决我国农村金融发展滞后、农民及农业企业贷款难的问题,消除农村金融与农村经济增长的弱匹配性,引导农村非正规金融规范化,2006 年末起,我国实施了农村金融市场的增量改革,设立新型农村金融机构,初始在四川、吉林、内蒙古、湖北、甘肃、青海等省区进行试点,2007 年 10 月扩大到 31 个省市区。在传统农村金融机构的基础上,农村金融机构多元化,从理论上讲应该可以起到缓解小微企业贷款难的作用。

1.2.1.5 关于农村城镇化金融需求的研究

第一，农村城镇化建设蕴含巨大的金融需求。农村城镇化所带来的要素禀赋的提升、农业现代化和农村工业化的发展、小城镇基础设施与公共服务水平的优化都会引致新的金融需求。农村城镇化以提升小城镇居住功能、发展现代农业与推动非农产业向小城镇集中、提供就业岗位为主要内容，其中，发展现代农业、提高农业生产效率是城镇化的原始动力，工业化是城镇化发展的经济支柱，完善的基础设施、便利的公共服务与城市文明共同构成城镇对农村居民的拉力。20世纪90年代以来，家庭联产承包责任制的制度创新效用基本释放之后，发展现代农业已然成为中国农业发展的必然趋势。现代农业是应用现代科学技术、现代工业提供的生产资料和科学管理方法的社会化农业，具有规模化和集约化的特点，农业由传统向现代生产方式的转变，使得农村大额资金需求日趋旺盛，农业产业化资金需求迅猛增长，将衍生更多的信贷需求。中小城市(镇)建设以节能、环保、和谐、友好为主要特征，在供水、供电、垃圾与污水处理、公共绿地及公共交通、高速公路建设等基础设施和公共服务设施建设方面企盼更多而可靠的资金支持(袁迪，2013)。城镇化带动的第三产业以民营和个体服务业为主，将产生大量的小额信贷需求。

第二，农村城镇化的金融需求具有多层次性、多元化与快速增长的特点。具体来说，农村城镇化的金融需求可分为以下几类。① 基础设施与公共服务设施建设的金融需求。在城镇化进程中，基础设施建设扮演着重要角色：一是经济社会发展所必需的一般性生产和生活设施，包括农田水利、电力电讯、道路交通、医疗教育、科技文化等方面的设施与机构；二是为适应现代城镇经济与生活所需要的生产与生活设施，如城市住宅、工业集聚区、商业网点及娱乐设施等。② 产业发展的金融需求。新型城镇化依赖于生产效率的提升，生产效率的提升和就业岗位的增加主要依赖于产业发展，产业发展则依赖于高效的金融体系支持。产业是城镇化的重要支撑，乡镇企业是农村城镇化的主导力量。乡镇企业的金融需求主要表现在：一是企业初创和扩张对银行信贷资金的需求；二是实现技术改造和产业结构升级对银行信贷资金的需求；三是转变经营管理方式对现代金融理财及咨询服务的需求；四是优质乡镇企业对上市、发行股票与债券等直接融资的需求。③ 保险与社会保障的金融需求。一要构建以农村基本养老保险制度、合作医疗制度、农村居民最低生活保障为主要内容的社会保障体系，并逐步提高保障水平，最终实现城乡社会保障一体化。二要构建农业保险体系，发挥政策性保险与商业性保险在农业保障中的作用。④ 其他现代金融服务的需求。一是城镇居民日常性金融服务的需求，包括存、贷、汇、银行卡服务、ATM、代发工资、代收款与代缴费等，通过提供此类服务，培养农村居民的现代金融意识。二是促进居民自主创业、就业及消费的金融服务的需求。农村城镇化金融需求呈现资金需求规模快速增长、金融需求主体多元化的特点（曹凤岐，2013；袁迪，2013；肖青，2013）。资金需求规模快速增长表现为：中小城镇、生态城市建设企盼更多资金支持；农业现代化将衍生更多信贷需求；城镇化带动第三产业发展也将衍生大量小额信贷需求。金融需求主体多元化表现为：金融需求主体已从传统农民扩大到农村中小企业、种养殖大户和农民专业合作社等现代农业主体；农村基础设施建设、社会事业、公共服务等项目和主体对金融服务需求存在较大差异，需要金融机构提供有针对性的、多元的金融服务。

第三，农村城镇化建设的资金缺口规模巨大。有关方面测算，当我国城镇化率达到60%时，所需资金高达30万亿～50万亿元，每年的资金需求高达数万亿元。中国计划在未来20年的城镇化进程中支出40万亿元，约合2010年GDP总量。按年均提高1%的城镇化速度，转移人口每年达到1 300万，10年达到70%的城镇化水平，将总共转移约1.3亿人口，平均每个转移人口约需投入15万元，则全国年均投入约2万亿元，而我国城市化建设资金不足是普遍存在的问题，2011年，中国城镇建设投资的费用总额为1.4万亿元，缺口约0.6万亿元，规模十分庞大（陈雨露，2013）。上述测算是以我国城镇平均水平估算的，实际上70%的城市建设资金投入到大中城市，小城镇的建设资金短缺现象更为严重。城镇化数十万亿元资金从何而来？由于数额巨大，以中央给予地方政府财政支持的方式已不可行，这就对金融在支持小城镇新增人口消费、娱乐、教育、住房、文化等方面提出了更高的要求（伍艳，2005；刘芬华，2010）[13]。

1.2.1.6 关于农村城镇化的金融需求难以被有效满足的研究

农村城镇化蕴含着多层次、多元化的金融需求，而且资金缺口规模巨大，然而，农村城镇化的金融需求难以被有效满足，主要表现在农村金融有效供给不足、农村城镇化金融需求存在异质性特点以及未能充分调动农村民间金融的积极性等方面。

第一，农村正规金融有效供给不足，满足不了农村发展的金融需求。改革开放以后，农村金融先后实施了以确立农村金融体系、农村信用社改革、农村金融增量改革为核心内容的改革举措，1996年，国务院颁布《关于农村金融体制改革的决定》确立了农村地区“三驾马车”的金融体系，2000年，农村信用社改革在江苏省率先展开，继而国务院出台《深化农村信用社改革试点方案》，2006年，国家银监会出台《关于调整放宽农村地区银行业金融机构准入政策 更好支持社会主义新农村建设的若干意见》，降低农村地区银行业金融机构的准入门槛。尽管经过了多次金融改革，农村正规金融供给不足的问题有所缓解，但金融供给不足、金融机构不完善、资金外流、结构性缺口等问题依然存在。

农村金融总体表现出供给不足的问题。农户和农村企业存在着规模巨大的资金需求,而农村信用社等正规金融机构的资金供给只能满足这些资金需求的一小部分,巨大的资金缺口需要民间资金供给满足。除农业产业化龙头企业的融资需求能得到保障以外,农业企业约有 4 成企业贷款需求得不到满足,有贷款愿望的农户占总农户数约 5 成,其中约 1/3 能通过正规渠道得到满足,2/3 以上的资金需求只能通过民间私人借贷满足(鞠荣华,2009)。据国际农业发展基金(IFAD, International Fund of Agriculture Development)的研究报告,中国农民来自非正规金融市场的借贷大约为来自正规金融市场的 4 倍(郭步超,2009)。

农村正规金融机构不完善的问题。从 1997 年开始,国有商业银行因市场定位而逐渐退出农村市场,我国农村形成了以合作性金融为主,商业金融与政策金融为辅的正规金融体系。其中,农业发展银行作为政策性银行,仅承担发放棉油收购、调销、储备贷款业务。中国农业银行代表商业金融,以扶持农业产业化龙头企业为工作重心,并承担部分扶贫贷款、农业综合开发贷款及农业基本建设贷款。农信社代表合作金融,是正规金融体系的主体,提供农户小额信贷和农户联保贷款,占贷款需求农户的 60%,在农村金融体系中占据垄断地位。然而,由于农信社始终未能协调好“合作”性质与“官办”机构的矛盾,作为农信社管理权归属方的地方政府没有将贷款投向农村、农业和农民,而是投向了大项目以提高自身效益。农村政策性金融功能缺失,陈道富(2005)指出为农村提供政策性业务的主要有农发行及农业银行,农发行负责为粮棉油收购及以粮棉油生产、流通或加工转化为主的龙头企业贷款,农业银行承担扶贫贷款、农业综合开发贷款及农业基本建设贷款,这种格局导致基础设施建设、农业保险等业务缺乏必要的政策性支持。2006 年国家银监会出台政策,调整和放宽了农村地区银行业金融机构准入门槛。农村地区出现了村镇银行等小型、地方和商业化经营的农村金融机构,服务对象定位为农业和农民,以期对正规金融形成一种有益的补充[14]。时至今日,农村新型金融机构发展较快,但由于规模小、起点低等因素,仍处于起步状态。

农村资金大量外流的问题。农村资金通过农村正规金融机构流出农村的问题显著,21 世纪初,仅通过农信社由农村外流到城市的资金大约为每年 6 000 亿元[15],2008～2009 年,这一数据上升到 1.4 万亿～1.5 万亿元,从邮储银行流出的资金达到 1.8 万亿～2.2 万亿元。农户和农村企业存在着规模巨大的资金需求,而农村信用社等正规金融机构的资金供给只能满足这些资金需求的一小部分,巨大的资金缺口需要通过民间资金供给才能得到满足(鞠荣华,2009;陈道富,2005;曹冰玉,2008;伍艳,2005)。

农村金融供给存在显著的结构性缺口。正规金融只满足了成熟的龙头企业、专业化规模化生产型农户以及农村经济联合体的金融需求，而农户中的贫困户与一般农户、农村企业中的中小型企业以及基础设施建设等金融需求均得不到满足。农户由于缺乏有效抵押品而贷不到款，金融机构提供的贷款期限以短期、小额为主，与农业生产周期不吻合(陈道富，2005；肖艳霞，2007)，民间金融支撑起农村金融的半壁江山(鞠荣华，2009)。

农村正规金融供给不足的主要原因有以下几方面：① 从理论上，农村金融外生于农村经济。传统的金融理论认为，金融内生于经济增长，对经济增长至关重要。而研究表明，我国农村金融发展并非内生于农村经济，其发展过程是由政府主导的强制性制度变迁的过程，造成外生于农村经济的农村金融无法满足农村经济增长的需求，或满足效率较低(张杰，1998；何广文，2001)。新中国成立伊始，我国经济发展战略是重点发展重化工业的“赶超战略”，资源向城市与工业部门集中，由政府垄断的农村金融系统自然成为将农村资金输送到城市和工业部门的资金渠道，导致农村资金大量外流(林毅夫，2000；温涛，2005)，对农村经济增长没有形成有力的支撑。② 从制度上，我国农村金融存在巨大的结构性缺口，农村金融供给与金融需求不匹配。我国金融供给“高级化”过度，过度“高级化”的国有大型商业银行和证券市场在涉农方面的供给严重不足，表现为国有商业银行和政策性银行对农村发展的支持力度较弱，邮政储蓄银行成为农村金融资源的“抽水机”，作为农村金融主力军的农村商业银行(农信社)，其涉农贷款规模很小。我国“初级化”的金融供给不能适应农村城镇化信贷资金的增长需求，“初级化”特指县域商业性金融供给，随着我国支农政策的陆续落实和农村城镇化建设的推进，农业持续实施规模化与专业化生产，农村民营企业与工商户数量不断增加，其贷款规模与增长速度明显提高，这与农村商业性金融机构收缩金融网点、信贷增长缓慢及民间金融发展受限存在严重的冲突[16]。③ 实际操作中，农村金融服务成本较高与信息不对称造成了农村金融供给的短缺。造成农村金融服务成本增加的主要因素有：金融业务规模小，交易成本高；贷款人缺乏物权保障，农村客户常常缺少现代商业银行所要求的传统形式的抵押品；金融风险集中度高，农村金融资产组合的整体风险较高(焦瑾璞，2012)。农村金融供给不足的关键因素是信息不对称。谭露(2009)、何德旭(2008)从金融排斥视角剖析，得出农村金融机构的风险评估程序、贷款的附加条件、农村金融机构的经营取向、较强的价格性排斥以及金融机构缺失等因素是造成我国农村金融服务供求失衡的原因。

第二，农村城镇化的金融需求具有异质性。在农村推动小城镇建设以及农村人口就地城镇化的过程中所产生的金融需求与目前农村及城市的金融供给在机理上完全不相同，一方面，小城镇金融系统不可完全复制服务于大城市的商业金融系统；另一方面，农村城镇化的金融供给也不可完全延续服务于农村市场的政策性农贷制度，于是就产生了农村城镇化金融需求的异质性。农村城镇化金融需求的异质性，是指农村城镇化建设所引致的有效金融需求，既不对应于当前以大城市、大企业为导向的信贷资源配置战略所决定的商业金融系统，也不对应于以传统农户的生产或者消费为扶助对象的政策农贷制度，其服务需求主体所能够承担的金融制度成本以及所能够给金融制度带来的风险可控程度，既不符合城市商业金融系统的存在逻辑，也不符合传统政策农贷的存在逻辑，具有明显的异化特征。农村城镇化的金融需求曲线与现行的两种金融服务系统的供给曲线不存在交集，城镇化产生的金融需求无法得到满足：一是农民住房及农地抵押贷款无法得到满足；二是现代农业经营的金融风险预测与控制机制不完善；三是与不断提高的农民收入水平不相适应，农村金融服务产品的数量与质量相对不足与低下。因而，需要通过市场与政策等手段来增加农村金融供给（刘芬华，2010），实现金融供需的交集。图 1-1 中，在资金量—利率坐标图中，S_0实线部分为大型金融机构的供给曲线，DD 为农村城镇化中的小企业金融需求曲线，二者之间没有交叉点，或者在 S_0的延长线部分交叉点对应着高利率（r_0），所以，小企业的金融服务得不到现有的大型金融机构的满足，大型金融机构对农村城镇化进程中的小企业与居民个体企业发放信贷的融资成本也较高，二者之间不具有匹配性。通过增加农村小额信贷、村镇银行等金融机构，金融供给曲线将变得更为平缓，完成从 S_0向 S_1的演变，S_1与 DD 曲线之间产生交叉点，对应的利率（r_1）低于 r_0，从而降低了融资成本，使得农村城镇化的资金需求得到更为全面的满足，小企业与居民个体的融资成为可能。

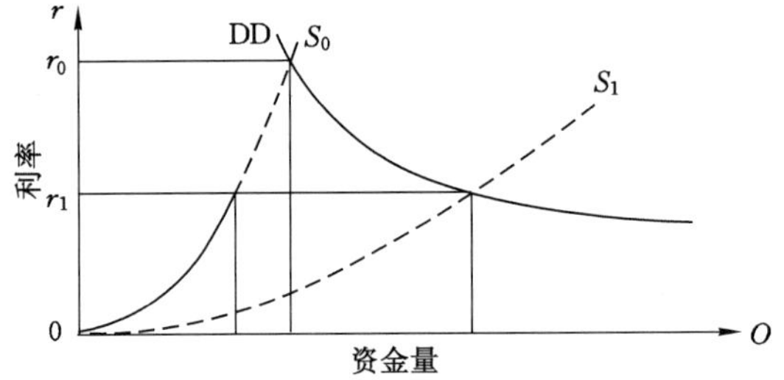

图 1-1　大型金融机构的资金供给与农村城镇化的资金需求

导致农村城镇化异质性金融需求的原因有如下几个方面：首先，城镇化建设资金需求的多层次性和多元化特性与商业性金融的盈利性和流动性要求存在矛盾；其次，农村城镇化建设对金融服务需求的多元化与农村金融供给品种单一存在矛盾；再次，大城市、大项目的金融供给创新与县域小城镇、小项目的金融需求存在矛盾;最后,农村政策性金融大都局限在粮棉收购和贷款业务方面,对农村城镇化的金融支持存在政策性金融空缺。总之,定位于大城市的商业性金融服务体系由于利润目标、经营成本、准入机制以及服务对象等原因,大多趋向于将服务网点设置在繁华的商业中心、工业中心,而以农村为主要服务市场的政策农贷制度的审批程序复杂,借贷手续极其烦琐,根本无法满足众多小额信贷用户的需求(方显仓,2013),加上信息不对称与农村城镇化过程中涌现的大批小企业缺乏足够的抵押(质押)品,农村地区缺乏相应的风险控制制度、信用评级体系以及融资担保机制等等,使得农村金融服务具有高风险、低收益特性,金融需求不能得到有效满足,严重制约了农村城镇化建设的步伐。

第三,农村民间金融具有内生特性,一直处于正规金融边缘地带。农村民间金融是指农村非法定的金融组织所提供的间接融资以及农户之间或农村企业主之间的直接融资,其主要组织形式包括自由借贷、银背和私人钱庄、合会、典当业信用、民间集资、民间贴现和其他民间借贷组织(郭步超,2009)。民间金融内生于农村社会,具有收集借款者"软信息"的优势,具有运营成本低,经营方式灵活、简便,融资担保要求不高等优势,是支持农民、农业发展的重要力量。在农村,正规金融信贷适用于以经营为目的的农业生产方式,农户和农村中小企业的金融需求只好求助于正规金融以外的方式,其顺序为自有资金、友情借贷、熟人借贷和高息借贷。以中小企业为例,其初始资金的74%为自有资本,17%来自亲朋好友或风险投资,非金融机构融资约为9%,商业性贷款为0;在成长过程中,自筹资金30%,资本盈余27%,银行借贷15%,企业间贸易信贷8%。对于农民来说,非正规金融市场的重要性要远远超过正规金融市场。随着农村经济发展、经济社会进程加快、农户收入水平提高、人际关系演变复杂化,民间借贷的边际成本日趋上升,其低成本优势渐渐被高成本所取代,民间金融会寻求进一步的发展,内部结构趋于正规化,契约形式趋于市场化,民间金融沿着亲友借贷——私人中介——中级市场——现代中介和市场的线路螺旋式演进,向正规农村金融演化,并最终成为农村正规金融机构(姜旭朝,2004;刘丹,2015)。

政府和市场对满足小规模经济需求的民间金融制度供给不足,限制了民间金融的发展。按照一般市场经济原理,农村金融供不应求,在逐利动机的驱使下,民间金融可利用其地域、人缘、信息等比较优势,通过为小农经济提供金融服务获取相应利润,并获得自身的资本积累和资本扩张。由于民间金融自身存在借贷利率高、风险高、缺乏有力监管等问题,我国长期对农村民间金融采取抑制政策,1998年,国家界定了民间金融的非法性,导致众多曾经十分活跃的合会、私人钱庄等民间金融机构消失或转入地下,"非正规金融"成为农村民间金融的代名词(高晓燕,2012;曹冰玉,2008)。在正规金融缺乏涉足农村信贷市场的动力,而广大农户和农村中小企业面临融资约束的背景下,我国农村金融进行了制度性的创新,以改变民间金融长期游离于体制之外的现象,通过设立新型农村金融机构,丰富农村金融组织体系,打破农信社的市场垄断,提高金融效率[17]。理论上,针对农村地区小、微企业数量多、信息不透明、融资规模较小的特质,小银行在甄别信息、降低交易成本、缩短贷款链条方面具有得天独厚的“小银行优势”[18],但是在实际操作中,以引导民间金融进入正规金融体系为主要内容的农村金融增量改革效果褒贬不一,既有农村小、微企业因此提升信贷可获得性的结论(傅昌銮、姚曙光,2014、2015;蒋俊义,2013;董晓林,2011),也有农村金融增量改革未达到预期效果的遗憾(梁静雅,2012),后者的原因在于,以政府主导为特征的自上而下的农村金融改革创新不足,村镇银行和贷款公司必须由现有金融机构作为主要发起人,小额贷款公司转制成村镇银行需商业银行作为发起人等条件,大大限制了民间资本的进入。

1.2.1.7 关于农村土地金融的研究

无论是何种城镇化的资金需求都涉及土地的货币化与资本化,农村耕地与宅基地的货币化与资本化是农村城镇化资金缺口的突破口[19]。盘活农村土地要素,必须推进农村土地金融制度改革,一是推动农村土地货币化和证券化,二是建立与之配套的市场与中介。具体步骤如下:第一,全面推进农村土地改革与创新。土地制度的创新是农村改革的关键,只要走好农村土地登记确权的第一步,土地金融改革条件就基本具备。在赋予农村土地产权权能的基础上,给农民颁发土地使用权证、林权证、宅基地使用权证,加快土地流转。第二,推进农村土地金融制度改革。以农村土地使用权抵押为核心,将农民土地承包权、经营权与货币、信用结合起来,实现土地要素与金融资源以及金融媒介的结合[20]。农村土地金融市场制度的创新,是解决农民贷款难和改善涉农贷款期限结构的新途径和方法,也是农村城镇化的自主推动力[21]。第三,实现农村土地货币化与资本化,利用资本市场和社会资本为农村城镇化服务。可借鉴的国外模式是,农民将土地抵押给土地金融机构,再由土地金融机构将土地部分未来收益交给 SPV 机构,由后者与投资银行合作向公众发行土地债券,进行融资;资金再经由国家土地银行、土地金融机构,融通到农民手中[22],从而实现土地承包经营权的货币化与证券化。这样,不仅扩大了农村城镇化的资金来源,给非农资金进入农业领域开辟了通道[23],而且通过信用升级,形成风险较低而收益率较高的投资工具,稳定农村金融体系,为农业生产经营提供有效的金融服务。

无论是土地证券化还是土地股份化,都需要建立与之配套的金融市场与金融中介。土地中介不是真正的金融中介机构,没有抵押贷款业务,不具备信用创造功能，而土地银行是专门的土地金融机构，它与土地中介的区别是向抵押土地的农户贷款，并获得土地抵押债权，具备信用创造功能。成立于1916年的美国联邦土地银行(FLBS)接受农户抵押土地，利用抵押土地融通资金，为农户提供与农业生产有关的长期信贷资金服务，并通过信贷活动引导与调整农业发展方向与生产规模，达到有效控制农业生产、贯彻政府农业政策、促进农业健康持续发展的目的。德国于18世纪成立土地抵押信用合作社，社员最初由大地主组成，后推广到拥有土地的农民。土地合作社的资金来源于土地债券的发行与出售，土地债券由政府以土地为担保发行，出售债券所得资金以低利息贷给社员，土地抵押借贷成为农民主要的长期信用工具，在农业生产、开垦土地、修建水利、耕地平整方面发挥了巨大的作用。成立于20世纪50年代的我国台湾土地银行的资金来源非常广泛，不仅来源于发行土地债券，还有吸纳储蓄、向中央银行贴现、银行上市融资等，贷款资金主要用来帮助农民购买土地、建设水利设施、山地保育和造林、提升畜禽产业等。

我国农村土地曾一度因产权模糊，不可能像城市土地那样可以用来抵押，导致农地基本丧失了融资功能。而土地是中国市场经济体系中具有最大价值的商品。中国有百亿平方米的村镇房屋、近4亿亩的集体建设用地、18.27亿亩耕地、1.77亿亩园地、35.42亿亩林地和39.29亿亩牧草地，其价值至少超过百万亿人民币的市值，通过抵押、担保等路径打通这个不动产体系的融资渠道，至少会有五六万亿人民币的信贷需求，倘若将农民土地变为资本，就可能比较好地解决中国村镇建设的资本积累问题[24]。为了推动农村土地金融发展，在各地试点及学术界的充分论证的基础上，我国逐步赋予农村土地经营权以流转、抵押与担保等原本不具备的属性。第十七届三中全会通过的《中共中央关于推进农村改革发展若干重大问题的决定》，延长了土地承包经营权，并允许流转该项权利，部分地区就农村土地承包经营权的流转与抵押贷款开展了积极试点。2015年的中央一号文件进一步明确了我国农村土地所实施的“三权分立”制度，将农村承包地的所有权、承包权和经营权分离，稳定承包权，放活土地经营权，允许农村土地经营权流转、抵押、担保。承包土地制度的改变为农村集约化经营和资本的快速进入打下了制度基础，土地确权赋予农村土地以更为清晰的产权权能，三权分立则赋予农村土地经营权以流转、抵押与担保的功能，农村土地资本化呼之欲出。由于实施了农村土地的“三权分立”，赋予农村土地产权权能，已经具备了建立现代土地银行，推进农地金融的基础。

目前，我国土地金融还停留在土地信用社与土地股份合作的层次上，与真正意义上的土地银行和土地金融还有相当的距离。土地信用社的运作模式为不耕种的农户将土地使用权存到土地信用社，由土地信用社确定土地存储价格，交付给“存地”农户“存地费”；土地信用社将零碎土地进行打包、整合、适度开发后，将土地贷给需要土地的农户，收取土地“贷地费”，土地信用社获取存地与贷地的费用差。土地股份化则是由村干部组织、发动不耕种农户将土地使用权入股土地开发公司，由公司或统一规划开发、集中经营，或出租土地，或以合股方式招商引资、吸引业主投资土地，获得的收益按农民入股的股份分红[25]。

1.2.2 国外相关研究

国外对金融支持城市化的研究相对较少，发达国家的城市化进程起步早，城市工业部门的快速发展引致人口等要素在城市集中，产生了城市集聚效应，推动了城市化进程，因而对金融在城市化发展中的支持机制与动力研究较少；近年来，随着发展中国家（尤其是中国）城市化进程的加快，国外的相关研究有所增加，主要集中在城市化的资金来源及用途、土地财政及城市基础设施建设等方面。

1.2.2.1 关于金融促进经济增长的研究

首先，金融发展提高资本的配置效率。1950 年前，经济学家普遍强调资本、土地、劳动力等要素对经济增长的贡献率，而金融要素对经济增长的贡献被认为是一个常量，这一要素是既定的，缺乏能动性。20 世纪 50 年代之后，金融体系有效配置资本进而促进经济增长的特性逐渐被发现。熊彼特从企业家才能发现与创新的角度发现了金融体系的资本配置特性。他认为在完善的金融体系下，创新行为与企业家才能被金融机构所识别，并获得更多的资本支持，金融体系的生产性动力是通过企业家的才能与创新发挥出来的，金融体系赋予企业家以生产性的力量，间接推动了经济增长。金融体系通过技术创新项目评估、动员储蓄、分散风险和显示创新的预期利润等影响企业家的创新行为，进而推动技术进步与经济增长[26]。所以，金融体系对资本的影响主要体现在三个方面：提高存量资本的配置效率，提高新增资本的配置效率，加快资本积累速度。基于上述原因，落后国家应采取金融优先发展的货币供给引领政策以促进经济增长。其次，金融发展促进产业结构优化升级。Neusser 和 Kugler（1998）通过设定包含所有金融中介活动的金融深化指标，运用多元时间序列分析方法，研究了 13 个国家的制造业与金融发展之间的关系，得出金融发展是制造业发展的原因的结论。金融市场对资金配置的优化调节功能使得城市金融市场发展与城市产业结构的优化紧密联系起来。产业结构优化的实质，是资源在各个产业部门优化配置与重新组合的过程，产业结构的变迁是通过资本与劳动力在不同产业与不同部门的流动实现的，金融体系的资金分配功能帮助实现了资金在部门与产业间的流动，金融发展水平在很大程度上决定了资金配置的效率与收益。从发达国家的城市产业结构变迁史中均可以看到城市金融市场对城市产业结构优化升级的推动作用。第三，就欠发达地区而言，Hugh T. Patrick 认为农村经济增长与金融发展之间存在两种模式，即“需求追随”模式与“供给引领”模式。前者强调农村经济主体对金融服务产生需求，推动农村金融发展；后者强调农村金融产品及服务供给领先于农村经济主体的需求，金融引领农村经济发展。这两种模式与农村经济发展的不同阶段相适应，前者一般出现在发达的农村区域，后者则主要在欠发达农村区域[27]。我国农村大都属于欠发达经济区，经济与金融之间的关系以“供给引领”模式为主。King(1993)在对发展中国家的农村金融研究中表明，农村金融效率低，农业信贷对农业生产增长不仅没有促进作用，反而有制约效应。

1.2.2.2 关于发达国家城市化进程与机制的研究

文献研究表明，发达国家的城市化进程是由经济发展推动的，不同的经济发展阶段对应着不同的城市化阶段，每一个阶段的城市化进程都形成各自的人口集聚特征。其中，第一个阶段是城市化的初始阶段，对应着资本主义自由竞争阶段，即早期的商业时期城市和早期工业城市，特点是以农业现代化推动城市化，形成从工业发展到改良农业机械，到提高农业劳动力生产率，到促进农村剩余劳动力转移，再到推进城市化及工业化的累积循环。第二个阶段是城市化的深化阶段，对应着资本主义组织化阶段。工业资本主义集聚的稳定发展，产生了工业城市，特点是工业迅速发展，劳动力不断从农村涌入城市，促进了城市化进程，同时，也出现了城市基础设施与公共服务供应相对不足、城市化进程出现停滞等问题。问题产生的主要原因，是城市基础设施发展滞后于人口城市化，解决问题的关键，则是发展与完善基础设施。在这一阶段中，城市化进程形成了从发展工业，到提高地方计税基数与税收水平，到完善生产与生活类城市基础设施，到工业、社会和文化的进一步发展，再到推动城市化与工业化的累积循环。第三个阶段是“逆城市化”阶段，对应着资本主义非组织化阶段，城市化的显著特点是人口由城市迁往乡村，表现为城市化的反向循环。在新兴工业化国家明显低劳动力成本竞争及阿拉伯国家“石油禁运”的压力下，发达国家出现经济滞涨，城市出现“去工业化”，产生了就业减少、税收基础和征税领域紧缩、城市基础设施得不到应有的维护与完善、人们生活质量恶化等问题，导致居民纷纷迁出城市，迁入农村。综上所述，发达国家城市化进程包括三个阶段，前两个阶段是城市化的正向发展阶段，人口向城市集聚，第三个阶段是城市化的逆向发展阶段(逆城市化)，人口从城市向外流出。在城市化的正向发展阶段，存在两个显著的推动因素：第一，工业的发展是发达国家城市化顺利推进的重要因素；第二，基础设施的完善则是促进城市健康发展的重要因素。

发达国家的城市化起步较早，经历了一二百年，已经达到较高的城市化水平。其城市发展与扩张的过程表明，集聚是城市形成乃至扩张(即城市化进程)的基本动力机制。首先，经济主体的区位选择确定了城市的地理位置。区位优势的差异性是影响区位选择的最重要因素，不同类型的经济行为主体对区位优势有不同的偏好，同类型的经济主体具有相同的区位偏好。区位选择使得不同的经济主体在某一空间集中、接近与聚集，形成有机整体，这种有机整体在空间上表现为城市与小镇。其次，经济主体在空间集中产生了集聚经济与规模经济。集聚产生工厂层次的报酬递增、运输费用、要素流动的相互作用，报酬递增促使经济主体在空间上集中其生产活动，运输费用因素使得经济主体布局在较大的市场周围，而要素流动则会导致要素迁入区域市场规模扩大，从而更具有要素吸引力。再次，集聚导致城镇的产生与发展。城市的本质就是集聚经济，城市的分工水平越高，越能够节约交易费用；分工与专业化使具有互补特征的不同类型的产业或经济活动主体联系在一起，并实现资源有效配置；分工与专业化的深化过程，就是特定空间集聚度不断提高的过程[28]。在集聚经济的作用下，城市中微观个体的实际工资和资本收益不断增加，导致人口等要素持续不断向空间集中，分工日益深化，出现规模经济与范围经济，要素在特定空间的集聚度不断提高，城市空间不断扩展，这一过程推动了城市化的发展[29]。由要素集聚产生了集聚经济(包括外部规模经济与外部范围经济)，在集聚经济的作用下，经济主体进一步在空间集中，形成累积循环效应，表现为集聚持续强化，城镇规模扩张[30,31]。

1.2.2.3 关于城市化进程与金融相关性的研究

国外相关研究表明，金融发展推动技术进步，推动长期经济增长，城市化进程与金融发展之间存在正向相关关系。R. Loyd(2012)利用美国俄勒冈州、加利福尼亚州、内华达、华盛顿地区等的具体数据，构建了一个包含多状态分支效应的离散选择模型，分析在城市化进程中，土地资源的使用制度和金融发展等因素对城市化进程的影响[32]。Shan Lin 等通过研究 1980～2009 年的相关数据，发现城市化率和能源消费、金融发展、经济总量、总贸易额存在协整关系，而且金融发展、经济总量、城市化率和贸易总额长期正相关[33]。R. Yorulmaz 研究影响金融普及指数的社会、经济因素，选取 2004～2010 年欧盟 27 个成员国和 5 个候选国的相关数据，以收入、人类发展指数、人均 GDP、基尼系数和农村人口占总人口的比重为自变量，结果表明，农村人口占总人口比重与金融普及负相关，农村人口比重越高，金融排斥越强，结果与预期相符。Yao 基于我国大陆省际面板数据，以资本转换率、FDI、城市化率、政府干预等作为控制变量，论证金融中介发展对全要素生产率有着显著的推动作用[34]。Li Cheng-Gang 采用 1978～2012 年间贵州省的相关数据，构建 VAR 模型，通过协整分析、格兰杰分析等方法表明城镇化与金融发展之间存在长期稳定的相关关系，二者之间存在双向影响[35]。

1.2.2.4 关于城市化资金来源的研究

城市化的资金需求量庞大，多项研究表明，各国在城市化发展进程中均出现交通、能源、水和卫生设施等基础设施投资不足的问题，为解决这一问题，各国采用不同方式筹措城市基础设施资金[36]，筹集资金渠道主要有市政债券、地方税收、土地融资、民间资金等。

首先，地方政府通过发行地方债券或者市政银行进行融资支持城镇化。

法国城镇基础设施建设的资金来源渠道较广，其中，既有税收渠道，也有政府投资、民间投资、银行贷款等，具体来说包括了市镇税收、经营开发与分摊税、城乡规划税和开发税、国家拨款、银行贷款、企业投资、发行机构投资、发行长期债券以及保险公司、老年保险等基金投资，城镇基础设施建设资金利用了一切可能的途径。

日本采用政府投资引导民间投资的方式盘活社会资本，实施多元化城镇建设融资。政府主要用两种方式以自身投资引导民间资本投向：一种是“筑巢引凤式”，即用小量投资为民间资本创造投资条件，吸引民间投资；另一种是“联合投资式”，即将民间的资本和经营能力引入政府的投资事业，由中央政府、地方公共团体和民间企业共同投资建设基础设施。

韩国通过设立国民投资基金，有效地把民间资本用于基础设施建设，制定吸引民间资本的政策法规。国会通过了《基础设施吸引民间资本促进法》，后来又出台了《扩充基础设施对策》，财政向银行贴息。韩国的中央银行负责向国外统借外债，通过开发银行和商业银行转贷给企业[37]。这些银行将国外贷款与国内吸收的存款根据国家确定的产业政策，按低利率（7%～8%）贷给基础设施企业。

尼日利亚强调健全资本市场吸收私人资本，以提高私人部门参与城市基础设施建设的效率，并以修订宪法的手段予以明确[38]。

其次，“土地财政”构成了城市化的自融资机制。研究表明，依靠土地财政进行融资的现象广泛存在于发展中国家与欧洲南部国家。

关于印度古吉拉特省城镇建设的融资研究表明，土地重新整理（Land Rearrangement，LR）在城镇化进程中具有自筹资金的功能。第一，发达城市土地价值的快速增长使得地方政府能够获得持续稳定的收入；第二，地方政府长时间持有土地会带来更多的土地溢价；第三，以早期 LR 项目中获得的收益作为新项目的基础设施建设资金，构成基金循环体系，从而不需要早期出售土地或寻求贷款。Mathur Shishir 在最后提出了关于政府在项目融资所需之外持有更多土地的担忧，主张更准确地估计对土地储备的需要[39]。

在欧洲，城市扩张再次成为倍受关注的问题，城市扩张对环境与经济冲击最为严重的地区是欧洲南部国家，主要原因在于地方政府将城市扩张视为潜在的财政来源。第一，城市扩张引致对基础设施的需求上升；第二，新的基础设施建设引起的资金短缺在较大程度上由政府间转移支付弥补，较小程度上由房地产业税收弥补；第三，城市税收增长大于城市公共服务扩张支出引致城市短期收入盈余。可见，政府间的转移支付及地方税收增长导致了南欧城市的过度膨胀[40]。

就中国而言，城市扩张也在一定程度上成为增加税收的一个重要途径，研究表明土地融资在极大程度上推动了中国的土地城市化，经济越发达的城市其房地产投入越大，对土地城市化的推动力越强。尤其是 1994 年的税收分配制度(Tax-Sharing System，TSS)改革，更加突显了土地融资在城镇化进程中的作用。1994 年税收分配制度改革后，中国地方政府将所得收入按一定比例上缴中央，结果造成上缴中央的税收份额明显增加，地方政府税收份额明显减小，同时，地方各种收费被取消，而地方政府承担的城市基础设施建设的责任没有相应减少[41]。世界银行的一项研究表明，TSS 使得地方政府以不到全国财政税收 50％的收入，承担全国 70％的公共支出，这给城市基础设施融资带来了巨大的冲击(R. G. Little，2012；Lin Yi，2011)。值得注意的是，土地征收、转让和租赁产生的收入属于预算外收入，地方政府上缴中央政府的税收不包括这部分收入，于是，地方政府产生了通过土地转换增加财政收入的冲动。从那时以来，土地征收、转让和租赁产生的收入很快成为地方财政收入的重要来源，即“土地财政”(land-based finance)。据统计，1996～2005 年的十年间，中国城市用地扩张 12 306 平方公里，其中，12 014 平方公里为政府征用土地。许多城市的地方税收中，土地租金占比达到 30％～70％[42]。世界银行研究报告表明，在中国的许多城市，一半以上的基础设施投入来自于土地融资[43]，由此，得出了中国城市发展主要源于土地融资的结论[44,45]。土地在城镇化进程、市政融资和地方资本积累及城市维护建设中发挥了重要作用[46]。

1.2.2.5 关于资金的用途研究

促进城市基础设施建设是资金的主要用途。城市化是一个与社会、经济和环境发展存在深层次交互影响的过程，Miriam(2014)认为，城市扩张会导致开支水平的提升，因为城市发展会提高地方公共物品的投入成本，需要更大的投入资金[47]。从现有文献看，由于西方发达国家城市化水平普遍较高，城市化大都已经进入稳步发展时期，所以金融支持城市化问题很少被单独拿出来进行系统全面的研究，他们更多关注于金融发展对城市化进程中的基础设施、土地开发等实体领域的推动作用，认为金融对城市化的支持作用主要是通过促进这些领域或行业的发展来体现的。

在欧洲，各国城市化进程伴随着城市基础设施的发展，而基础设施的发展需要大量资金投入作为基础，城市化进程中存在大量的城市基础设施以及城市住房的融资行为，城市金融系统提供了城市交通等设施发展所需要的大量资金，所以，金融发展实际上促进了城市化的发展，完备的城市金融体系对于城市基础设施以及城市住房的融资具有非常重要的意义[48,49]。

在发展中国家，城市化融资的主要用途也是基础设施建设。由于城市土地价值建立在政府投入和公共设施收益的基础之上，所以投资公共设施建设具有逻辑性和经济性。第一，市政府将征收的土地出让金用来发展、完善、维护城市建设环境，以吸引外资，扩大税收基础；第二，市政府低价租赁国有土地以吸引外资，一旦地价由于外资注入而被推高，其他土地通过发展商业或房地产就会获得高额回报，从而产生稳定的税收来源；第三，市政府设立城投公司将土地抵押获得银行贷款，用来扩张城市面积和优化城市环境，形成“城市发展——土地转换——地产升值——银行贷款——基础设施建设”的模式，随着越来越多的集体土地成为城市用地，土地转让费已成为地方政府收入的重要来源。相应地，城市维护和基础设施建设费用得到快速增长。政府通过出租土地给商业用户获得利润，其中70%作为地方政府收入，用作城市基础设施建设投入资金，剩余30%交给中央政府。为了使土地增值而获得更多的资金，地方政府不断地建设与完善基础设施。对印度古吉拉特省的研究也表明以早期土地再整理(LR)项目中获得的收益作为新项目的基础设施建设资金，构成基金循环体系。在土地融资推动城市基础设施建设的同时，城市化进程因各种华而不实的大工程项目(豪华的乡村别墅、宽阔的马路、超大购物中心、大规模的广场和体育场、富丽堂皇的政府大楼等)不仅出现在大城市，甚至出现在小城镇、小村庄、落后的农村等备受诟病[40,50-52]。

1.2.2.6 主要国家促进城镇化发展的金融支持政策与制度比较

国外已有研究表明，在推动城镇化进程中，各国都存在显著的金融支持，依据其支持模式，可分为市场主导与政府主导两种类型。不论是采取市场主导模式的国家(美国与印度)，还是采取政府主导模式的国家(日本与德国)，城镇化的金融支持都主要体现在农业发展与中小企业融资方面。

市场主导型的国家中，美国是发达国家，其支持城镇化发展的措施主要体现在市政建设、中小企业融资与农业发展等方面。一是利用其发达的债券市场发行市政债券为城镇化进行直接融资；二是为中小企业提供资金支持，政府设立中小企业管理局(SBA)为中小企业提供直接贷款、协调贷款和担保贷款等形式的资金支持，同时，成立小企业投资公司，并由SBA审批和管理，向中小企业提供长期信贷和资金支持；三是构建与完善农村金融体系，形成由联邦土地银行系统、合作银行系统和联邦中期信用系统共同组成的农村金融支持体系。印度是发展中国家，与美国相比，其资本市场相对落后，没有采取债券市场直接融资的措施，重点放在发展金融机构支持中小企业融资与完善农村金融体系方面。第一，当局建立以中小企业银行、中小企业信用保证基金、中小企业融资辅导中心为主要内容的中小企业融资辅导体系，为中小企业提供金融支持；第二，商业银行要在其他没有银行的农村地区开设分行，保证有三分之二的分行开设在农村；第三，印度储备银行在全国范围内实行"差别利率计划"，要求银行以特别优惠的利率向一些薄弱的部门贷款，并指定该种贷款的流向必须贷给一些指定的部落或阶层；第四，采取一家商业银行带10个初级农村信用社的计划，主要通过银行自行规划，各个层级具体负责调查，调整该地区的金融发展状况，然后根据规划安排调整该地区的资金使用发放情况。

政府主导型的国家中，日本与德国都是发达国家，其在金融支持城镇化方面采取措施的共同点是，由政府主导建立存款保险制度，对农村金融实行扶持性干预，日本政府更是增加了农业灾害补偿制度和相互援助制度。不同点在于，日本由政府成立专门为中小企业服务的金融机构，甚至直接为中小企业提供政策性贷款；以立法的形式确立了信用保证协会制度和中小企业信用保险制度，信用保证协会可以为中小企业取得贷款充当担保人，由政府出资组建的中小企业信用保险公库既可以办理中小企业信用保险，也为信用保证协会提供一定的贷款。德国则以互助金融的形式为农村与中小企业融资，建立农村金融信用合作体系，规定每个信用合作社按一定比例存入一个特别专项基金账户，帮助有危机的信用合作社，当信用社出现风险时，该基金进行相应的补偿；建立以行会为基础的担保银行，对中小企业贷款进行担保，联邦政府拿出一部分资金，以低息长期责任贷款的方式对担保银行进行扶持，用以补偿担保损失。

市场主导型的国家，城镇化的金融支持具有市场为主、政府为辅的特点。美国金融机构的贷款发放为城镇化建设发挥了重要作用，形式灵活多样的中小企业贷款担保计划，为中小企业提供了相对充足的资金支持；各地方政府还通过直接融资手段为城镇化提供资金支持，并通过相关立法从各方面保证农村金融的发展，对农村金融机构提供优惠和减免政策。印度则在政策性金融体系中引入商业金融机构，向农村发放优惠贷款，增加农村信贷金融供给，强化农村基础设施建设投资，为了保证涉农金融机构的利益，政府向农村金融机构给予减免税收并对其发放的低息贷款进行补贴优惠。

政府主导型的国家，金融支持城镇化则具有行政干预较强的特点。日本政府对农村金融实施全面扶持，不仅为存款提供保险，还对信用社的破产收购提供必要的帮助，政府制定和成立的针对中小企业融资问题的政策法规及金融机构，为中小企业提供了有力支持，但同时出现了针对中小企业的资本市场融资效率低下的问题。德国政府对农村金融实行扶持性干预,农村金融机构以公营性的服务为主,私营性的金融服务为辅,政府根据国家和全球的经济发展需要,为企业和研究部门提供必要的外部条件,给予资金支持和税收优惠政策。

1.2.2.7 关于农村土地金融的研究

在农村土地金融发展方面,西方发达国家起步最早,其中最有代表性且成功的是以银行信用主导的德国农地金融制度、以金融市场主导的美国农地金融制度以及以国家信用主导的日本农地金融制度。

德国的农地金融制度。18 世纪中后期,在常年战乱,农村凋敝,农业生产受高利贷压迫严重的背景下,德国开始了农村土地改革运动,通过允许农民用赎金购买私有及村社公共所有土地(财产)的方式,重点扶持广大自耕农户的生产经营活动,普通农民开始成为土地抵押信用合作社的重要主体。农村土地债券化是德国土地抵押贷款机制的重要特点,运作模式如下:土地抵押信用合作社的成员将自有土地以抵押物的模式交给土地抵押信用合作社,合作社以土地为抵押担保物发行土地债券,在证券市场上融入大量资金,信用社利用这些资金向社员发放农业生产所需资金,以协助农民购买生产所需土地,开展兴建水利、修路、平整耕地、造林等农业生产活动。

美国的农地金融制度。20 世纪初,经济危机频繁爆发,农产品严重过剩,给农业经济造成巨大打击。在单纯依赖市场机制调节不能有效缓解危机的情况下,美国政府于 1916 年成立了联邦土地银行。银行的资金来源主要是政府资金和土地债券融资。由政府部门牵头组建农业信用管理局来管理土地银行,通过银行购买农地,银行将土地债券化,在资本市场上出售农地债券募集社会资金,再由土地银行将募集来的资金以贷款的形式通过农村信用合作社将资金发放给借款的农民。

日本的农地金融制度。19 世纪末,日本的土地金融机构主要由政府设立,如日本劝业银行、农工银行,面向农村进行农地抵押贷款。20 世纪中,劝业银行与农工银行进行了业务合并,合并后的劝业银行变成普通商业银行,其农地融资服务主要由农林渔业金库代为履行,后者成为日本的国家土地银行。资金来源主要是邮政储蓄资金以及发行农地债券募集资金。

研究表明,上述国家在农地融资方面的共同点在于农地金融是一种自上而下的制度变迁,由政府成立专门的农地金融机构,以发行农地债券的形式获得资金,以土地抵押的形式向农民发放贷款,并通过立法与政府设立风险保障基金防范金融风险。

1.2.3 研究述评

就金融与城镇化的相关性研究，国内研究主要集中在二者之间的联系与发展规律，目的是依据发展规律与存在问题提出相应的对策与措施，以期在推动城镇化建设过程中，充分发挥金融体系的作用。首先，关于金融发展与城镇化之间关系的研究。经济增长是城镇化的核心动力，而金融发展是现代经济增长的核心，金融与城镇化之间具有内在的逻辑性与不可分割性。其次，关于农村金融与农村经济增长关系的研究。学者们形成了两种结论，一是相关，二是不相关，针对不相关的结论，学者们进一步探讨农村金融的特性与发展中存在的问题。再次，关于农村城镇化金融需求的研究。研究表明，农村城镇化的金融需求具有多元化特点，与金融供给不完全匹配，异质性特点显著，在现有的农村金融供给体系下难以被满足，研究城镇化的金融支持，尤其是农村产业发展、小城镇建设的金融支持非常有必要。国外的相关研究可分为发达国家与发展中国家两个方面。发达国家的城市化经历了一二百年的发展历程，以工业发展为城市化的主要推动力，形成较为成熟的城市—工业增长的自行推进过程，因此，发达国家直接研究金融支持城镇化建设的文献较少，相关研究沿着城市化与金融的相关性、城市化资金的来源、资金的用途以及主要国家促进城市化发展的政策支持展开，其中主要是扩展融资渠道以满足城镇住房、基础设施建设的资金需求。发展中国家的城市化起步较晚，以中国与印度为例，在城市发展进程中，“土地财政”构成了城市化的自融资机制。尽管“土地财政”在城市化进程中发挥了巨大的作用，但其发展的可持续性受到了各方质疑，在农村土地集体所有的背景下，土地财政不具备发展条件。

国内外研究表明，在起步、发展、快速发展阶段，城镇化建设都需要大量的公共投资，如建设城镇基础设施、提供公共产品与服务等。相比较于西方发达国家的城市化，中国城镇化起步较晚，除了具有经济发展拉动的特点外，还具有明显的政府推动的特点，尤其是在新型城镇化背景下，政策倾向于建设重点小城镇，以此推动农村城镇化。农村城镇化是一项系统工程，涉及产业发展、城镇建设、金融体系、居民生活等各个部分与层面，各部分相互影响，互为支撑。我国小城镇建设历经三十余年，但仍然存在基础设施落后、公共产品与服务不足、城镇品质不高、人口的凝聚力不强等主要问题，农村城镇化的瓶颈存在于基础设施落后与产业支撑不足两个方面，这两方面的发展与建设都需要金融的支持。而农村金融发展的滞后性决定了金融与城镇化之间脆弱的相关关系，农村城镇化建设对农村金融提出了发展与创新的要求。

1.3 研究内容与研究目标

1.3.1 研究内容

1.3.1.1 金融对城镇化的作用机制与机理分析

金融对城镇化的作用机制与机理研究是本书的理论基础。城镇化的基本动力是经济发展，循环累积因果作用是经济发展对城镇化的重要作用机制。第一，金融是城镇化的重要驱动力。一方面，城镇化的动力机制来自于集聚效应，金融的外部性促进集聚的发生。金融的外部性主要表现为产出的成本降低，将金融产品与金融服务作为生产的中间产品，金融能够降低企业的融资成本，融资成本的降低有助于提升城镇的区位效应，从而引致要素在城镇的集聚。另一方面，金融通过促进资本积累、促进资本的有效配置以及促进金融结构优化等推动城镇化进程。第二，金融与城镇化互为动力。经济增长是城镇化的核心动力，金融是经济增长的核心，金融与城镇化之间具有内在的逻辑性。金融通过“供给引领”效应推动经济增长，促进城镇化发展。而城镇化是一个要素集聚的过程，要素集聚推动市场规模的扩大，不断创造出新的金融需求，在金融“需求追随”的作用机制下，促进金融发展水平的提升。

1.3.1.2 苏北农村城镇化发展水平评价

一直以来，城镇人口占总人口的比重是城镇化的主要指标。随着我国新型城镇化的推进，农村城镇化更加重视城镇的功能提升及人口的有序集中，不仅要重视经济发展，还要重视小城镇的社会和谐、环境绿色、城乡公共服务共享，兼顾经济高效与城镇化的可持续发展，推动大中小城市和小城镇协调发展，在条件适宜的地区大力推动小城镇建设，引导农民就地城镇化。苏北位属江苏南、中、北三大区域之北，包括国家重点开发区之东陇海地区，苏北面积占江苏全省面积的二分之一，人口占全省人口的五分之二，地区生产总值占全省的22%，农业产业产值占全省一半以上，有23个县市，占全省县市数量的一半有余(2014年数据)，是江苏省重要的重工业生产中心和农产品生产基地。依据国家主体功能区的规划要求和江苏经济发展情况，苏北应构建大中小城市、小城镇分工协作、优势互补的城市群，构建宜居、宜业小城镇，提升小城镇的社会、环境效应，促进经济发展，增加小城镇就业成为苏北新型农村城镇化发展的重要目标。本书从经济、社会、环境等方面对2002～2014年苏北农村城镇化的发展及质量水平进行总结与评价，得出研究区间内苏北新型农村城镇化发展的特点与规律，总结影响苏北新型农村城镇化进程的重要因素。

1.3.1.3 苏北农村城镇化的金融供给与需求分析

农村金融供给从政策供给、农村金融体系、农村金融产品及农村金融供给特征等方面展开。本书研究农村金融改革发展,从农村金融存量改革与增量改革两个阶段研究农村金融相关政策的演变,研究目前农村金融供给的方式、规模、结构和问题;从制度、市场等层面分析影响农村金融供给的主要因素,并对近年来苏北农村金融发展进行评价指标的构建与测量。

苏北农村城镇化的金融需求分析从需求的分类与特点展开。农村城镇化的资金需求规模十分庞大,筹措建设资金仅依靠政府财政支持远远不够,仅依靠市场的力量可能会出现社会公益性较强的项目无人问津,所以要对农村城镇化的金融需求进行详细分类与分析,分离出必须依靠市场融资解决的、必须依靠政府资金解决的以及依靠市场与政府相结合共同解决的城镇化建设的资金需求,并针对各种农村城镇化建设资金需求具体分析其内定与特点。在此基础上,进行实地调研,进一步探讨在城镇化进程中,小城镇建设、农村土地金融以及经济个体的金融需求。

1.3.1.4 实证分析苏北农村金融发展对农村城镇化发展的影响

在相关理论与现状分析的基础上,实证分析苏北农村金融发展对农村城镇化发展的影响。金融发展与城镇化建设之间有密切关联,既有针对城镇基础设施建设产生的直接影响,也有通过影响城镇经济增长促进人口等要素在城镇集聚产生的间接影响。由于农村金融既有内生性,也有外生特性,所以,金融对农村城镇化的影响有待实证研究得出相关结论。研究拟做三个方面的实证分析:第一,从全省三大区域的视角分析农村金融对农村城镇化影响的区域差异性,表现为农村金融发展对农村城镇化的影响随着经济发展水平的不同而产生差异,发达地区影响作用力较强,而欠发达区域的影响作用力较弱。第二,对苏北农村金融对农村城镇化水平的影响进行实证分析,苏北作为江苏欠发达区域,农村金融发展对农村城镇化水平的影响存在,但不十分显著。第三,苏北农村金融发展对农村城镇化影响的路径分析。将城镇化细分成若干指标,使用结构方程(SEM)测量金融发展对各指标的影响系数,以确定金融对城镇化建设的影响路径。

1.3.1.5 金融发展对苏北农村城镇化的影响路径分析

在实证分析的基础上,以农村金融支持农村城镇化的路径作为切入点进行影响机理分析。路径分析表明,苏北农村金融支持农村城镇化的着力点有三个方面:经济增长、产业结构优化和农业发展。这三个方面既互为依存,又相互独立。经济增长包含着产业结构优化与农业发展,产业结构优化与农业发展对经济增长形成促进作用,发展现代农业是提高农业生产效率、释放农业剩余劳动力的必由之路,进而促进农村地区的产业结构优化与演进,三方面结合起来共同对农村城镇化建设形成推动力量。同时,在农村城镇化进程中,经济增长、产业结构优化和农业发展各自形成对农村城镇化的独立推动机制。经济增长是农村城镇化的核心动力,经济增长沿着城镇税收增加、城镇化基础设施与公共服务设施水平提高、形成对人口及资本要素的集聚动力的路径推动农村城镇化进程;产业结构优化沿着第二产业发展、形成更多的就业岗位、吸纳农业转移人口、增加的产业工人产生对服务业的需求、生活与生产类第三产业的发展的路径促进城镇化水平提高,活跃小城镇经济;农业发展是农村城镇化的原始动力,只有农业生产效率的提高才有可能释放剩余劳动力,促进农村城镇化水平的提升。

1.3.1.6 苏北农村城镇化的金融供需缺口分析

农村城镇化进程中要素禀赋转变与资源重新配置所引致的金融需求与传统的农村金融需求之间存在较多的差异与差距,农村金融由政策金融、农村合作金融及商业金融共同构成,以传统的农村生产和消费为服务目标,不能有效满足农村城镇化进程引致的金融需求,导致较为显著的农村城镇化金融供需缺口。第一,政策供给缺口。我国农村金融发展具有鲜明的政策特性,农村城镇化建设所出现的金融供需缺口有一部分是因政策因素引起的,如支持农村城镇化建设的金融政策与制度缺失、农村商业银行产权制度缺位、新型农村金融机构的政策供给缺位、引导民间金融契约化与规范化的政策与制度缺位等。第二,资金供需缺口。农村资金外流,资金供给不足的现象普遍存在,城镇化进程中,将产生更大规模的资金需求,诸如农业规模经营、乡镇企业发展、小城镇建设等方面的资金需求,这部分资金需求存在巨大的供给缺口。第三,金融机构的结构性缺口。在农村正规金融体系中,缺失服务于农村小规模金融需求的金融机构。农村城镇化金融供给不足的原因,还存在于现有的农村金融机构体系与农村城镇化建设的金融需求结构不匹配。正规金融机构的贷款门槛较高,乡镇企业与经济个体受到正规金融机构贷款抵押条件的制约,在正规金融机构的贷款数额有限,只好求助于民间资金,通过亲朋好友或民间金融机构满足资金需求。

1.3.1.7 苏北农村城镇化金融支持的对策研究

农村城镇化建设需要农村金融的支持,应构建适合农村城镇化建设需要的、系统的、高效率的农村金融体系,在金融体制、金融组织、融资渠道、金融产品等方面形成具有针对性的对策与建议。完善农村金融制度,推动金融服务模式创新;坚持政策性与市场化相结合原则,优化农村金融结构体系;盘活农村土地要素，推动农村土地资本化；按照市场化与可持续原则，引导商业银行提供信贷支持与金融服务；放宽民资、外资准入限制，构建城镇化合作金融机制。

1.3.2 研究目标

本书在评价新型城镇化发展水平的基础上，从理论上研究金融驱动城镇化的机制与机理，分析新型城镇化的金融支持与融资体系，并以苏北为案例实证分析不同区域金融发展对城镇化的影响系数与支持路径，探索欠发达区域金融对新型城镇化的支持路径与机理，从创新与发展农村金融组织体系、金融产品、融资渠道等方面构建金融支持新型城镇化的长效机制，谋求完善农村金融供给，破解新型城镇化进程的资金短缺难题，推动农村人口就地城镇化。

(1) 研究并探讨金融驱动农村城镇化的机制与机理。机制，原指机器的构造和动作原理，被引入经济学研究中的机制表示经济肌体内各要素之间相互联系和作用的关系及功能。机理，是指为实现某一特定功能，一定的系统结构中各要素的内在工作方式以及诸要素在一定环境下相互联系、相互作用的运行规则和原理。在任何一个系统中，机制都起着基础性的、根本的作用。在理想状态下，有了良好的机制，甚至可以使一个社会系统接近于一个自适应系统，即当外部条件发生不确定变化时，能自动、迅速地做出反应，调整原有的策略与措施，实现优化目标。在金融驱动农村城镇化的这样一个经济作用过程中，不可能构建出一种机制，成为一个完全不需要干预的自适应系统，但是应该把机制构建作为重要的、能够影响体系运行的内在因素，从城镇化发展的内在规律入手探求金融支持农村城镇化发展的内在机理，构建一个具有普惠性、针对性、高效率、低交易成本并对农村城镇化有显著推动作用的农村金融体系。

(2) 研究并探索金融发展支持农村城镇化的具体路径。农村金融供给有效不足的问题普遍存在，推进农村城镇化又产生了小城镇建设的金融需求，农村金融供给缺失的问题亟待解决。农村金融资源短缺，而农村城镇化的资金需求规模庞大，金融只能促进而不是主导农村城镇化进程，所以农村支持城镇化建设应有所侧重，必须寻找好着力点与切入点，做到“有所为，有所不为”。基于这样一个目标，从金融支持城镇化路径的角度出发进行金融发展支持农村城镇化的实证分析，将农村城镇化解析为经济发展、社会发展、基础设施建设等层面的若干个指标，通过金融发展指标对农村城镇化各个指标影响系数的分析和检验，指出农村金融应有所为的方向以及应有所为而未有所为的问题。

(3) 研究并提出金融支持农村城镇化的对策与措施。农村城镇化的金融需求具有异质性，这种异质性是指其不完全等同于传统的农村金融需求，更不等同于城市金融需求，具有自身的特点。研究与探索金融支持农村城镇化必须立足于城镇化建设中金融需求的内容与特点提出相应的对策与建议。第一，农村城镇化的金融需求表现为农村经济发展的金融需求，在城镇化的背景下，农村要素禀赋发生变化，经济发展格局不同以往，围绕着挤出更多的农业剩余劳动力发展现代农业，围绕着促进转移人口就业发展劳动密集型的非农产业，围绕着集聚效益与集约经济发展产业园区，相应地发展现代农业、园区经济以及与人口就业相适应的劳动力密集型工业与劳动力密集型服务业；第二，新型农村城镇化的金融需求表现为小城镇建设的金融需求，现阶段，我国农村城镇化肩负着促进1个亿的人口就地城镇化的使命，引导农村人口就地城镇化的前提是小城镇生活设施完善、就业方便，而我国大部分的小城镇基础设施与公共服务差强人意，显然还不具备大规模的农村居民就地城镇化的基本条件，亟须进行相应的投入以提升其居住与生活功能；第三，农村城镇化的金融需求还表现在新增城镇人口对金融产品及服务的基本需求上。由于农村城镇化的金融需求具有异质特性，所以，需要构建与之相适应的金融体系与融资渠道，从制度机制、金融产品、金融机构、金融风险防控等方面分析完善与创新农村城镇化的金融支持相关对策与建议。

1.4 研究方法与技术路线

1.4.1 研究方法

本书以农村城镇化的金融支持作为研究对象，在全面分析研究农村城镇化及农村金融发展政策、理论与现状的基础上，探索金融支持城镇化的路径与对策。本书写作中主要采用以下研究方法：

(1) 文献研究法。文献研究是本书写作的基础，根据文章选题，通过研究相关文献获得资料，了解农村城镇化与金融支持的历史、现状及发展规律，形成对于研究对象的一般印象，从而全面、正确地了解本书的研究对象和内容，为进一步展开分析与研究奠定基础。

(2) 结构方程(SEM)分析法。本书通过构建城镇化发展水平指标体系测量农村城镇化水平，因而产生了多个城镇化测量变量，由于结构方程具有同时处理多个被解释变量的优点，所以采用结构方程模型进行金融发展对农村城镇化各因素的影响路径分析。

(3) 权重分析法。在新型城镇化进程中，传统的以非农人口占总人口比值的城镇化衡量指标较为单一，不适应新型城镇化的衡量与评价，因而要建立更为综合的指标体系来衡量城镇化水平，本书采用权重分析法确定各选项在城镇化水平测量中的权重值。

（4）聚类分析法。在农村城镇化水平分析与测量的基础上进行聚类分析，旨在从区域差异的角度分析各区域的农村城镇化发展与金融发展的相关性。

（5）回归分析法。建立金融发展与城镇化率以及城镇规模分维数之间的两组数据依赖关系，分析金融发展与城镇化率的回归关系和金融发展与城镇规模的回归关系。

（6）交叉研究法。城镇化的金融支持研究属于区域经济与金融学两门学科的交叉领域，本书采用区域经济学的相关理论，围绕城镇化的金融驱动机制、金融需求以及金融发展等内容，展开在农村城镇化进程中的金融支持研究，将金融发展研究深入到城镇化发展进程中，探讨城镇化的发展动力与路径，在学科的相互融合中分析问题与解决问题。

1.4.2 技术路线

本书采用问题导向的研究思路，按照提出问题、分析问题、方法研究、解决问题的过程展开研究。提出问题部分将全书内容用六个问题概括并贯穿：第一，苏北农村城镇化水平与金融发展的现状如何？第二，城镇化的资金借贷情况如何？第三，金融驱动城镇化的动力机制是什么？第四，实证分析金融发展对城镇化进程的影响。第五，城镇化的金融供给情况如何？第六，城镇化的金融需求分析与金融缺口分析。分析问题部分对各部分进行问题分解以拓宽研究广度与深度，辅助以结构方程、回归分析、聚类分析、因子分析、理论研究等相应的研究方法，从城镇化的动力机制、城镇化发展评价、城镇化的金融供给与需求、金融对城镇化的驱动、基于苏北城镇化的金融作用效果分析与路径分析以及江苏三大区域金融支持城镇化发展的比较分析等多个维度展开苏北金融支持城镇化的探讨。最后，将问题体系、内容体系与方法体系合并，共同推导出苏北城镇化的金融支持路径以及相关的对策与措施，进一步发挥与提高金融支持城镇化的作用机制与效果。

依据“提出问题→分析问题→实证研究→解决问题”的逻辑顺序，形成研究技术路线图（图 1-2）。

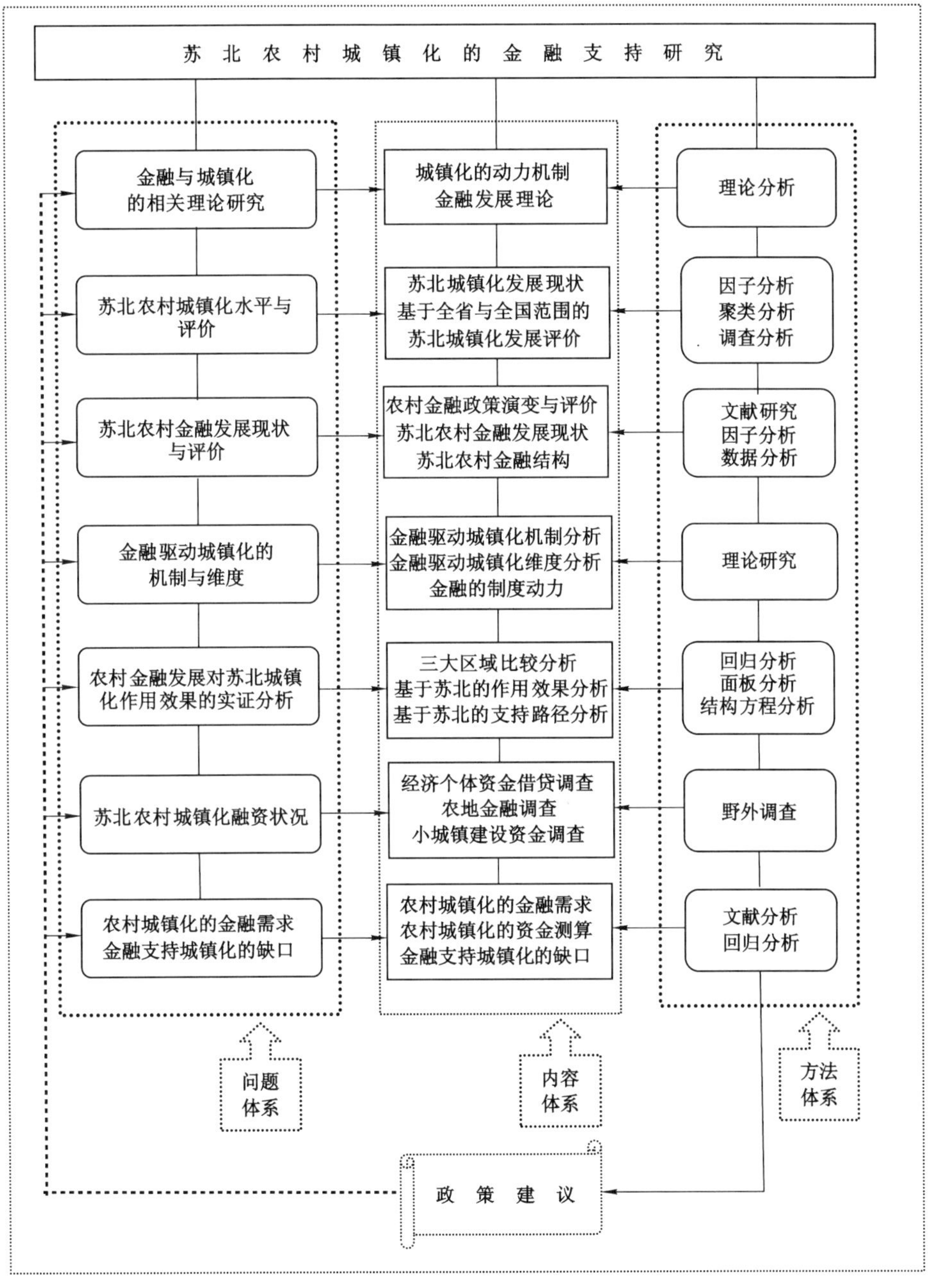
苏北农村城镇化的金融支持研究
金融与城镇化的相关理论研究
苏北农村城镇化水平与评价
苏北农村金融发展现状与评价
金融驱动城镇化的机制与维度
农村金融发展对苏北城镇化作用效果的实证分析
苏北农村城镇化融资状况
农村城镇化的金融需求
金融支持城镇化的缺口
城镇化的动力机制
金融发展理论
苏北城镇化发展现状
基于全省与全国范围的苏北城镇化发展评价
农村金融政策演变与评价
苏北农村金融发展现状
苏北农村金融结构
金融驱动城镇化机制分析
金融驱动城镇化维度分析
金融的制度动力
三大区域比较分析
基于苏北的作用效果分析
基于苏北的支持路径分析
经济个体资金借贷调查
农地金融调查
小城镇建设资金调查
农村城镇化的金融需求
农村城镇化的资金测算
金融支持城镇化的缺口
理论分析
因子分析
聚类分析
调查分析
文献研究
因子分析
数据分析
理论研究
回归分析
面板分析
结构方程分析
野外调查
文献分析
回归分析
问题体系
内容体系
方法体系
政策建议

图 1-2 技术路线图

本章小结

本章作为全书的起始之篇，主要是一个综述与概括，阐述了农村城镇化的研究背景、金融支持农村城镇化的必要性以及研究的理论与现实意义，系统地对国内外金融支持城镇化研究的现状进行客观评述，详细介绍全书的研究框架、研究内容、研究方法与技术路线等。

第 2 章

金融与城镇化的相关理论

金融是现代经济运行的核心与枢纽，经济增长是城镇化的根本动力，金融与城镇化之间具有内在的逻辑关系。本章从概念界定、城镇化的动力机制与金融发展等方面进行全书的理论铺垫。

2.1　相关概念界定

2.1.1　金融发展

金融发展是指金融结构的变化，这种变化既包括短期的变化也包括长期内的变化，既是各个连续时期内的金融交易流量也是对不同时点上的金融结构的比较变化。其中，金融结构则是指各种金融工具和金融机构的形式、性质及其相对规模，也就是说金融结构是由金融工具与金融机构共同决定的。在一国的经济发展过程中，金融上层结构的增长比国民产值及国民财富所表示的经济基础结构的增长更为迅速，因而金融相关比率（FIR）有提高的趋势。金融相关比率的提高并不是永无止境的，一旦达到一定的发展阶段，特别是当 FIR 达到 1～1.5之间时（西欧和北美 20 世纪初就达到了这一水平），该比率将趋于稳定。经济欠发达国家的 FIR 比欧洲和北美国家要低得多。欠发达国家 20 世纪 60 年代的 FIR 多在 1 和 2/3 之间，相当于美国和西欧在 19 世纪后半期就达到并超过的水平。在大多数国家，如果对近数十年间进行考察，就会发现经济与金融的发展之间存在着大致平行的关系。

针对中国农村金融所具有的外生性特点以及苏北农村金融发展的具体情况，本书金融发展的研究对象主要包括 2002～2014 年的农村金融的存贷款规模、金融规模、金融深度、金融效率以及金融市场等的演变，同时梳理了改革开放以来农村金融的政策演变。其中，金融规模以地方存、贷款余额之和与地方国内生产总值之比表示，金融深度以地方贷款余额与地方国内生产总值之比表示，金融效率以地方贷款余额与地方余额存款表示，金融市场通过农村金融机构与金融市场结构等阐述;农村金融的政策演变则以 2007 年为界限,分别阐述并比较农村金融的存量改革与农村金融的增量改革。

2.1.2 金融需求

金融需求是指人们在金融市场中获得所需要的金融产品行为与具有获得金融产品能力的欲望,金融需求可分为资金需求、信贷需求和金融服务需求。农村城镇化进程中,金融需求既包括传统的与“三农”有关的金融需求,也不断地补充着与城镇化建设相关的金融需求,如农业产业化、小城镇建设以及新增城镇居民等的金融需求,现阶段,城镇化的金融需求以资金需求最为重要。

首先,农业现代化与产业化产生了更大规模的资金需求。现阶段,我国农业发展中出现了新型农村经营主体,包括农业大户、家庭农场、农民专业合作社等类型,一方面,这部分经济个体相对于普通的农户来讲,在经营规模、盈利能力、销售渠道等方面具有明显的优势,也具有更多的资金需求;另一方面,这部分经济个体与普通农户同样面临着生产风险高、经济效益低、生产周期长的问题,其资金需求在传统的农村金融供给模式下得不到满足。其次,小城镇建设产生出更大规模的资金需求。小城镇建设的金融需求主要由两部分构成,一是保障性住房的金融需求,二是基础设施建设的金融需求。新增的小城镇人口带来更大规模的住房需求,这部分人口主要为中低收入人群,依靠自身能力无法购买商品房,因而产生了庞大的住房性金融需求。农村城镇化进程中,城镇人口规模扩张对城镇基础设施建设提出了更高的要求,这部分资金供给既需要政策性资金支持,更需要与之配套的金融资金支持。再次,新增城镇人口对储蓄贷款、理财产品等金融服务与产品等产生了更多的金融需求。

农村城镇化的金融需求具有异质性,既不同于传统的农村金融需求,也不同于城市发展的金融需求。农村城镇化的金融需求是在传统的农村金融需求基础上的发展与扩张,与城市产业发展及市民生活的金融需求具有不同的发展机理,是在农村城镇化发展与建设中由要素禀赋提升而引起的新增金融需求,所以农村城镇化的金融需求具有异质性,在现有的农村金融体系与城市金融体系中不能够完全得到满足,这种金融需求必然会诱导出与之相关的金融制度、金融机构与金融工具等方面的创新。

2.1.3 金融驱动机制

动力机制是指在事物运动与发展过程中各种动力的作用原理与传导过程,其本质是描述动力与事物运动及发展中的内在联系。城镇化的金融驱动机制指的是在城镇化发展的中、高级阶段,金融发展与城镇化进程之间的作用原理及传导过程，是描述金融发展与城镇化进程之间存在的内在联系、作用机理以及动力的传导路径。

金融发展与城镇化之间的作用机制具有双向性。一方面，金融对城镇化具有推动作用，体现为金融为经济增长与城镇建设提供所需资金与服务，进而推动城镇规模扩张及城镇数量增长；金融内生于经济增长，形成金融发展促进经济增长，经济增长推动城镇化的间接驱动机制。另一方面，城镇化进程推动金融发展，伴随着城镇化水平的提升以及要素在城镇的集聚与市场的扩大，对金融产品产生更多的需求，在“需求追随”的作用下，金融发展进一步深化。

金融对城镇化的驱动机制从三个维度展开：一是金融驱动人口城镇化；二是金融驱动产业城镇化；三是金融驱动空间城镇化。每个层次的推进与目标实现都需要金融的支持与保障。人口城镇化进程中将形成庞大的保障性住房需求，保障性住房建设需要建立多层次融资机构的资金支持；产业城镇化进程是推动产业结构的优化升级，需要金融支持战略性新兴产业、现代农业的发展，通过资本在产业间配置引导资源在部门之间的转移；空间城镇化则是通过完善城镇基础设施与公共服务提升城镇空间价值与区位效应，强化空间集聚效应，吸引人口、产业在城镇集聚，促进空间城镇化。新型城镇化的持续推进又将产生新的金融需求，继而推动金融发展。

金融的外部性是集聚发生的驱动力。完善的金融体系将降低企业的融资成本，提升城镇的区位优势，是构成区域外部经济的重要因素。区位优势对企业具有显著的吸引力，集聚的企业数量越多，地方经济发展动力就越强，对企业会形成更大的集聚力，导致金融规模进一步扩张、金融体系进一步完善，城镇的集聚效应显现。在这种集聚效应下，企业会在某一特定区域持续集中，劳动力、资本等要素在特定区域持续集聚，推动城镇发展与扩张。

2.1.4　城市化

城市化，是一个动态过程，狭义的城市化是城市数量增加和城市人口比例上升的过程；广义的城市化既有城市数量增加、城市人口比例上升，也包含城市文明扩散的过程。一般地，用城市人口占地区总人口的百分比作为城市化率的测量指标。作为一个动态的过程，依据城市化率的变化，城市化可分为三个阶段：① 城市化初期，城市化水平低于 30%，城市化速度比较慢；② 城市化中期，城市化水平为 30%～70%，城市化速度非常快；③ 城市化后期，城市化水平高于 70%，城市化速度比较慢。依据城市化过程和特征，发达国家与发展中国家的城市化过程有所不同，以美国为例，城市化过程大致分为三个阶段：商业城市化（自由竞争阶段的城市化）、工业城市化（工业资本主义阶段的城市化）和服务城市化

（发达资本主义的城市化）。

城市化的结果，涉及城市与城市体系的变化。其一，城市经济成为国民经济的主体，城市社会成为现代社会的主体；其二，城市规模扩张，最大的城市规模从百万人口增加到千万人口；其三，城市体系的变化，从单一城市到城市群和城市带等；其四，城市成为国家政治中心、经济中心和文化中心；其五，城市人口超过农村人口，城市基础设施和社会保障日益庞大；其六，城市问题成为重要议题，如环境、住房、交通、犯罪、贫困等。

在一个城市体系中，城市规模和它们的等级之间的总体关系是相对稳定的。城市规模和城市大小排序的关系用“位序—规模法则”表示，一般形式为城市位序与城市规模的对数线性关系：

$$\log(P_i) = k - \alpha \times \log(R_i) \tag{2-1}$$

式中　i——城市位序；

P_i——排序为 R_i 的城市人口规模；

R_i——该城市在城市体系中的位序；

α, k——常数，其中，$k=\log(P_1)$，P_1 为城市体系中最大城市的人口规模。

当 $\alpha=1$ 时，这一规则被称为“齐夫法则”(Zipf's Law)。

城市化的动力在不同的阶段有所不同。首先，经济增长是城市化的根本动力。在商业城市化阶段，农业生产率提高和商业发展是城市化的主要动力；在工业城市化阶段，工业化和农业生产率提高是城市化的主要动力；在社会城市化阶段，工业化和社会转型是城市化的主要动力；在服务城市化阶段，服务业和信息化是城市化的主要动力。

2.1.5 新型城镇化

我国城市化的发展兼顾“城”与“镇”的发展，所以称为“城镇化”。2012 年，党的十八大明确提出了“新型城镇化”的概念。新型城镇化是未来我国城镇化的发展战略，新型城镇化的发展框架是农村城镇化发展的战略依据。

首先，新型城镇化的核心是人口的城镇化。以人为核心的城镇化有两个方面的含义：一是扩大城镇人口规模，提升城镇化水平；二是优化城镇品质，使城镇更适宜生产与生活。二者相辅相成。到 2020 年，我国将达到常住人口城镇化率 60%，户籍人口城镇化率 45%，为此要合理引导农村转移人口落户大城市和就近城镇化。不论是落户大城市还是就近城镇化，都需要推动城镇经济增长，增加城市以及重点小城镇的建设投资，全面提升其内在品质。

其次，新型城镇化以城市群作为城镇化的发展形态。城市群是一定区域内不同规模城镇的集合体；城市群具有等级分明的金字塔形态的城镇体系，塔尖是一个或两个经济较发达、具有较强辐射带动功能的中心城市，塔基则是数量众多的小城镇，中间是大中小城市；城市群具有空间距离较近、经济联系密切、功能互补、等级有序的特点。优化城市群的发展形态，就是优化城镇规模结构，增强中心城市辐射带动功能，加快发展中小城市，有重点地发展小城镇，按照统筹规划、合理布局、分工协作、以大带小的原则，促进大中小城市和小城镇协调发展。

第三，新型城镇化重视建设发展条件较好的小城镇。围绕城市群建设，推动大中小城市和小城镇协调发展，尤其是增加中小城市数量，提升小城镇的服务功能与城镇品质，使其成为优化城镇规模、解困大中城市中心城区人口与环境压力的重要载体。将小城市、小城镇发展成为承接农业人口转移和产业转移的重要载体，增强东部地区城市群内中小城市和小城镇的人口经济集聚能力，引导人口和产业由特大城市主城区向周边和其他城镇疏散转移。将中小城市作为优化城镇规模结构的主攻方向，推动小城镇发展与疏解大城市中心城区功能相结合；把中心城区的解困和小城镇发展融为一体；强化中心城区的服务功能，发挥小城镇的生产基地作用；聚文化于中心城区，散经济于周边小城镇；汇信息、资金、科技于中心城区，散物流、人流于周边小城镇。

2.1.6　农村城镇化

农村城镇化是农村人口向城镇人口转化，生产和生活方式由乡村型向城市型转化，传统的农村文明向现代的城市文明转化的过程，是各种经济要素向经济发展条件较好的县域小城市、小城镇集中的过程。农村城镇化以实现农业产业化与城镇化共生以及城镇化与工业化融合为目标，是我国城镇化进程的特定阶段。

首先，农村城镇化以农村劳动力就地城镇化为主要特征，具有鲜明的中国特色。我国农村人口众多、流动人口规模巨大、城市化滞后于工业化、城市化发展不均衡等，这一系列特殊的国情条件决定了我国的农村城镇化不同于发达国家的乡村城市化，不是城市人口向乡村流动，而是农村人口向条件较好的、具有培育潜力的小城镇转移和集聚的城镇化过程。

其次，农村城镇化是进一步提升我国城镇化水平、实现城乡一体化的重要途径。中国人口众多，仅仅发展大中城市不可能实现庞大的农村人口向城市转移，要在发展大中城市的基础上大力发展小城市(镇)，有选择地建设小城市(镇)，吸纳部分农村转移人口。小城市和小城镇介于城乡之间，兼有城乡两种功能，是容纳农村剩余劳动力的“蓄水池”，也是承接农村转移人口的重要载体。历史经验表明，只发展大中城市，虽然获得了集聚效益、规模效益，但随着城市规模的扩大，产生了“城市病”，如城市空地越来越少，交通越来越拥挤，环境污染越来越严重等。城镇化建设不应只重视发展大城市，还应该重视小城市、小城镇的发展，重点培育条件优越的小城市（镇）成为城镇化的载体。

第三，重点小城镇成为农村城镇化的重要载体。没有小城镇的充分发展，就不会出现大中小城市（镇）有机配合的城镇体系。不论是城乡一体化，还是建设大中小合理分布的城镇体系，条件较好的重点小城镇无疑是重要节点。改革开放以来，发展和建设小城镇一直是我国城镇化战略的重要方针，在历年的城镇化政策中，先后出现积极发展小城市（1980）、放宽小城镇落户入户条件（1984）、重点发展中小城市和小城镇（1985）、推进小城镇建设进程（1990）、引导乡镇企业适当集中、改造并新建小城镇（1993）、引导小城镇健康发展（1994～2000）、促进大中小城市和小城镇协调发展（2007）、提高城镇化质量（2012）、建设特色小镇（2016）等内容，表明了农村城镇化的战略重点是小城镇，也为我国实现农村城镇化指明了方向。与大城市相比，小城镇普遍存在规模较小、基础设施不够完备、公共服务水平较低等现实问题，推动农村城镇化的目的是发展重点小城镇经济，提高重点小城镇品质，完善基础设施，提高公共服务水平，增强城市金融、信息、社会发展以及对区域经济带动作用等多方面功能，使重点小城镇成为农村人口就地城镇化的重要载体，成为带动农村经济发展的重要增长极。

我国地域广阔，各地农村发展差异性较大，推动农村城镇化要区别对待，因地制宜，原则上应依据国土功能区规划，在经济发展条件较好、农村城镇化有一定基础、建设城市群的地区大力推动农村城镇化。农村城镇化的有序推进将为新型城镇化进程打下良好且厚实的基础。

2.2 城镇化的动力与机制

2.2.1 城镇化的主要动力

城镇化的本质是人口在城镇集中及集聚。人口在城镇集聚主要来自于四个方面的动力：一是提高农业生产效率以释放农业剩余劳动力；二是工业化吸引劳动力向城镇集中；三是提升城镇品质与功能以吸引人口在城镇集中；四是放宽相关的户籍、土地等城镇化政策以推动人口向城镇集中。城镇化的动力分为推动力与拉动力，城镇化的首要推动力是经济增长，其次是相关的政策措施；城镇化的拉动力表现为城镇的就业机会、基础设施、公共服务等对人口等要素的吸引力。集聚效应是城镇化发展的动力机制，要素向空间集中会带来一系列的变化，如分工与专业化的深化、空间结构的有序化、经济增长、区际扩散等，这些变化推动了城镇化水平的提升。

2.2.1.1　经济增长之推动力

城镇化的核心动力是经济增长。城镇化的动力首先表现为经济发展的推动力，一个国家的经济发展水平与城市化程度必然存在显著的正相关关系。它们之间的关系模型为：

$$Y = b + \alpha \times \ln(X) \tag{2-2}$$

式中　Y——城市化率；

X——人均国民收入；

b,α——回归系数，为常数。

只有经济发展，才能够推动人口与产业在空间的集聚，推动城镇的演进，离开经济发展，城镇化就失去了运转的核心，没有经济发展支撑，农村城镇化就没有存在与发展的基础。经济增长主要受要素投入数量与要素的生产效率两个方面的影响。要素投入是指劳动力、资本、土地等要素的投入，提高要素的生产效率主要通过投入知识与技术等得以实现。

2.2.1.1.1　农业发展之推动力

农业生产效率的提高和农业剩余的产生是城镇化的前提条件和必要基础。农业生产效率的提高主要源自于土地规模经营与农业技术及农机具改良；提高农业生产效率从促进农业剩余劳动力转移、增加农产品供给这两个方面推动城镇化与工业化进程，而城镇化与工业化发展进一步推动土地规模经营、农业技术发展与农机具改良，农业技术发展、农机具改良与土地规模经营一起，再次推动农业生产力提高，形成围绕提高农业生产效率的城镇化循环累积因果链条（图 2-1）。在循环累积因果作用下，集聚作用持续加强，城镇化水平不断提高。

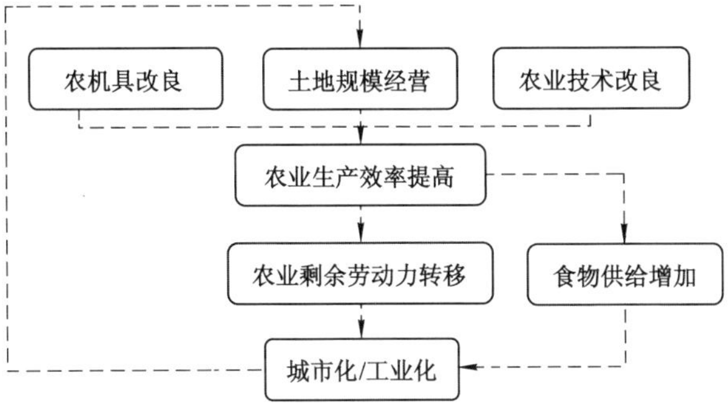

图 2-1　农业生产力提高产生的城镇化循环累积因果链条

2.2.1.1.2 工业发展之推动力

工业发展对城镇化的推动有直接推动与间接推动两种形式。直接推动是指工业化对城镇化的促进主要是通过细化产业分工、动态调整产业结构、优化升级技术结构、延伸完善产业链条等实现的。对于地方经济来说,相对孤立的工业部门对城市化进程的推动力要小得多,只有形成由主导产业部门、后向关联产业和前向关联产业共同组成的产业链条,才能促进分工与专业化的深化、增加 R&D 投入、扩大技术与劳动力市场,才能形成产业发展的循环系统,产生内部经济、外部经济和规模经济效应,才能产生较强的城镇化推动力。伴随着工业增长、城镇就业岗位增加,人口发生集聚,经济发展与城镇规模扩张同步推进,推动城镇化进程。间接推动是指完善的城市基础设施是城市健康发展的重要保障,工业发展在一定意义上促进了城镇基础设施的完善。城市工业发展之后,会产生大量人口涌入城市就业,如果城市基础设施没有得到及时的配套发展,就会出现城镇建设滞后于工业化与城镇化,成为社会不稳定的潜在因素。工业增长,推动地方税收基数和捐税收入的增长,地方财政收入增加,促进生活类和生产类基础设施的改良和完善,会吸引要素产生要素的集聚效应,推动城镇化和工业化,形成一个由工业增长到城镇化进程的良性的循环累积因果链条(图 2-2),产业推动城镇化,城镇化带动产业发展,即所谓的"产城融合"。

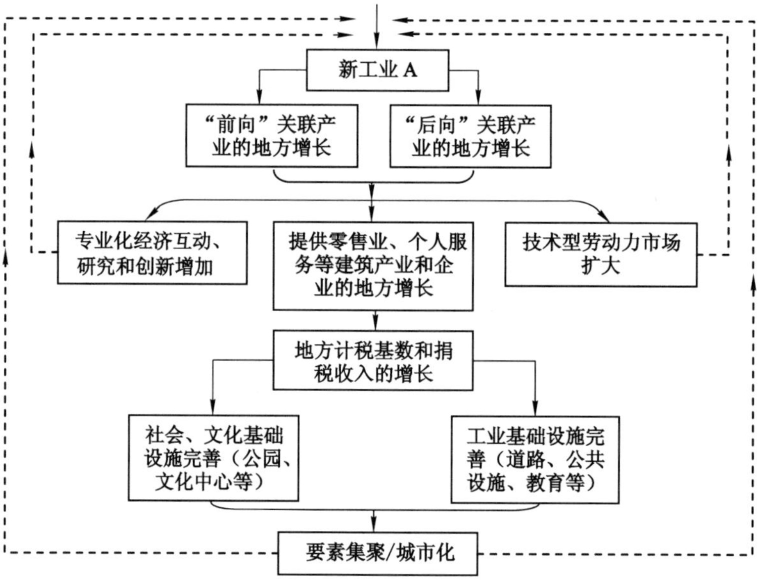

图 2-2 工业增长产生的城镇化循环累积因果链条

2.2.1.2 小城镇品质提升之拉动力

城镇，让生活更美好。城镇必须成为人类能够过上有尊严的、健康、安全、幸福和充满希望的美满生活的地方[53]。国际经验表明，当城镇化进入加速期时，不仅要重视城镇化的数量，更要重视城镇化的质量。2010年，我国城镇化率超过了50%，依据诺瑟姆曲线，城镇化进入加速期的后半期，在人口红利消失、经济增速下降的背景下，城镇化增速趋于减缓，逐渐进入由重视"数量"向重视"质量"转变的阶段[54]。只有高品质的小城镇才可能吸引人口的集中与资本、技术等要素的集聚。提升小城镇品质，就是以民生为首要任务，完善其基础设施和公共服务功能，增加就业，建设和谐、高效、可持续、绿色生态小城镇，给居民创造方便、舒适、优美的生活环境，提供优良的生活质量，为提高工作效率做好支撑基础。只有提升小城镇的品质与功能，才能推动农村人口就地城镇化。

提升小城镇的人口承载能力必将成为新型城镇化的战略重点。传统城镇化进程中，我国小城镇投入不足，基础设施不完善，生态环境逐步恶化，居住与就业功能不足，缺乏吸引力，体现不出集聚效益，发展相对缓慢。据统计，我国每年社会固定资产投资30多万亿元人民币，70%投资在城市，小城镇人均市政公用设施投入只有城市的20%，造成约86%的小城镇无污水处理设施，20%的小城镇无集中供水(牛凤瑞、马晓河，2013)。1996～2011年，我国土地城镇化与人口城镇化极不均衡，城镇面积从1.3万平方公里上升到5.3万平方公里，城镇人口从3亿人增加到6.9亿人，前者增长3.1倍，后者仅增长1.3倍，也足以说明以居住与就业功能为核心的城镇人口承载能力没有得到与空间同等的提升与扩张。提升小城镇的人口承载能力，加快基本公共服务体制建设，承担起东部地区大城市人口疏散的重任，是引导农民就地城镇化的重要途径，也是新型农村城镇化的核心内容。

2.2.1.3 相关政策之推动力

我国农村城镇化有明显的政府主导特征，在农村城镇化进程中，初始动力是农业发展和农村改革，加速器是对外开放，而国家政策起到了关键的激励作用(许学强)。中国农村城镇化主要是一个内生的过程，政策与制度的变迁对农村城镇化具有明显的推动作用[55-57]。

1978～1998年，政府先后提出"控制大城市规模，积极发展小城市"以及"发展小城镇，是带动农村经济和社会发展的一个大战略"，使小城镇得到了快速发展，建制镇数量从2 173个增加到19 410个，城镇人口从5 693万人增加到37 637万人。在小城镇快速发展的同时，小城镇规模小、产业发展不足、人口承载能力低下的问题也逐渐显露出来。21世纪以来，城镇化战略呈现出从重数量到重质量的明显演变。21世纪伊始，中共中央、国务院进一步提出"引导小城镇健康发展，应当成为较长时期农村改革与发展的一项重要任务"；

2002 年，十六大将加快城镇化进程列为 21 世纪头 20 年经济建设和改革的一项重要任务；2007 年，十七大提出走中国特色的城镇化道路，具体来讲，以特大城市和大城市为龙头，通过统筹规划，形成若干用地少、就业多、要素集聚能力强、人口合理分布的新城市群，按照统筹城乡、布局合理、节约土地、功能完善、以大带小的原则，促进大中小城市和小城镇协调发展；2012 年，十八大提出到 2020 年"城镇化质量明显提高"；2016 年，住房与城乡建设部、国家发展与改革委员会、财政部等部委明确提出在全国范围内开展特色小镇培育工作，到 2020 年培育 1 000 个各具特色、富有活力的特色小镇。如表 2-1 所列。

表 2-1　1978 年以来我国农村城镇化的相关政策及政策效果

<table>
<tr><th>时间</th><th>相关政策</th><th>政策效果</th></tr>
<tr><td>1978～1998 年</td><td>控制大城市规模，积极发展小城市；发展小城镇，是带动农村经济和社会发展的一个大战略</td><td>改革开放初到 20 世纪 90 年代末，中国小城镇的人口规模从 5 693 万人增长到 37 637 万人</td></tr>
<tr><td>2002 年</td><td>十六大将加快城镇化进程列为 21 世纪头 20 年经济建设和改革的一项重要任务</td><td rowspan="3">21 世纪以来，东部地区省份开始注重重点中心城镇建设，尤其是注重城镇功能与品质的提升，一方面是硬环境的塑造，主要包括畅通的道路交通体系、完整的绿化生态系统与优美的城镇空间环境，以及按照城市标准配套的各项市政基础设施；另一方面是城镇软环境的塑造，包括一站式审批服务、属地化执法管理、社区文化建设等</td></tr>
<tr><td>2007 年</td><td>十七大提出走中国特色的城镇化道路，构建以特大城市和大城市为龙头的要素集聚能力强的城市群，按照统筹城乡、布局合理、节约土地、功能完善、以大带小的原则，促进大中小城市和小城镇协调发展</td></tr>
<tr><td>2012 年</td><td>十八大提出到 2020 年"城镇化质量明显提高"</td></tr>
<tr><td>2012～2015 年</td><td>强化规划引领作用，加快提升农村基础设施服务水平，推进城乡基本公共服务均等化</td><td>建设新型农村社区，引导农民集中居住，将城市基础设施与公共服务延伸到农村社区，将城镇化推进到农村社区，使之成为山水相伴、安居乐业的美丽家园</td></tr>
<tr><td>2016 年</td><td>在全国范围内开展特色小镇培育工作</td><td></td></tr>
</table>

2.2.2 城镇化机制

2.2.2.1 集聚经济是城镇化的核心动力机制

集聚是空间经济最重要的景观特征，城市的本质就是集聚经济，集聚经济是城镇形成的关键环节，也是城镇化的核心动力机制。城镇化是城市人口规模不断集聚与扩大的过程，人口的集聚带动各要素的集聚，并产生集聚经济。集聚经济本质上是一种外部经济，不仅是一种外部规模经济，还是一种外部范围经济。主要表现为以下四个方面：第一，集聚推动社会分工与专业化。分工与专业化的发展需要相应的外在环境与条件，从产业发展看，要素在特定空间的集聚推动高效率产业链的形成，分工与专业化的深化过程，即是特定空间集聚度不断提高的过程。第二，集聚推动空间结构的有序化。要素在空间集聚的过程，也是资源的空间配置过程，具有互补特征的不同类型的产业或经济活动主体联系在一起，形成企业集群、产业集群以及城市集群等不同层次的经济功能区，空间结构得以有序化。第三，集聚产生区域的吸引与扩散效应。要素在空间的集聚，产生了市场扩大效应与生活成本效应，前者对企业具有吸引作用，后者对居民产生吸引力，市场扩大效应与生活成本效应共同构成了空间的吸引力。当要素在空间集聚到一定程度时，产生的市场拥挤效应所形成的扩散力，导致要素向周边地区扩散，这种扩散有邻近扩散与跳跃扩散两种形式。第四，集聚推动经济增长。集聚可以降低交易费用，可以提高交易效率，集聚产生规模经济，集聚产生范围经济，总之，集聚是推动经济增长的核心动力。在上述四个方面的作用下，城市经济快速增长，城市规模得以扩张，进而对要素产生新一轮的吸引与凝聚，由此形成螺旋状的上升态势，城镇化在这个过程中不断地提升与演进。在人口、资本集聚的过程中会产生两种力量，一是集聚力，二是分散力。集聚的力量是因为人口的集聚带来市场接近效应，导致企业产出增加、企业提供更多的就业岗位，工人名义收入上升；分散的力量是因为人口集中超过适度规模之后，会产生拥挤效应、企业竞争加剧、交通拥堵、房价高涨、环境污染等一系列规模不经济的问题，人们的潜在生活成本上升。当集聚力大于分散力时，规模经济作用下，工人的名义收入上升，而生活成本下降，实际收入增长，出现人口集中；反之，分散力大于集聚力时，拥挤效应下，工人名义收入不变，而潜在生活成本上升，实际收入下降，人口则出现分散。

2.2.2.2 循环累积因果效应推动城镇化水平持续提升

循环累积因果效应推动城镇化水平持续提升。从集聚发生到城镇规模扩张，再到新一轮集聚，城镇规模进一步扩张，这一过程被称为城镇化的循环累积因果效应。该效应在城镇化进程中具体表现为：首先，人口向城镇集中促使城镇市场扩张，吸引工业部门(包括资本与技术)在城镇空间的集聚，工业在空间集聚进一步强化人口集中，并形成累积性循环发展，城镇人口规模持续扩张；其次，工业部门在城市的集中将增加地方税收，地方税收提高将促进城市基础设施的完善与公共服务水平的提高，形成对人口与企业的吸引力，城市人口规模扩张。人口流动的内在逻辑是“收入效应”与“生活成本效应”的比较，城市中微观个体的实际工资与资本收益持续增加是导致城市人口规模扩张的根本原因，城市人口规模的扩张又促进其微观个体工资与资本收益的持续增加，这种相互作用的过程就是城市化的过程。在推动城镇化的过程中，包含着多个循环累积因果链条，还有工业发展—城镇化、农业发展—城镇化的循环累积因果链条等。工业发展—城镇化的循环累积因果链条，表现为工业发展，城市税基扩张，税收增长，城市完善基础设施与公共服务水平，吸引更多的企业进入城市，企业带动劳动力等要素在城市空间的集中；农业发展—城镇化的循环累积因果链条，则以发展现代农业，推动农业剩余增加，释放更多的农业劳动力，劳动力进入城市与工业部门，推动城镇化发展。总之，城镇化的循环累积因果效应促进人口向城镇集聚与城镇人口规模扩张，推动了城镇化的发展。

2.3 金融发展相关理论

第二次世界大战后，世界经济发展过程中出现了储蓄短缺和资金不足的制约，导致问题出现的深层次原因，是金融发展滞后和金融体系运行低效。20 世纪 60～70 年代，以格利和肖(E. S. Shaw，1955)、戈德史密斯(R. W. Goldsmith，1969)、麦金农(R. I. Mckinnon，1973)等为代表的一批西方经济学家开始从事金融与经济发展关系方面的研究工作，并先后出版了相关的专著，讨论金融发展对经济增长的作用与功能，金融发展理论由此产生。

2.3.1 金融结构理论

金融结构理论通过研究金融结构分析金融发展对宏观经济增长的影响。戈德史密斯的杰出贡献是奠定了金融发展理论的基础，他在《金融结构与金融发展》(1969)一书中提出了“金融发展就是金融结构的变化”这样一个著名的论点，并指出：“金融理论的职责就在于找出决定一国金融结构、金融工具和金融交易流量的主要因素，并阐明这些因素怎样通过相互作用而促进金融发展。”他采用金融相关比率(Financial Interrelation Ratio，FIR，某一时点上金融资产与国民财富之比)将金融发展与经济增长联系起来以衡量金融发展的水平，通过研究

1860～1963 年 35 个国家的相关数据，得出经济增长与金融发展同步进行，且经济快速增长时期一般都伴随着金融超常发展的结论。King 和 Levine(1993)通过对 77 个国家的金融结构和宏观经济增长统计数据建立面板数据模型，也肯定了金融结构对宏观经济增长具有正向影响关系。Rajah 和 Zingales(1996)、Kunt 和 Maksimovic(1996)通过对金融结构和行业增长数据建立面板数据模型，检验了金融结构指标对行业增长和扩张的影响。总之，研究显示，金融结构对于经济增长存在正向影响关系(许文彬，2008)。

2.3.2　金融抑制和金融深化理论

麦金农和肖以发展中国家的货币金融问题为研究对象，从金融抑制(financial repression)和金融深化(financial deepening)两个方面，论证了金融与经济发展的辩证关系，被认为是发展经济学和货币金融理论的重大突破，他们两人的理论被合并归结为“麦金农—肖模型”。这一理论深刻影响了许多发展中国家货币金融政策和货币金融改革。

金融抑制。肖和麦金农指出发展中国家存在严重的金融抑制现象，政府通过金融市场管制手段，设定利率变化的上限，使得金融市场配置资源的结果不是最优的选择结果。由于利率不能根据市场变动进行自发的调节，所以往往造成了储蓄不足，进而引发在经济增长过程中投资规模不足的问题。由于利率管制与时常存在的通货膨胀，使得实际利率往往为负值，会引发经济增长过程中的过度增长的贷款需求，扭曲经济资源的有效配置，稀缺的资本流向了一些“特权”而又不具备良好投资机会的阶层，资本利用效率低下，致使资本和良好的投资机会相分离，信贷配额的实行过程还常伴随着大量的寻租和贿赂行为。大量的中小企业被排斥在有组织的金融市场之外，得不到足够的资金，只能通过“内源性融资”进行技术创新的发展。金融抑制的存在阻碍了金融资源在整个宏观经济中的合理配置，也阻碍了资本积累、技术进步与经济增长。解决金融抑制，就要实施金融自由化。

金融深化。政府放弃对金融市场和金融体系的过度干预，放松对利率和汇率的严格管制，实行金融自由化，使利率和汇率成为反映资金供求和外汇供求对比变化的信号，从而有利于增加储蓄和投资，促进经济增长。麦金农和肖坚决支持金融自由化发展，认为由市场供给决定的均衡利率水平可以调节投资的效率，合理配置金融资源。肖认为，金融中介机构在一定程度上可以消除信息不对称，提高金融市场的运作效率；降低交易成本，提高资金配置效率；提高储蓄和投资的配置效率，进而提高资本边际生产水平，这种效率收益直接导致家庭作为储蓄者将获得更高的储蓄回报。由于金融中介机构的收益放大作用，投资过程中存放款的规模经济大大提高，最终加快经济增长。按照肖的标准，金融深化的程度表现为三个层次：① 金融增长，用M2/GDP或FIR测量；② 金融工具、金融机构优化，用银行信贷余额/GDP[58]测量；③ 金融市场机制或市场秩序逐步健全。这三个层次的金融深化相互影响，互为因果。

2.3.3 金融约束理论

发展中国家金融自由化的结果曾一度令人失望，许多经济学家开始对以往经济发展理论的结论和缺失进行反思和检讨。Hellman、Murdock和Stiglitz(1997)在《金融约束：一个新的分析框架》中提出了金融约束理论框架。

金融约束是指政府通过一系列金融政策在民间部门创造租金机会，以达到既防止金融压抑的危害又能促使银行主动规避风险的目的。金融政策包括存贷款利率的控制、市场准入的限制、直接竞争的管制，以影响租金在生产部门和金融部门之间的分配，并通过租金机会的创造，调动金融企业、生产企业和居民等各个部门的生产、投资和储蓄的积极性。政府在此可以发挥积极作用，采取一定的政策为银行体系创造条件鼓励其积极开拓新的市场进行储蓄动员，从而促进金融深化。

2.3.4 内生经济发展理论

20世纪90年代，不断有学者指出麦金农—肖理论分析中存在的缺陷，认为以其为理论指导而制定的政策过于激进。他们运用内生增长理论研究的最新成果，在金融发展模型中加入了内生增长和内生金融中介，从而提出了内生金融发展理论。该理论认为金融体系为经济活动提供交换工具，这些交换工具转移和分散社会风险，并通过动员储蓄等对社会资源进行重新分配，推动了资源利用效率和生产效率的提高，进而推动经济增长。

2.3.4.1 金融中介体与经济增长内生模型

肖和史密斯于1991年提出了内生增长模型，他们认为，金融中介体出现的目的在于满足当事人不可预料的流动性需要，因此在这一模型中，金融中介体的作用不是获得更多的信息，降低交易成本，而是提供流动性。他们从两方面对此进行了解释：其一是储蓄人将资金存入金融中介机构，改变了自身资产持有状况，由于金融中介体的存在，当事人更愿意持有较多的流动性差生产性强的资产以获得更多的预期收益，而较少选择具有较强流动性而较弱生产性的资产；其二是由于从投资到获得利润具有一定的时间间隔，在这一段时间内，资本投资者可能会面临突发性的流动性需要，而金融中介体的存在就能够给当事人提供这种需要，从而避免其由于推迟未来的投资或者变现以前的投资带来的潜在或者现实的投资损失。

达塔和卡普尔(1998)认为,金融中介体的形成源自于当事人的流动性偏好和流动性约束。各类市场主体在其自身活动中体验到各种风险的存在,这些风险经常导致难以预料的额外消费,这种情况下,各类主体不得不持有一定数量流动资产以备“不测”。在不存在金融中介体的情况下,当事人就只能选择持有政府公债和法定货币等形式的流动货币,在既定总量的约束下,当事人就会受到流动性不足的约束,消费行为就会发生扭曲,促使当事人境况扭曲;若存在金融中介体,那么当事人可以选择持有金融中介体的存款作为流动资产,与法定货币和公债相比,在中介体存款能够得到更为高效的服务,而且可以部分消除流动性约束对各经济主体产生的不利影响。

2.3.4.2　金融市场与经济增长的内生模型

在金融发展理论初步形成时,学者们对于金融市场的内生问题较少关注,而更多地研究金融中介体的内生性。随着近几年来金融市场的发展以及金融市场在金融体系中的作用越来越显著,学者们开始关注金融市场的形成及其作用。他们认为,由于在市场中的相互共生性,必须将金融市场的作用发挥与金融中介纳入在统一框架内进行分析,才能进一步解释金融市场的形成机制。

在对经济的生产方面进行考察之后,普特和撒考(1997)建立了包括金融市场和金融中介在内的分析模型。该模型中,金融中介体和金融市场被视为当事人的集合体。在金融中介体中,金融中介体吸收存款,再以贷款形式投放给需要资金的生产者,从这点看来,存款人对生产者是间接的合作和协调关系。而在金融市场上,当事人通过做市商的操作,购买生产企业的企业债券,直接向生产者提供资金,债券的发行价格由瓦尔拉斯市场均衡来确定。对于资金提供方来说,金融中介体起到代为监督生产者的作用,从而有效解决了类似资产替代的逆向选择问题,或者说,监督优势的存在是金融中介体存在的主要原因,而在金融市场上,当事人可以通过证券的市场价格,相对容易地获取和汇总生产者的相关信息,从而提高了投资决策的质量。

史密斯等(1997)建立的类似分析模型中指出,金融市场的内生形成源自于金融市场的运行成本或参与成本。在经济发展水平较低时,居民收入水平较低,资金提供者无力支付金融市场的参与成本,或者很少有人能够支付这项成本。如果是当事人无力支付金融市场的交易成本,那么金融市场根本无法形成;若是第二种情形,则会因为参与者过少,引致交易成本和交易费用过高,远远超出交易所获取的收益,那么当事人就缺乏利用金融市场的动力和鼓励,这样金融市场也是难以形成的。因此,只有随着经济的发展,人均GDP的水平达到某个临界值之后,能够支付金融市场交易成本的人数较多时,市场交易次数增多,交易量很大，单位交易成本下降，则金融市场是有效率的。这种情况下，当事人参与金融市场所获收益大于其所参与成本，从而积极参与到金融市场，这样金融市场自然就产生了。因此，该观点认为金融市场只有在经济发展达到一定水平才可能形成。

2.3.5 金融发展的测量

关于金融对经济增长的驱动测量，已经有了大量的实证研究。不同的研究方法所选择的金融变量大致相同，其间存在些许差异。

(1) 金融内生理论认为金融体系通过资本的边际生产力(A)、储蓄转化为资本的比例(φ)、私人储蓄率(s)三个方面影响经济增长。

(2) 戈德史密斯认为金融结构对于经济增长存在正向影响关系，衡量金融结构的主要指标是金融相关比率(FIR)，FIR＝金融资产/GDP。

(3) 按照肖的标准，金融深化的程度表现为三个层次：第一，金融增长，用M2/GDP或FIR测量；第二，金融工具、金融机构优化，用银行信贷/GDP测量；第三，金融市场机制或市场秩序逐步健全。这三个层次的金融深化相互影响，互为因果。

(4) King和Levine(1993年)对77个国家1960～1989年的数据进行研究，检验其资本积累与经济增长的关系，使用的金融发展水平指标主要有DEPTH和BANK。DEPTH＝金融体系的流动负债/GDP，是衡量金融中介规模的指标，发达国家的DEPTH值较高；BANK＝商业银行信用/中央银行信用，是衡量商业银行体系发达程度的指标。

金融发展与经济增长的主要衡量变量如表2-2所列。

表2-2 金融发展与经济增长的主要衡量变量

因子	观测变量	计算方法
金融发展指标	金融相关比率	FIR＝(储蓄＋贷款)/GDP
	地区相对储蓄能力	收入比＝地区存款占比/地区GDP占比
	存贷差	存贷差＝存款余额－贷款余额
	存贷比	存贷比＝贷款余额/存款余额
	金融深度	金融机构贷款相对规模＝贷款余额/GDP
	金融中介相对规模	金融中介相对规模＝存款余额/GDP

续表 2-2

因子	观测变量	计算方法
经济增长指标	经济增长水平	人均 GDP 年均增长率
	资本积累变化	人均资本存量年均增长率
	劳动生产效率变化	索洛余值

2.4 农村金融发展理论

农村金融理论是整体金融发展中的一个重要组成部分，经历了三个发展阶段，分别是农业信贷补贴理论、农村金融市场理论和农村金融市场不完全竞争理论，也称为金融抑制、约束和深化三个发展阶段。

2.4.1 农业信贷补贴论

该理论产生的背景是较为落后的农业经济社会，强调以政府为主导的金融供给。20 世纪 80 年代以前，农业信贷补贴理论一直是占主导地位的农村金融理论。该理论认为农村地区经济落后，农村居民特别是贫困阶层的居民没有储蓄能力，使农村居民尤其是低收入居民缺乏再投资所需资金，从而进一步影响到农村生产效率的提高，造成农村地区的进一步贫困，形成该地区发展的恶性循环，资金不足和恶性循环是农村的主要问题。为了促进农业生产和缓解农村贫困，有必要从农村外部注入政策性资金，并建立非盈利性的金融机构进行资金分配，为农业部门提供低息或贴息贷款，同时，考虑到农业产业的特殊性，如贷款回收的周期长、风险大，且受自然条件的影响较大，需要限定农业贷款的利率水平。

农业信贷补贴理论在 20 世纪 80 年代之前在很多国家进行了实践。20 世纪 30 年代，美国的农产品信贷公司和农民家计局以及日本的农林渔业金融公库等，都成为补充农村必要资金的重要机构。20 世纪 60～70 年代的发展中国家，以盈利为目标的商业银行不愿意为农业提供融资服务，基于“供给领先”的农村金融发展策略，泰国成立的农业合作银行、印度成立的地区农村银行均以贫困阶层为目标，以发放专项贷款的形式来满足农村地区尤其是贫困阶层的资金需求，目的是通过在农村地区广泛实行农业信贷补贴政策，促进农业和农村经济的发展。在该理论指导下所制定的金融政策及其实施虽然对解决农业金融需求和推动农业经济发展发挥了一定的作用，但同时，获得低息贷款的预期弱化了农户积累发展资金的动力，造成农村金融储蓄动员不力、过分依赖外部资金、资金回收率低、不良贷款率升高等问题十分严重,使农村金融陷入了困境。农村贷款利率受到限制,金融机构出于经营成本的考虑,将资金贷给经济实力较强的农村企业,而广大中小企业与农户得不到贷款资金[59]。可见,政府过多的干预行为反而抑制了农村金融市场的发展,背离了该理论的初衷。

2.4.2 农村金融市场论

经过了农村金融抑制阶段,金融市场化理论受到追捧。20 世纪 80 年代以来,伴随着新自由主义经济思潮的出现,农村金融理论的研究焦点从简单的货币信用关系转向了金融市场,研究方法开始向实证研究倾斜,因此在农村信贷补贴理论并未取得较大成效的情况下,农村金融市场论作为替代而成为指导性理论。

农村金融市场论是农村金融理论的主流学派之一,强调市场对资金配置的力量。第一,农村地区已经形成了一定的储蓄能力,农村居民,即便是贫困居民都有储蓄能力;第二,在农村地区应该提倡利率市场化,利率市场化可以使金融机构的贷款利率弥补农村地区较高的贷款风险和交易成本,而低利率会抑制农户储蓄的动力,造成金融规模萎缩,导致落后地区经济发展缓慢,所以,农村资金利率应该由市场决定;第三,农村金融中介在农村金融中发挥着重要的作用,尤其是在动员储蓄方面,储蓄动员是金融中介的关键功能,金融机构完全可以以实际利率吸收农户存款,并将资金用于效益高的投资项目上去,不需要从外部注入资金;第四,在农村没有必要实行专项特定目标贷款制度,这种政策金融不能有效配置资源;第五,农村金融机构的成果,包括资金中介量、经营的自立性和可持续性发展是评价农村金融发展的重要指标。另外,非正规金融具有不可替代性,不应该简单取缔,由于农村资金具有较高的风险,高利率和农村非正规金融具有一定的合理性,不能一概取消。

2.4.3 不完全竞争市场论

20 世纪 90 年代的东南亚金融危机带来的巨大冲击,使人们认识到市场机制不是万能的,政府对金融体系和农村金融市场实施合理的政策干预十分重要,是解决市场失灵的重要手段。2008 年由美国次贷危机引起的全球性金融危机,其根本原因在于房地产信贷市场过于宽松、金融产品无序创新、金融监管缺位以及房地产泡沫经济,进一步强化了政策介入金融市场的必要性。由于受到国际金融危机的冲击,人们对金融经济自由化的观点进行反思,农村金融市场的不完全性被重新认识到,政府干预机制再次被引入农村金融市场,从而形成了不完全竞争市场理论。

该理论指出,政府介入或者其他贷款机构进入农村金融市场的目的是要解决市场的失效问题，但是不管介入的形式如何，要克服市场存在的缺陷，就必须要求其具有完善的体制结构。因此，这些非市场因素的介入，首先关注的是农村金融市场改革，以排除影响农村金融市场有效运行的各种障碍；其次是在农村金融体系建立过程中，政府以及其他资金提供者注入的外部资金应该首先用于金融市场制度的完善上，包括管理和监督金融机构以及完善会计、审计和相关的信息管理系统。该理论认为，金融市场发展的前提条件是稳定的宏观经济环境，在金融市场发展到一定程度时，保持实际存款利率为正与利率自由化相比较，前者更为重要，如果要抑制由于存款利率过高而引发的信用分配和信用需求问题，政府可适当从外部提供资金。要维护金融机构的发展，就需要一定的特殊政策，给予其支持和保护。针对金融市场的信息不对称状况，可以采用担保融资、使用权担保以及借款人联保小组和借款人互助合作等形式来缓解。同时，要允许政策性金融和非正规金融在一定范围内同时存在和发展。

两次国际金融危机对我国农村金融发展均产生了较为显著的影响。1998年，东南亚金融危机之后，我国国有商业银行出于避险的考虑，纷纷在农村地区收缩机构设置与贷款发放，农村金融机构在农村地区只存不贷或多存少贷，导致农村资金外流，农村金融规模与功能持续收缩。我国在应对 2008 年金融危机的过程中，出台了 4 万亿元的财政投资措施，其中绝大部分流向城市基础设施建设领域，加上财政引致金融资源的配置转移，进一步导致了农村地区的资金供求失衡。

2.4.4　农村金融发展模式

休·帕特里克(Hugh Patrick，1966)针对发展中国家的农业和农村经济状况，提出“需求追随”和“供给引领”的两种金融发展模式。

(1)“需求追随”模式的传导机制：经济增长——金融需求增强——金融机构扩张——金融资产多元化——金融服务多元化。

(2)“供给引领”模式的传导机制：金融机构扩张——金融资产多元化——金融服务多元化——金融需求增强——投资增长——经济增长。

由于金融体系可以改进资本构成，提高资源配置效率，刺激储蓄和投资，在欠发达地区，需要采用金融优先发展的“供给引领”模式，是在经济对金融的需求产生之前就超前发展金融体系，依靠政府力量在短期内实现社会金融剩余的有效动员。换言之，由于农村金融的不完善，金融供给已成为农业和农村经济发展的主要约束，健全与完善农村金融供给就成为农村经济发展的先决条件。

金融对农村城镇化的驱动表现为两个方面：第一，金融作为制度因素，从制度经济学的视角对农村城镇化进程产生推动作用；第二，金融作为经济增长的内生因素，推动经济增长，推进城镇化进程。

2.5 金融缺口理论

金融缺口理论主要存在于中小企业融资困难的研究领域。中小企业融资困难的问题在世界范围内具有普遍存在性，理论界对其研究大体可分为发现问题、解释问题与政策解决等三个阶段。

2.5.1 发现问题阶段："中小企业融资缺口"理论

这一阶段的理论研究建立在"麦克米伦缺口"(Macmillan Gap)[60]基础上，后期各国学者通过调查报告等研究方式也证实了中小企业融资缺口的存在。《麦克米伦报告》指出当企业资本小于25万英镑时，不论在资本市场还是债务市场上，中小企业的融资需求都难以得到满足。根据"麦克米伦缺口"的理论解释及系统研究，该金融缺口的出现从本质上体现为市场动作的失灵，主要表现在如下几个方面：第一，由于中小企业营业规模甚小，财务规章制度不完善，企业内部管理程序不够合理以及抵抗风险的能力较差等原因，针对中小企业的融资活动常常存在融资约束等问题，资金的提供与需求之间不存在良好协调关系，社会资金难以实现有效配置，这样也就没有达到经济学中的"帕累托最优状态"，出现市场失灵。第二，基于中小企业自身的特点，银行等金融机构通常将向中小企业提供贷款的业务归为信贷风险高、管理成本高而实际收益低的业务范畴内，中小企业获取专业金融机构资金支持的规模以及力度受到极大抑制。此外，受盈利能力、经营规模及发展潜力的制约，中小企业难以凭借现有的资本市场通过发行股票、债券等有价证券的方式进行资金的融通活动。第三，在"麦克米伦缺口"中，市场的积极力量得不到有效发挥的主要原因可归咎于银行等大型金融机构在融资市场上的垄断地位。大型金融机构和广大中小企业之间存在的信息不对等的情况使得两者之间的资金融通成本大幅上升，交易规模扩大受阻。综上，可以发现在融资双方资金供求关系不均衡、金融制度设计不健全以及信息不对称等问题的一致作用下，市场动作失灵引发"麦克米伦缺口"现象出现。

2.5.2 解释问题阶段："信息不对称"理论

信息不对称是指信息在两个或两个以上相互对应的经济个体间呈现出"非均衡"、"非对称"的情况。关于"信息不对称"理论的具体研究思路体现为：企业自身的经营者对本企业内部的投资情况及盈利发展能力等事项的了解程度比企业的外部投资者或者债权人更高，前者往往掌握大量的有效信息，而后者往往仅能依据前者的筹资活动及决策行为所传递的信息来判断企业的经营质量及发展潜能。企业的内部管理人和外部投资债权人之间关于企业的经营决策信息是不相对称的。“信息不对称”理论对第一阶段中的“融资缺口”(即“麦克米伦缺口”理论)给出了相应的解释。Joseph E. Stiglitz 和 Andrew Weis 通过构建相关的信贷配给模型，以信息不对称为研究视角，解释了中小企业存在融资缺口的原因。他们认为：由于金融市场信息的不对称性，导致贷款利率与贷款配给意愿并不完全正相关的现象，即银行由于风险厌恶特质，在信息不对称环境下，宁可在较低利率水平将款项投放于大型企业，也不愿意在高利率水平下将贷款投放于中小企业。信息不对称现象的出现主要由两个方面的因素所导致——内部主观因素和外部客观因素。在内部主观层面，作为不同的经济参与个体，其所获取的信息存在差异，差异信息的获取与各个体自身取得有效信息的能力具有直接关系，因此引发信息不对称现象的内部原因主要在于市场不同的经济参与主体之间所获取有效信息的能力具有不对称性。而在外部客观层面，各个经济参与主体获取信息的数量和质量与多种外在社会因素之间存在复杂关联性，随着社会生产力的进步，专业化程度不断提高及劳动分工的不断发展成为影响经济主体获取信息的重要社会影响因素，在此影响作用下，市场经济参与主体之间的信息分布的非对称性将越来越显著。此外，信息披露制度的完善性、金融市场的发展程度等也会对信息不对称产生相应影响。

2.5.3 政策解决阶段:“政府支持”理论

政府的政策法律支持和中小企业获得良好的融资渠道是分不开的，许多学者就此进行了研究。虽然大多数经济学家都同意某些类型的政府干预对于促进金融发展是必要的，但是关于这种干预的程度意见则不太一致。这个问题的答案往往两极分化：干预主义和自由放任。干预观点认为当私有市场容量不能扩大的时候，政府所有的银行以及其他的公共部门可以在调动和分配资源方面放款信贷。相比之下，自由放任的观点认为政府在金融体系的干预弊大于利，政府只需要集中精力改善社会环境，就可以有助于解决代理问题和降低交易成本。

在政府完全干预与完全放任均不可行时，出现了第三种观点，即承认金融市场的作用是有限的，主张政府以非传统的方式直接干预。麦金农和肖先后发现因为政府严格管制利率，所以许多发展中国家的信贷机构在分配资金时，国营企业和机构会优先被考虑，大量的中小民营企业只得向影子银行等非公开渠道求贷或者去当铺筹资，因此政府健全金融体系对于金融发展最为重要。经济学家韦斯等人认为由于信贷市场上的信息不对称，所以银行收取的利率高低可能会影响贷款质量，也就是逆向选择和激励效应。因此，信贷配给不可以完全依赖于市场。所以如果政府参与管理，那么资金配置的效率会提高；而如果银行不合理的借贷没有被政府制止，社会资金则会被浪费。Francois 提出政府在政策方面应予以倾斜，构建信贷担保体系，通过为中小企业提供担保的方式增强金融行业向中小企业发放贷款的积极性。因此，一系列可选的政策不论对中小企业的发展还是国家经济增长战略来说，都是一个不可或缺的组成部分，并拥有特别的意义。

本章小结

本章从城镇化动力机制、金融发展、金融与经济增长以及金融缺口等方面展开相关理论的梳理。一方面，研究城镇化发展的动力机制，城镇化动力分为推动力与拉动力，推动力主要产生于经济增长、政策支持，拉动力则产生于城镇经济发展与城镇品质提升，在城镇化的演进过程中推拉动力交互作用，形成循环累积因果效应。另一方面，围绕经济增长是城镇化的核心力量，展开金融发展的理论研究。首先，梳理金融发展理论，第二次世界大战结束后，世界范围内出现了金融发展滞后与金融体系效率降低的问题，以格利和肖（1955）、戈德史密斯（1969）、麦金农（1973）等为代表的一批西方经济学家开展金融发展对经济增长作用与功能的讨论，金融发展理论由此产生。其次，农村金融市场是整个金融市场的有机组成，促进了农村经济发展，农村金融理论经历了农业信贷补贴理论、农村金融市场理论和农村金融市场不完全竞争理论三个发展阶段。再次，从中小企业融资困难的视角，阐述金融缺口理论。融资缺口是中小企业普遍存在的问题，由于中小企业规模小、财务规章制度不完善、内部管理程序不够合理等自身特点以及银行等金融机构等经营的盈利目标，信息不对称成为中小企业融资难的一个主要原因，政府的相关政策法律是中小企业获得良好融资渠道的重要支撑。

第 3 章

苏北农村城镇化发展演变与评价

江苏是中国东部沿海发达省份，其各项主要经济指标在长三角地区（含江、浙、沪两省一市）占比均达到 50%以上。按照地理位置和经济发展水平，江苏又分为苏南、苏中、苏北三大区域，其中，苏北包括徐州、淮安、连云港、盐城和宿迁五个地级市。2014 年，苏北地区生产总值占全省 22.6%，常住人口占全省 37.7%，户籍人口占全省 45.8%，人口流出量（常住人口－户籍人口）为 519.76 万人，是江苏主要的人口流出地区；苏北土地面积占全省 51.8%，是江苏重要的农产品生产基地，第一产业产值占全省 52.5%；苏北城镇化率为 57.5%，比苏南低 16.8 个百分点，比苏中低 3.4 个百分点，苏北城镇化水平距离城镇化发展成熟期 70%的水平仍有较大差距，还处于城镇化快速推进时期；苏北人均地区生产总值（按常住人口算）50 603 元，比全国平均水平高 3 975 元，比全省平均水平低 31 271 元；沿东陇海线地区（包括徐州市区、连云港市区和新沂市、邳州市、东海县等地）的人均产值为 62 991 元，是苏北的经济高地。在对相关基本概念和基本理论进行界定和分析的基础上，本章对苏北农村城镇化的发展进行研究与探讨：一是测量苏北各县市城镇化率；二是基于全省与全国评价苏北各县市城镇化发展水平。

3.1　苏北农村城镇化发展现状分析

3.1.1　城镇化率与经济增长存在正相关性

国内外研究表明，经济增长是城镇化的核心动力，二者之间存在正向相关关系。2002～2014 年，苏北城镇化率从 28.0%上升到 57.5%，提高了 29.5 个百分点，人均 GDP（按常住人口计算）从 7 643 元增加到 50 603 元，平均城镇化率每提高 1%，人均 GDP 增加 1 616 元。与之相比较，苏中城镇化率从 30.1%上升到 60.9%，提高了 30.8 个百分点，人均 GDP（按常住人口计算）从 11 232 元增加到 77 532 元，平均城镇化率每提高 1%，人均 GDP 增加 1 948 元；苏南城镇化率从 48.6% 上升到 74.3%，提高了 25.7 个百分点，人均 GDP（按常住人口计算）从

28 594 元增加到 117 477 元，平均城镇化率每提高 1%，人均 GDP 增加 3 258 元。以 2002 年为基期，计算江苏 13 个地级市 2003～2014 年各年不变价人均 GDP，以城镇化水平为因变量（UR），人均实际 GDP 为自变量（PGDPSJ），建立线性拟合方程[式(3-1)]，拟合江苏各市城镇化水平与人均 GDP 的相关关系（表 3-1）：

$$UR_{It} = C_{It} + a_{It} \times PGDPSJ_{It} \tag{3-1}$$

其中 a_{It}——人均实际 GDP 对各市城镇化率的影响系数；

C_{It}——常数项；

I——城市；

t——时间；

$PGDPSJ_{It}$——各市人均实际 GDP。

表 3-1　2002～2014 年江苏各地级市城镇化水平与人均 GDP 回归分析

城市	常数项（C_{It}）	系数（a_{It}）	R^2
南京	70.27	1.11	0.86
无锡	60.44	1.51	0.92
常州	52.21	1.64	0.95
苏州	52.52	1.71	0.91
镇江	50.95	1.61	0.90
南通	35.42	3.75	0.94
扬州	41.63	2.61	0.96
泰州	38.25	3.34	0.96
徐州	34.28	4.83	0.94
连云港	27.72	7.35	0.93
淮安	28.08	6.30	0.94
盐城	33.15	5.17	0.97
宿迁	24.47	8.19	0.96

数据分析表明，江苏各地级市城镇化与经济增长存在正相关性，两者的增长极为一致，不论是城镇化率相对较高的苏南，还是城镇化率较低的苏北，城镇化与经济增长都表现出极为一致的正相关特性。同一时点上，城镇化率越高的区域，人均地区生产总值越高；反之，亦然。苏南是城镇化率较高的区域，城镇化速度较之于苏中与苏北明显放缓。苏南地区人均 GDP 每增加 1 万元，城镇化水平增加 1.1%～1.7%不等；苏北地区人均 GDP 每增加 1 万元，城镇化水平增加 4.8%～8.2%不等。巴曙松、杨现领在对我国城镇化的研究中发现，发达地区的

经济增长和城镇化水平提高主要源于规模经济与分工效率，而欠发达地区的经济增长和城镇化水平提高则源于产业结构转换效率。城镇化率较高的苏南地区，城镇化与经济增长相关，主要是因为第二产业与第三产业内部生产率的大幅度提高，这通常是由于技术进步、知识溢出、专业化分工和规模经济所引起；城镇化率相对较低的苏北地区，城镇化与经济增长相关则部分是因为二、三产业内部生产率的大幅度提高，部分是因为劳动力等资源从第一产业向第二、三产业转移产生资源重新配置导致的生产效率的提高。

3.1.2　苏北农村城镇化率处于较低水平

由于各县市城镇化率数据获取困难，本书采用回归分析法，利用全省农村城镇化率与城镇化水平之比、各地人均实际 GDP 对各市农村城镇化水平进行测算。

苏北各县市城镇化率计算公式：

$$\mathrm{UR}_i = k_t \times (C_I + a_I \times \mathrm{Pgdpsj}_i) \tag{3-2}$$

$$k_t = 全省农村城镇化率 / 全省城镇化率 \tag{3-3}$$

$$全省农村城镇化水平=镇人口总数/村镇人口总数\times 100\% \tag{3-4}$$

式中　UR_i——农村城镇化率；

Pgdpsj_i——人均实际 GDP；

i——县(市)；

k_t——系数。

首先，估算系数 k_t，即各年度江苏省农村城镇化率与全省城镇化率之比。依据江苏省市、镇、乡村人口结构，得到江苏全省 2002～2014 年城镇化率、镇人口总数、乡村人口总数以及镇人口占总人口比重，假设以镇人口与乡村人口总数之和为农村总人口数量，可计算出全省农村城镇化率，然后计算农村城镇化水平与全省城镇化水平之比(表 3-2)。

表 3-2　2002～2014 年全省农村城镇化率与城镇化率

年份	城镇化率/%	镇人口总数/万人	镇人口占总人口比重/%	镇人口占村镇人口比重/%	农村城镇化率/城镇化率(k_t)
2002	44.7	1 281.89	17.3	23.8	0.53
2003	46.8	1 350.59	18.1	25.4	0.54
2004	48.2	1 449.82	19.3	27.1	0.56
2005	50.5	1 524.26	20.1	28.9	0.57
2006	51.9	1 580.44	20.6	30.0	0.58

续表 3-2

年份	城镇化率/%	镇人口总数/万人	镇人口占总人口比重/%	镇人口占村镇人口比重/%	农村城镇化率/城镇化率(k_t)
2007	53.2	1 634.37	21.2	31.1	0.59
2008	54.3	1 676.72	21.6	32.1	0.59
2009	55.6	1 723.08	22.1	33.2	0.60
2010	60.6	1 755.25	22.3	36.1	0.60
2011	61.9	1 793.91	22.7	37.3	0.60
2012	63.0	1 830.02	23.1	38.4	0.61
2013	64.1	1 866.58	23.5	39.6	0.62
2014	65.2	1 932.58	24.3	41.1	0.63

注：数据来源于《江苏统计年鉴》(2003～2015 年)。

其次，将苏北 5 个地级市的 C_I 与 a_I 以及各县市的人均 GDP 代入苏北各县市城镇化率计算公式(3-2)中，并将农村城镇化水平与全省城镇化水平之比(k_t)作为计算农村城镇化水平的系数，得到苏北各市的农村城镇化率(表 3-3)。

表 3-3　2002～2014 年苏北各县市农村城镇化率测算　单位：%

	2002	2003	2004	2005	2006	2007	2008	2009	2010	2011	2012	2013	2014
丰　县	19	20	21	21	22	22	23	24	25	26	28	31	33
沛　县	20	20	22	22	23	24	25	27	28	30	32	35	37
睢宁县	19	20	20	21	21	22	23	24	26	28	30	32	34
新沂市	20	20	21	22	22	23	24	27	28	30	32	35	37
邳州市	19	20	21	22	22	23	24	27	28	30	31	34	36
赣榆县	17	17	18	19	20	21	22	25	27	30	33	36	/①
东海县	17	17	18	19	19	21	21	24	26	28	30	33	35
灌云县	17	16	17	18	18	19	20	22	24	27	29	32	33
灌南县	16	17	18	18	19	20	21	24	27	30	32	35	37
涟水县	17	17	18	18	19	20	20	23	24	25	28	30	32
洪泽县	17	17	18	20	21	22	24	27	29	32	35	39	42
盱眙县	17	18	18	19	20	21	22	25	26	28	30	34	35
金湖县	18	18	19	20	21	22	23	26	28	31	34	38	41
响水县	19	19	20	21	22	23	24	26	28	30	32	34	35

续表 3-3

	2002	2003	2004	2005	2006	2007	2008	2009	2010	2011	2012	2013	2014
滨海县	19	19	20	21	22	22	23	25	26	28	29	31	32
阜宁县	19	20	20	21	22	23	23	25	27	29	31	33	34
射阳县	20	20	22	22	23	24	25	27	28	30	32	34	34
建湖县	20	21	22	23	24	25	26	28	30	32	34	37	38
东台市	20	21	22	23	24	25	27	29	31	34	36	40	41
大丰市	21	21	23	24	25	27	28	31	33	35	38	41	43
沭阳县	15	15	16	17	18	18	19	22	25	28	30	34	35
泗阳县	15	15	16	17	18	19	21	24	26	29	31	34	36
泗洪县	15	16	17	17	18	19	20	23	25	27	29	32	34

注：① 赣榆县于2014年并入连云港市区，下同。

可见，2002～2014年，苏北农村城镇化率从20%左右上升到30%以上，还处在较低水平的城镇化阶段。江苏省的城镇化率在全国处于领先，但农村城镇化率，即镇区人口占农村区域总人口比值，远远落后于整体城镇化水平。

3.1.3　人口净流出使得苏北农村城镇化水平较低

城镇化率的统计口径分为两种：一是户籍人口城镇化率，指城镇户籍人口与总人口之比；二是常住人口城镇化率，指城镇常住人口与总人口之比（2010年前，江苏省的城镇化率统计口径为户籍人口城镇化率，从2010年起增加第二种统计口径——常住人口城镇化率）。江苏各县市人口流动现象显著，其中，苏北各县市是人口净流出地区，苏南各县市是人口净流入地区，如表3-4所列。2014年末，苏北流出人口总计519.74万人，其中，各县市人口流出449.53万人，占苏北各县市户籍人口总量的19%；苏南流入人口总计901.56万人，其中，县市人口流入268.62万人，占户籍人口总量的31%。人口净流出使得苏北户籍人口的农村城镇化率比常住人口的城镇化率偏低。

表3-4　2011～2014年苏北与苏南各县市人口流动　单位：万人

苏　北	2011	2012	2013	2014	苏　南	2011	2012	2013	2014
丰　县	−19.57	−21.69	−23.48	−25.46	江阴市	40.76	41.17	41.27	40.26
沛　县	−15.15	−17.36	−17.65	−19.34	宜兴市	16.76	17.07	17.12	16.97
睢宁县	−32.30	−34.87	−38.46	−41.43	溧阳市	−3.15	−2.96	−2.99	−3.37
新沂市	−13.36	−16.32	−18.95	−21.15	金坛市	0.38	0.53	0.64	0.46

续表 3-4

苏　北	2011	2012	2013	2014	苏　南	2011	2012	2013	2014
邳州市	−34.62	−36.50	−39.64	−42.57	常熟市	44.50	43.93	44.12	44.09
东海县	−21.48	−23.06	−24.84	−26.08	张家港	34.43	33.16	33.67	33.27
灌云县	−20.02	−23.02	−24.11	−24.27	昆山市	93.51	90.13	89.06	88.06
灌南县	−15.59	−16.54	−17.86	−18.57	太仓市	24.37	23.42	23.25	23.11
涟水县	−25.62	−27.61	−27.92	−29.17	丹阳市	15.47	16.23	16.37	16.51
洪泽县	−5.18	−5.32	−5.38	−5.42	扬中市	5.77	5.92	5.93	5.90
盱眙县	−12.27	−14.00	−14.57	−15.02	句容市	3.00	3.38	3.42	3.36
金湖县	−2.73	−2.58	−2.91	−2.88	合　计	275.80	271.98	271.86	268.62
响水县	−10.89	−11.15	−11.50	−12.23					
滨海县	−24.98	−25.57	−25.80	−27.20					
阜宁县	−26.30	−26.92	−27.17	−28.21					
射阳县	−7.85	−7.44	−7.45	−7.64					
建湖县	−6.49	−6.64	−6.52	−6.43					
东台市	−14.61	−15.00	−14.94	−15.07			/		
大丰市	−2.20	−2.41	−2.37	−2.35					
沭阳县	−31.75	−31.52	−37.04	−38.37					
泗阳县	−19.02	−18.70	−20.88	−21.82					
泗洪县	−10.95	−13.15	−16.61	−18.85					
合　计	−372.93	−397.37	−426.05	−449.53					

注：符号"－"代表人口流出。

第一，人口净流入导致区域人口快速增长，而人口流出地区人口下降，苏州各县市是人口净流入最多的区域，流入人口占户籍人口的59%，徐州各县市是人口净流出最多的区域，流出人口占户籍人口的20%。

第二，人口的净流入带来经济增长效应，人口增加带动消费增加，吸引企业进入该地区，从而导致区域经济总量上升。净流入人口规模与地区人均GDP正向相关，净流入人口规模越大，地区人均GDP越高；而人口净流出地区由于劳动力的流出，影响了地区经济增长，人均地区GDP水平相对较低。图3-1显示，江苏各县市中，人均GDP与人口流动呈正相关性。人均GDP高于9.5万元的县市为人口净流入地区，主要有昆山、张家港、江阴、太仓等9个县级市；反之，则为人口的净流出区域。每增加1万流动人口，人均GDP约增加 1 449 元。

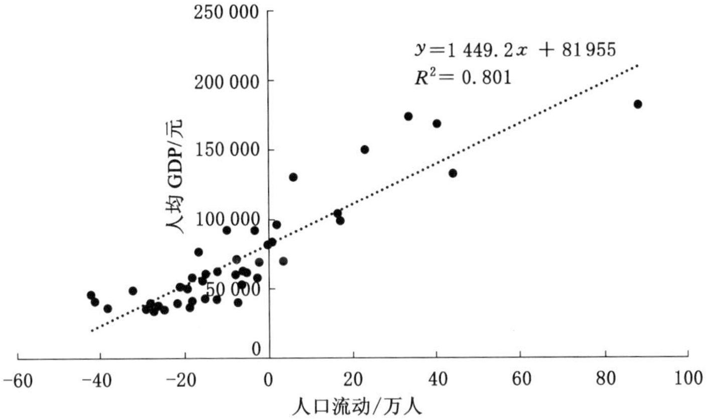

图 3-1 江苏各县市地区人均 GDP(元)与人口流动(万人)散点图

第三，经济增长主要源于第二产业与第三产业的发展，人口流入推动了区域非农产业发展，促进了流入区域的产业结构的优化。如图 3-2 所示，实心圆代表非农产业产值占比，空心圆表示非农产业劳动力占比，图形显示，人口净流入区域产业结构优于人口流出区域，其非农产业产值占比一般高于 95%、非农产业的劳动力占比则普遍高于 80%。产值结构与劳动力结构相比较，非农产业劳动力占比与人口流动散点图的趋势线斜率更高，说明人口流入区域对非农产业劳动力有较强的吸纳，而人口流出地区第二、三产业对就业的吸纳能力不足，导致人口持续流出。

第四，人口流动规模与地区的城镇化水平呈现一致性。如图 3-3 所示，总体看，人口净流入县市城镇化率相对较高，其城镇化水平高于 45%；人口净流出县市的城镇化水平较低，城镇化水平为 30%～40%。由于流入人口主要进入第二、三产业，使得人口净流入区域的城镇化水平较高，而人口净流出地区的第二、三产业对就业的吸纳能力相对较弱，使得人口净流出地区的城镇化水平相对较低。

总之，人口净流入所产生的劳动力投入规模扩张、产业结构优化以及区域经济增长将推动该地区城镇化水平的提升，城镇化所产生的集聚效应与规模效应进一步推动产业结构优化与区域经济增长，二者在城镇化水平上升期形成良性互动，而人口净流出区域的城镇化进程处于相对滞后态势。

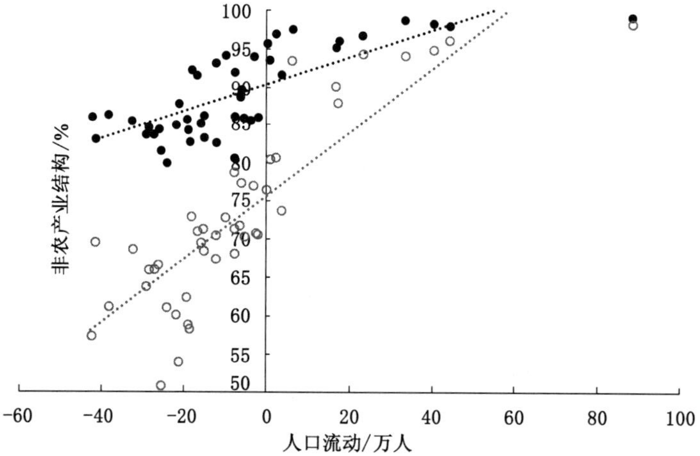

图 3-2 江苏各县市非农产业结构(%)与人口流动(万人)散点图

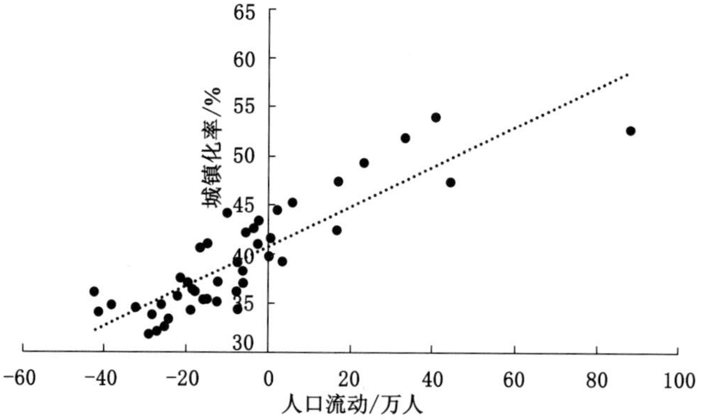

图 3-3 江苏各县市城镇化率(%)与人口流动(万人)散点图

3.2 基于全省范围的苏北农村城镇化发展水平评价

1978～2015 年,我国城镇化取得了显著的成绩,城镇常住人口从 1.7 亿人增加到 7.7 亿人,城镇化率从 17.92%提升到 56.1%,年均增长 1%。在取得成绩的同时,城镇化面临着客观存在的现实问题,诸如政府土地财政失衡、户籍城镇化率与名义城镇化率失衡、农民工在城市的付出与收益失衡、大中小城市发展失衡、资源环境失衡等显著问题，传统城镇化的发展模式难以为继。新型城镇化更注重人口有序转移和城乡一体化发展，增强中心城市的辐射带动功能，加快发展中小城市，有重点地发展小城镇，强调小城市和小城镇在专业化职能和特色发展方面、在方便生活的公共服务方面具有不可替代的作用；新型城镇化更注重质量的提升，强调城镇化、工业化、信息化和农业现代化的良性互动，提高城市可持续发展能力，重视产城融合、资源节约、环境友好，提升功能，建设民生为本的高质量城市，让城市生活更美好；新型城镇化更注重城镇化合理布局，以城市群为主体形态，优化提升东部地区城市群，培育发展中西部地区城市群，从全国视角统一规划城市布局。对新型城镇化的测度与评价，传统的以城镇人口占总人口比值的城镇化衡量指标过于单一，不适应新型城镇化的发展要求，因而要建立更为综合的评价指标体系来测度城镇化水平，农村城镇化的衡量指标也应如此。

3.2.1　评价体系构建

3.2.1.1　指标的选取

随着城镇化进程的深入，其评价指标体系在演变与发展。2005年，国家城调总队建立的城市化质量评价指标包含经济发展质量指标、生活质量指标、社会发展质量指标、基础设施质量指标、生态环境质量指标等；陈明星(2009)构建的城市化指标包含人口城市化、经济城市化、土地城市化、社会城市化四个方面。近年来，学者在构建城市化质量评价体系时更多地关注生态、社会保障和城乡一体化。孙长青、田园(2013)从城镇化水平、经济发展、集约协调、民生改善、生态宜居等方面构建新型城镇化评价指标体系；刘静玉等(2012)在分析新型城镇化内涵的基础上，建立了城镇化水平评价指标体系，并运用层次分析法确定各指标的权重；安晓亮(2013)从资源与环保、经济发展、社会发展三个方面构建新型城镇化的二级评价指标体系，并对新疆15个地、州、市进行了定量评价；吕丹(2014)对大连进行了关于人口城镇化指数、经济发展指数、生态环境支持指数、城乡统筹指数、基本公共服务均等化指数等方面的城镇化水平的综合衡量。在对学者们关于新型城镇化评价指标综合分析的基础上，形成新型城镇化评价指标体系，如表3-5所列。

表3-5　新型城镇化评价指标体系

一级指标	二级指标	指标方向
1　人口城镇化指标	1.1　城镇人口比重	正向
	1.2　非农产业从业人数比重	正向

续表 3-5

一级指标	二级指标	指标方向
2 经济发展指标	2.1 人均 GDP	正向
	2.2 非农产业产值比重	正向
	2.3 人均可支配收入	正向
	2.4 土地产出率	正向
	2.5 农业机械化水平	正向
3 社会发展指标	3.1 社会保险覆盖率	正向
	3.2 城镇恩格尔系数	负向
	3.3 城乡居民消费比	负向
	3.4 教育经费占财政支出预算比	正向
	3.5 人均道路面积	正向
	3.6 基础设施占财政支出预算比	正向
	3.7 移动电话普及率	正向
	3.8 城镇密度	正向
	3.9 每万人拥有床位数	正向
4 环境资源指标	4.1 绿化覆盖率	正向
	4.2 人均公共绿地	正向
	4.3 燃气普及率	正向
	4.4 生活垃圾处理率	正向
	4.5 单位 GDP 电耗	负向

3.2.1.2 权重计算

3.2.1.2.1 指标的标准化处理

将所有指标分为两大类，一类是正向指标，指标值越大，城镇化发展质量越好，即指标值与城镇化发展质量正向相关；另一类是负向指标，指标值与城镇化发展质量反向相关。采用 L. A. Zadeh 提出的模糊隶属度函数方法进行无量纲化处理，正向指标用式(3-5)进行标准化，反向指标用式(3-6)进行标准化：

$$r_{ij} = [X_{ij} - \min(X_{ij})]/[\max(X_{ij}) - \min(X_{ij})] \tag{3-5}$$

$$r_{ij} = [\max(X_{ij}) - X_{ij}]/[\max(X_{ij}) - \min(X_{ij})] \tag{3-6}$$

式中，i 为区域；j 为 i 区域的第 j 个指标；r_{ij} 为标准化值，取值范围为(0,1)。

3.2.1.2.2 权重的计算

首先，计算第 i 区域第 j 项指标值的比重：

$$Y_{ij} = X_{ij} / \sum X_{ij} \quad (i = 1 \sim m) \tag{3-7}$$

式中，m 为统计区域个数。

第二，计算第 j 项指标的熵值 E_j：

$$E_j = -1/\ln(m) \cdot \sum Y_{ij} \cdot \ln(Y_{ij}) \quad (i = 1 \sim m) \tag{3-8}$$

第三，计算第 j 个指标的差异系数 F_j：

$$F_j = 1 - E_j \tag{3-9}$$

第四，计算第 j 个指标的权重 W_j：

$$W_j = F_j / \sum F_j \quad (j = 1 \sim n) \tag{3-10}$$

式中，n 为指标个数。

3.2.1.2.3　建立评价模型

$$\begin{aligned} q_{ij} &= W_{ij} \cdot r_{ij} \\ Q_i &= \sum q_{ij} \quad (j = 1 \sim n) \end{aligned} \tag{3-11}$$

式中，q_{ij} 为第 i 个区域的第 j 个指标的评价得分；Q_i 为第 i 个区域的新型城镇化水平。

3.2.1.3　农村城镇化指标体系

以表3-5所总结的新型城镇化指标体系为基础，本书依据《江苏省统计年鉴》(2003～2015年)进行相关数据的采集，发现指标1.1、3.1、3.4、3.6、4.3、4.4查无相关数据，指标2.3、3.3、4.1、4.2数据断裂，查无连续数据，依据江苏区域城镇化进程的差异性，兼顾县市数据的可得性及变量间线性不相关的要求，本书构建江苏农村城镇化衡量指标体系。

3.2.1.3.1　因子选取

推动城镇化进程的主要动力有经济、社会、环境与集聚等因素。城镇化的核心动力是经济发展，经济发展推动城镇化进程，城镇化带动经济增长，二者互为因果。除了经济因素之外，社会、政治与环境等因素也是推动城镇化进程的重要动力，这些因素之间相互联系、互为动力，共同推动城镇化进程。城镇化发展进程中，集聚要素也发挥着重要作用，要素的集聚产生规模经济、集聚经济，进而继续带动要素在区域的集中、集聚，形成循环累积因果链条。据此，农村城镇化进程的因子选取包括经济发展因子、社会发展因子、环境资源因子和集聚因子等，集聚效益在经济发展与社会发展中均有所体现，故不单列集聚因子。

3.2.1.3.2　观测变量选取

在经过多个变量测试的基础上，去除线性相关变量及权重极低变量，确定了各因子的观测变量。第一，经济发展因子，包括4个变量：人均GDP、非农产业从业人员比重、农业机械化水平、单位农作物播种面积产出；第二，社会发展因子，包括 6 个变量：每万人拥有床位数、人均公共财政预算支出、单位面积固定资产投入、移动电话普及率、人均道路里程、城镇密度；第三，环境资源因子，包括 1 个变量：单位 GDP 电耗。具体如表 3-6 所列。

表 3-6　　新型城镇化背景下的农村城镇化评价指标体系

因子	观测变量	单位	指标方向
（一）经济发展因子	1. 人均 GDP	元/人	正向
	2. 非农产业从业人员比重	%	正向
	3. 农业机械化水平	瓦/公顷	正向
	4. 单位农作物播种面积产出	亿元/千公顷	正向
（二）社会发展因子	5. 人均道路里程	米/人	正向
	6. 每万人拥有床位数	张/万人	正向
	7. 人均公共财政预算支出	元/人	正向
	8. 单位面积固定资产投入	亿元/平方公里	正向
	9. 移动电话普及率	部/人	正向
	10. 城镇密度	个/平方公里	负向
（三）环境资源因子	11. 单位 GDP 电耗	千瓦时/元	负向

本书采用 2002～2014 年数据，分别以苏北 5 市所辖 23 个县市以及江苏 13 市所辖 45 个县市的各年度相关指标为研究样本，将原始数据无量纲化并计算权重，估算苏北农村城镇化水平。

3.2.2　2002～2014 年各变量的权重计算与分析

根据 2002～2014 年江苏 45 个县市的各观测变量计算得出各变量的权重，如表 3-7 所列。

表 3-7　　2002～2014 年各观测变量的权重　　单位：%

变量	2002	2003	2004	2005	2006	2007	2008	2009	2010	2011	2012	2013	2014	均值
1	0.17	0.18	0.20	0.21	0.23	0.25	0.27	0.23	0.23	0.20	0.20	0.17	0.13	0.21
2	0.02	0.01	0.01	0.01	0.01	0.01	0.01	0.01	0.02	0.01	0.02	0.02	0.02	0.01
3	0.03	0.03	0.03	0.03	0.03	0.03	0.03	0.05	0.06	0.06	0.05	0.06	0.08	0.04
4	0.02	0.02	0.02	0.02	0.02	0.02	0.03	0.06	0.07	0.08	0.08	0.09	0.07	0.04
小计	0.23	0.24	0.25	0.26	0.29	0.31	0.34	0.35	0.38	0.36	0.35	0.34	0.30	0.31

续表 3-7

变量	2002	2003	2004	2005	2006	2007	2008	2009	2010	2011	2012	2013	2014	均值
5	0.04	0.03	0.02	0.04	0.02	0.02	0.02	0.03	0.04	0.06	0.05	0.05	0.05	0.03
6	0.04	0.03	0.04	0.04	0.05	0.05	0.06	0.04	0.03	0.03	0.02	0.02	0.05	0.04
7	0.14	0.17	0.16	0.17	0.17	0.17	0.16	0.10	0.07	0.05	0.05	0.04	0.10	0.12
8	0.32	0.32	0.32	0.29	0.27	0.23	0.20	0.30	0.30	0.35	0.36	0.34	0.25	0.30
9	0.16	0.14	0.15	0.15	0.15	0.15	0.16	0.08	0.07	0.04	0.05	0.08	0.06	0.11
10	0.05	0.04	0.04	0.03	0.03	0.03	0.03	0.05	0.05	0.05	0.06	0.09	0.11	0.05
11	0.03	0.02	0.02	0.02	0.03	0.03	0.03	0.05	0.05	0.06	0.06	0.05	0.08	0.04
小计	0.78	0.75	0.75	0.74	0.72	0.68	0.66	0.65	0.61	0.64	0.65	0.67	0.70	0.69
合计	1	1	1	1	1	1	1	1	1	1	1	1	1	1

第一，2002～2014 年，社会发展因子权重与经济发展因子权重之和大于 90%，经济发展因子呈现上升趋势，社会发展因子呈现下降趋势。第二，经济发展因子中，指标 1(人均 GDP)权重最高，平均值 21%；指标 3(农业机械化水平)和指标 4(单位农作物播种面积产出)代表农业发展水平，权重有上升趋势，2013 年指标 4 达到 9%。第三，社会发展因子中，指标 8(单位面积固定资产投入)的权重最高，平均值 30%；指标 7(人均公共财政预算支出)和指标 9(移动电话普及率)下降趋势明显，分别从 14%和 16%下降到 2013 年的 4%和 8%；指标 10(城镇密度)有上升趋势。第四，环境资源因子的指标 11(单位 GDP 电耗)表现为上升趋势。

将观测变量按照权重均值与变化趋势划分，列于表 3-8 中，由表可以看出，平均权重大于 10%的指标有四个，分别是指标 7(人均公共财政预算支出)、指标 8(单位面积固定资产投入)、指标 9(移动电话普及率)与指标 1(人均 GDP)。权重趋于上升的指标有四个，分别是指标 4(单位农作物播种面积产出)、指标 11(单位 GDP 电耗)、指标 10(城镇密度)和指标 3(农业机械化水平)。

表 3-8　　主要观测变量

	经济发展因子	社会发展因子	环境资源因子
权重平均值≥10%	人均 GDP(21%)	人均公共财政预算支出(12%)、单位面积固定资产投入(30%)、移动电话普及率(11%)	
上升趋势变量	农业机械化水平、单位农作物播种面积产出	城镇密度	单位 GDP 电耗

表 3-8 显示，农村城镇化指标体系中 8 个主要变量的平均权重约 78%。其中，经济发展包含 3 个变量，平均权重约 31%；社会发展包含 4 个变量，平均权重约 38%；环境资源包含 1 个变量，平均权重约 9%。这说明农村城镇化进程中，城镇基础设施投入、经济密度、经济增长、农业发展水平与资源环境保护等因素起着重要的推动作用。具有明显上升与下降趋势的变量各 4 个，在一定程度上说明农村城镇化进程中单位 GDP 的能耗、城镇规模与农业发展水平对城镇化水平的影响力持续提高。

3.2.3 2002～2014 年苏北各县市城镇化水平测算与分析

依据各观测变量权重及变量值计算，得出 2002～2014 年苏北各县市城镇化水平（表 3-9）。

表 3-9 2002～2014 年苏北各县市城镇化水平测算

	2002	2003	2004	2005	2006	2007	2008	2009	2010	2011	2012	2013	2014
金湖县	0.18	0.15	0.13	0.11	0.11	0.11	0.10	0.14	0.16	0.15	0.16	0.20	0.21
东台市	0.17	0.15	0.13	0.11	0.11	0.11	0.11	0.13	0.14	0.17	0.17	0.18	0.20
建湖县	0.17	0.16	0.15	0.13	0.12	0.12	0.12	0.16	0.16	0.18	0.18	0.19	0.20
大丰市	0.18	0.15	0.15	0.12	0.13	0.13	0.13	0.16	0.17	0.17	0.17	0.18	0.19
沛　县	0.17	0.17	0.15	0.14	0.14	0.14	0.13	0.18	0.19	0.19	0.20	0.20	0.21
邳州市	0.11	0.10	0.09	0.09	0.09	0.10	0.09	0.14	0.15	0.15	0.16	0.17	0.18
泗阳县	0.11	0.09	0.09	0.10	0.10	0.11	0.10	0.14	0.15	0.16	0.15	0.17	0.17
新沂市	0.13	0.10	0.09	0.09	0.10	0.10	0.09	0.13	0.14	0.15	0.15	0.18	0.19
盱眙县	0.14	0.11	0.10	0.09	0.08	0.09	0.09	0.13	0.13	0.13	0.14	0.16	0.16
赣榆县	0.14	0.11	0.10	0.09	0.11	0.12	0.11	0.17	0.17	0.17	0.18	0.18	/
洪泽县	0.13	0.12	0.12	0.10	0.10	0.10	0.10	0.14	0.15	0.15	0.18	0.19	0.19
灌南县	0.09	0.07	0.08	0.08	0.08	0.10	0.11	0.16	0.18	0.16	0.17	0.17	0.18
沭阳县	0.11	0.09	0.08	0.08	0.08	0.09	0.09	0.13	0.13	0.14	0.13	0.15	0.15
泗洪县	0.11	0.09	0.09	0.07	0.08	0.09	0.10	0.13	0.13	0.13	0.11	0.13	0.14
东海县	0.10	0.07	0.08	0.07	0.07	0.07	0.08	0.12	0.12	0.13	0.13	0.15	0.15
灌云县	0.12	0.08	0.07	0.06	0.06	0.08	0.08	0.12	0.14	0.13	0.14	0.16	0.17
响水县	0.14	0.11	0.11	0.10	0.08	0.08	0.08	0.12	0.12	0.13	0.12	0.12	0.13
射阳县	0.13	0.12	0.12	0.10	0.09	0.09	0.09	0.11	0.11	0.12	0.12	0.12	0.13

续表 3-9

	2002	2003	2004	2005	2006	2007	2008	2009	2010	2011	2012	2013	2014
丰　县	0.10	0.09	0.09	0.07	0.07	0.07	0.07	0.10	0.11	0.11	0.11	0.13	0.14
涟水县	0.11	0.08	0.08	0.07	0.07	0.07	0.07	0.10	0.11	0.11	0.11	0.13	0.13
滨海县	0.10	0.09	0.08	0.07	0.07	0.07	0.07	0.10	0.10	0.11	0.11	0.12	0.13
阜宁县	0.10	0.09	0.08	0.07	0.08	0.08	0.07	0.09	0.10	0.10	0.11	0.12	0.13
睢宁县	0.10	0.09	0.07	0.06	0.05	0.05	0.06	0.09	0.10	0.11	0.12	0.14	0.15
苏北平均	0.13	0.11	0.10	0.09	0.09	0.09	0.09	0.13	0.14	0.14	0.14	0.16	0.17
苏中平均	0.20	0.18	0.17	0.16	0.16	0.16	0.16	0.21	0.22	0.24	0.24	0.26	0.28
苏南平均	0.50	0.49	0.48	0.45	0.45	0.45	0.42	0.48	0.48	0.48	0.50	0.49	0.50
全省平均	0.24	0.22	0.21	0.20	0.19	0.20	0.19	0.23	0.24	0.25	0.25	0.26	0.28

首先,苏北农村城镇化水平总体上呈现上升趋势,存在先下降后上升的过程。如表 3-10 所列,低水平城镇化的县市 2002 年为 6 个,2008 年达到 17 个,2014 年降到 0 个;中低水平城镇化的县市在 2002 年、2005 年和 2008 年都是 0 个,2014 年上升到 4 个。

其次,苏北县市城镇化水平整体保持上升趋势。2002～2008 年,低(较低)城镇化水平的县市为苏北县市的主体,占总量的 95%～100%,到了 2011～2014 年,中低(中中)城镇化水平的县市则成为主体,占总量的 70%～80%(表 3-10)。

表 3-10　　苏北各县市城镇化水平等级

等级	阈值	县市个数				
		2002 年	2005 年	2008 年	2011 年	2014 年
低水平城镇化	≤0.10	6	18	17	1	0
较低水平城镇化	(0.10,0.20)	17	5	6	22	18
中低水平城镇化	[0.20,0.25]	0	0	0	0	4
中中水平城镇化	(0.25,0.40]	0	0	0	0	0

基于江苏全省 45 个县市农村城镇化水平评价,可以得到苏北农村城镇化水平在全省的地位。从江苏区域发展视角,苏北农村城镇化水平处于三大区域中的最低水平,苏南位居第一,苏中位居第二。从纵向发展视角,2002～2013 年,苏北与苏南、苏中农村城镇化发展的差距由扩大到收敛,2002～2005 年差距扩大,2008～2013 年差距逐渐缩小。与全省平均水平比较,苏北农村城镇化水平略低(表 3-11)。

表 3-11　　2002～2014 年江苏全省各区域农村城镇化水平比较

	2002	2005	2008	2009	2010	2011	2012	2013	2014
苏北平均	0.13	0.09	0.09	0.13	0.14	0.14	0.14	0.16	0.17
苏中平均	0.20	0.16	0.16	0.21	0.22	0.24	0.24	0.26	0.28
苏南平均	0.50	0.45	0.42	0.48	0.48	0.48	0.50	0.49	0.50
全省平均	0.24	0.20	0.19	0.23	0.24	0.25	0.25	0.26	0.28

3.3 基于全国范围的江苏农村城镇化发展水平评价

江苏地处我国东部沿海地区，是长三角地区的重要组成部分，也是我国经济较发达的省份。江苏的农村城镇化水平在全国范围内处于发展水平较高的层次。本节利用 2014 年全国数据，从居住功能视角构建农村城镇化评价体系，采用权重分析法对江苏的农村城镇化水平进行评价，并与全国其他省份进行比较。

3.3.1 评价体系构建

全国范围内，农村城镇化发展水平的评价从人口、基础设施、垃圾/污水处理与环境等 4 个方面展开，构建包括 4 个因子、12 个观测变量的评价指标体系。县城及建制镇与乡的评价体系与权重见表 3-12 和表 3-13。

表 3-12　　全国县城城镇化水平的评价体系及权重

因子	观测变量	单位	变量方向	权重	小计
(一) 人口因子	1. 人口密度	人/平方公里	正向	0.15	0.15
(二) 基础设施因子	2. 人均日生活用水量	升	正向	0.05	0.39
	3. 用水普及率	%	正向	0.01	
	4. 燃气普及率	%	正向	0.07	
	5. 建成区供水管道密度	公里/平方公里	正向	0.09	
	6. 人均道路面积	平方米	正向	0.08	
	7. 建成区排水管道密度	公里/平方公里	正向	0.09	
(三) 污水、垃圾处理因子	8. 污水处理率	%	正向	0.08	0.16
	9. 生活垃圾处理率	%	正向	0.08	

续表 3-12

因子	观测变量	单位	变量方向	权重	小计
(四) 绿色环境因子	10. 人均公园绿地面积	平方米	正向	0.09	0.30
	11. 建成区绿化覆盖率	%	正向	0.09	
	12. 建成区绿地率	%	正向	0.11	

表 3-13　　全国建制镇和乡城镇化水平的评价体系及权重

因子	观测变量	建制镇		乡	
		权重	小计	权重	小计
人口因子	人口密度/(人/平方公里)	0.02	0.02	0.02	0.02
基础设施因子	人均日生活用水量/升	0.03	0.32	0.02	0.36
	用水普及率/%	0.01		0.01	
	燃气普及率/%	0.19		0.20	
	人均道路面积/平方米	0.03		0.02	
	排水管道暗渠密度/(公里/平方公里)	0.14		0.11	
绿色环境因子	人均公园绿地面积/平方米	0.33	0.66	0.36	0.61
	建成区绿化覆盖率/%	0.10		0.08	
	建成区绿地率/%	0.17		0.17	

3.3.2　我国各省区县城城镇化发展水平与人口承载能力分析

如表 3-14 所列，县城的城镇化水平评价从两个方面进行，一是依托评价体系测量的各省区县城城镇化发展得分，二是从人口承载力视角测量各省区县城的人口承载能力，并与全国城市平均水平进行比较。如表 3-14 所列。

县城城镇化水平测量表明，全国各省区中东部沿海省区的县城城镇化水平得分为第一等级，包括江苏、天津、山东、浙江、福建等省份，其中江苏得分第一，接近城市平均水平。县城人口承载能力测量表明，东部沿海部分省市(如浙江、山东、江苏、天津等地)的人口承载能力均超过城市平均水平，这与这些地区人口密度较低，而软、硬环境不落后于城市平均水平密切相关。[①]

① 城镇的人口承载能力分“硬约束”与“软约束”，前者来自自然资源与生态环境的约束，后者来自社会基础设施与公共服务能力的约束(郁鸿胜，2011)。在县城城镇化水平测量的基础上，将县城的人口承载能力定义为基础设施、垃圾/污水处理能力及绿色环境的人口承载力之综合，取值为上述因子得分与人口因子得分之比，分别代表人口承载能力的“硬约束”与“软约束”。

表 3-14　　我国各省区县城的城镇化水平、人口承载能力及比较

城镇化水平						人口承载能力				
省区	人口因子	基础设施因子	垃圾、污水处理因子	绿色环境因子	合计	省区	基础设施承载能力	垃圾、污水处理承载能力	绿色环境承载能力	合计
城市平均	0.07	0.24	0.16	0.26	0.74	城市平均	3.43	2.29	3.71	9.43
苏	0.05	0.26	0.14	0.26	0.71	浙	33.00	15.00	25.00	73.00
闽	0.07	0.22	0.15	0.27	0.71	鲁	11.00	8.00	13.00	32.00
渝	0.05	0.22	0.16	0.27	0.70	粤	9.00	6.50	9.50	25.00
浙	0.01	0.33	0.15	0.25	0.74	桂	9.00	7.00	8.00	24.00
赣	0.15	0.19	0.14	0.27	0.75	川	7.50	6.00	9.00	22.50
津	0.05	0.21	0.13	0.26	0.66	苏	5.20	2.80	5.20	13.20
鲁	0.02	0.22	0.16	0.26	0.66	渝	4.40	3.20	5.40	13.00
云	0.13	0.15	0.13	0.15	0.56	津	4.20	2.60	5.20	12.00
新	0.10	0.16	0.12	0.18	0.56	皖	4.00	3.00	3.60	10.60
晋	0.11	0.16	0.11	0.21	0.59	冀	3.80	3.00	4.20	11.00
皖	0.05	0.20	0.15	0.18	0.59	闽	3.14	2.14	3.86	9.14
冀	0.05	0.19	0.15	0.21	0.60	辽	3.50	3.50	2.75	9.75
琼	0.09	0.18	0.14	0.19	0.60	琼	2.00	1.56	2.11	5.67
湘	0.13	0.18	0.15	0.16	0.61	赣	1.27	0.93	1.80	4.00
吉	0.09	0.13	0.13	0.14	0.48	鄂	1.50	1.20	1.30	4.00
川	0.02	0.15	0.12	0.18	0.47	湘	1.38	1.15	1.23	3.77
粤	0.02	0.18	0.13	0.19	0.52	吉	1.44	1.44	1.56	4.44
陕	0.13	0.11	0.13	0.15	0.53	青	1.60	2.00	0.80	4.40
蒙	0.00	0.17	0.14	0.21	0.51	晋	1.45	1.00	1.91	4.36
宁	0.09	0.19	0.10	0.14	0.51	贵	1.40	2.00	0.80	4.20
鄂	0.10	0.15	0.12	0.13	0.50	豫	1.43	1.86	1.00	4.29
桂	0.02	0.18	0.14	0.16	0.50	新	1.60	1.20	1.80	4.60
贵	0.05	0.07	0.10	0.04	0.26	宁	2.11	1.11	1.56	4.78
青	0.05	0.08	0.10	0.04	0.27	云	1.15	1.00	1.15	3.31
辽	0.04	0.14	0.14	0.11	0.42	黑	1.13	0.88	1.50	3.50
甘	0.16	0.09	0.11	0.07	0.42	陕	0.85	1.00	1.15	3.00
黑	0.08	0.09	0.07	0.12	0.36	甘	0.56	0.69	0.44	1.69
豫	0.07	0.10	0.13	0.07	0.36	藏	0.86	0.00	0.00	0.86
藏	0.07	0.06	0.00	0.00	0.13	蒙	缺失	缺失	缺失	缺失

注：1. 数据源自《中国统计年鉴—2015》；2. 北京与上海均无县城设置，西藏自然地理位置特殊，内蒙古相关数据缺失，所以上述区域没有纳入聚类分析中。

3.3.3　我国各省区建制镇与乡的城镇化水平评价

研究表明，建制镇和乡的居住功能较之于县城相对较差，86%的小城镇缺少垃圾、污水处理设施的记载（马晓河，2013），各省、市、区的建制镇发展差距较大，发展相对较好的建制镇依然集中在东南沿海省、市、区，如江苏、福建、山东、广东、北京、上海、海南、浙江等地，居住功能较差的建制镇则以中西部省区为主。我国建制镇与乡的城镇化水平评价与比较如表3-15所列。

表3-15　　我国建制镇与乡的城镇化水平评价与比较

建制镇					乡				
省、市、区	人口因子	基础设施因子	绿色环境因子	合计	省、市、区	人口因子	基础设施因子	绿色环境因子	合计
城市平均	0.00	0.25	0.66	0.91	城市平均	0.00	0.29	0.65	0.94
苏	0.01	0.22	0.32	0.56	沪	0.01	0.32	0.47	0.79
闽	0.02	0.15	0.34	0.51	苏	0.01	0.23	0.25	0.49
京	0.01	0.15	0.26	0.41	闽	0.01	0.18	0.34	0.54
粤	0.01	0.26	0.14	0.41	京	0.01	0.19	0.12	0.32
鲁	0.01	0.15	0.26	0.42	粤	0.00	0.20	0.11	0.31
津	0.01	0.16	0.10	0.27	皖	0.01	0.12	0.20	0.33
浙	0.01	0.14	0.12	0.28	琼	0.00	0.19	0.21	0.40
沪	0.01	0.19	0.14	0.33	鄂	0.01	0.10	0.07	0.17
琼	0.01	0.17	0.18	0.35	新	0.00	0.04	0.13	0.17
皖	0.01	0.12	0.18	0.31	晋	0.01	0.06	0.11	0.17
湘	0.01	0.08	0.06	0.15	渝	0.01	0.11	0.05	0.18
川	0.01	0.11	0.03	0.15	津	0.00	0.10	0.05	0.15
豫	0.01	0.03	0.10	0.15	豫	0.01	0.05	0.09	0.15
晋	0.01	0.05	0.10	0.16	湘	0.01	0.08	0.06	0.14
鄂	0.01	0.10	0.08	0.19	鲁	0.01	0.13	0.11	0.25
渝	0.02	0.13	0.04	0.19	桂	0.02	0.16	0.06	0.24
赣	0.01	0.10	0.07	0.18	浙	0.01	0.16	0.09	0.26
新	0.00	0.05	0.11	0.17	赣	0.01	0.12	0.08	0.21
桂	0.02	0.17	0.02	0.22	蒙	0.00	0.03	0.08	0.11
贵	0.01	0.04	0.03	0.08	宁	0.00	0.07	0.03	0.11
宁	0.00	0.06	0.02	0.08	贵	0.01	0.04	0.05	0.10

续表 3-15

建制镇					乡				
省、市、区	人口因子	基础设施因子	绿色环境因子	合计	省、市、区	人口因子	基础设施因子	绿色环境因子	合计
黑	0.01	0.04	0.03	0.08	云	0.01	0.07	0.03	0.10
陕	0.01	0.04	0.02	0.07	冀	0.01	0.05	0.04	0.10
蒙	0.00	0.03	0.06	0.09	吉	0.00	0.04	0.02	0.06
云	0.01	0.04	0.03	0.09	陕	0.01	0.04	0.02	0.06
吉	0.01	0.04	0.02	0.06	辽	0.00	0.05	0.03	0.08
甘	0.01	0.01	0.02	0.04	黑	0.00	0.05	0.03	0.08
辽	0.01	0.07	0.05	0.12	甘	0.00	0.02	0.04	0.07
青	0.01	0.03	0.09	0.12	川	0.01	0.07	0.01	0.09
冀	0.01	0.07	0.03	0.11	青	0.01	0.01	0.01	0.03

注:西藏没有建制镇和乡。

3.3.4 苏北农村城镇化水平的评价与比较

上述分析表明,2014 年,江苏的农村城镇化水平在全国处于较为领先的位置,其县城的城镇化水平测量值近似于城市平均水平,县城的人口承载能力略高于城市平均水平,其建制镇的城镇化水平约为城市平均水平的 62%,乡的城镇化水平约为城市平均水平的 52%。苏北在江苏处于相对落后的位置,其农村城镇化水平测量值约为江苏平均水平的 62%。据此,可以估算苏北农村城镇化水平在全国范围内的相对值。苏北县城的城镇化水平测量值约为 0.45,低于城市平均水平,县城的人口承载能力值约为 8,略低于城市平均水平;苏北建制镇的城镇化水平测量值约为 0.35,比城市平均水平低一半多,而乡的测量值约为 0.30,只有城市平均水平的 1/3。具体如表 3-16 所列。

表 3-16　　苏北农村城镇化水平的相对评价与比较

	县城城镇化水平	县城人口承载能力	建制镇城镇化水平	乡城镇化水平
苏北	0.45	8.00	0.35	0.30
江苏	0.71	13.20	0.56	0.49
参照:城市平均水平	0.74	9.43	0.91	0.94

苏北处于我国东部沿海地区,城镇体系初步形成,其农村的城镇化处于全国

中等略偏上水平，这一区域城镇化发展的重点是围绕东陇海经济区，健全城市规模结构，发展新兴产业与现代农业，改造传统产业，提供就业岗位，完善城市基础设施和公共服务，进一步提高其人口承载能力，促进人口加快集聚，培育人口和经济密集的城市群。这一区域的城市群培育有三方面内容：一是尽快形成辐射带动力强的中心城市，二是发展壮大其他城市，三是城市间形成分工协作、优势互补的合作关系，日益完善城市群的规模结构[61]。在我国当前土地资源稀缺，城镇化建设资金有限的背景下，苏北新型农村城镇化应有重点、按时序地展开，不可能如传统小城镇建设那样只追求小城市的数量，遍地开花式地发展小城镇。据此，苏北农村城镇化的重点是各县市的政府驻地（即县城），建制镇与乡的城镇化评价较低，农村城镇化发展则应侧重于经济发展条件较好的重点中心镇。发展目标是有条件、有重点地扩大城镇规模，增强人口承载能力，将县城培育为中等城市，重点中心镇培育为小城市。在实施过程中，既要确定城镇合理的人口规模，明确产业定位，也要结合城镇的发展条件，差别定位；既要提升城镇的功能品质，完善其基础设施与公共服务，也要将发展中心城区和培育小城镇有机整合，推动区域协调发展。

本章小结

本章分析与探讨了苏北农村城镇化的发展水平。在搜集苏北县市城镇化水平数据中发现两个问题：其一，城镇化水平测度的统计数据不具有连贯性。江苏各市在 2010 年前后对城镇化率的测度进行了修正，2010 年之前城镇化率测度以城镇户籍人口占总人口比重为计算方法，2010 年起则按城镇常住人口占总人口比重计算城镇化率，导致各区域的城镇化率在转换时间点前后有较大的波动；其二，苏北五市农村城镇化水平的数据存在不完整、不统一的现象，连云港与宿迁所辖各县市的农村城镇化率数据较完整，而其余三市的农村城镇化率数据均有缺失。因此，对农村城镇化水平的测量与评价做了如下调整：第一，依据各市城镇化水平与经济增长等变量测算各县市城镇化率；第二，结合新型城镇化以人为本、更加重视民生、建设宜业宜居城镇的要求，本章从经济、社会、环境、城镇密度等方面对苏北农村进行了城镇化发展水平的综合评价。研究表明，在全省范围内，苏北农村城镇化水平相对较低，其测量值低于苏南与苏中地区，只有全省平均水平的 2/3。在全国范围内，江苏是农村城镇化水平较高的省份，苏北农村城镇化水平在全国处于中等偏上水平，县城得分达到城市平均水平的一半以上，建制镇与乡得分只及城市平均水平的 1/3。苏北的地理位置处于东部沿海地带的中部，其区域核心是东陇海经济带，而国家主体功能区对东陇海的规划是建设重要的工业区，改造传统产业，兴建新兴产业，促进农业现代化，引导人口集中居住，构建东陇海城市群。现阶段，苏北各中心城市在经济与人口总量等方面已经达到一定规模，但其城市规模结构存在显著缺陷，即在城市体系中缺少中等城市和小城市、城市之间的协作功能不完善。基于上述特点及功能区规划要求，苏北地区发展新型农村城镇化的重点应落实在县城及发展条件较好的重点中心镇上，因地制宜，合理规划，促进人口向县城及重点中心镇集中，朝着小城市或中等城市的规模发展，与中心城市共同形成协作发展的城市群。

第 4 章

苏北农村金融发展演变与评价

金融发展是金融体系发展演变的一个动态的、综合的过程，反映金融资产的变动、金融结构的转化与金融工具的创新等，金融发展通过促进资本积累、提高资源配置效率以及优化投资环境等促进投资数量的扩张，一般采用金融效率、金融规模与金融结构等指标对金融发展水平进行描述（周立、胡鞍钢，2002；孙钢，2004）。其中，金融规模指标用金融资产规模与国民生产总值之比测量，是描述金融增长的重要指标，戈氏（Goldsmith）创造了金融相关比率指标（FIR），用金融资产存量与国民生产总值之比测量，主要用来衡量一个国家（地区）金融深化程度；而麦氏（Mackinnon）采用货币存量（M2）与国民生产总值之比测量，衡量的是一国的经济货币化程度。我国县域范围缺失 M2 和金融资产的统计数据，普遍以存、贷款余额之和与 GDP 之比作为衡量 FIR 的重要依据，由于农村金融机构普遍存在储蓄资金向城市转移的现象，本书采用金融相关率（FIR）作为农村金融规模指标，并补充金融深度指标（贷款余额与 GDP 之比），作为农村金融规模测量的补充。农村金融效率指标是指储蓄转化为贷款的效率，以储蓄余额与贷款余额之比来衡量。农村金融结构指标则以乡镇企业贷款余额与农村贷款余额之比衡量，这一数据在各县市的获得性较差。

4.1　农村金融政策演变与评价

农村金融探索、改革与发展始终贯穿于我国农村经济社会的发展进程中，苏北农村金融发展离不开我国农村金融改革的大背景。改革开放以来，我国农村金融体制经历了几次大的调整与变革，其中以 1998 年的国有商业银行改革和 2006 年的农村金融市场增量改革影响最大。将 2006 年底银监会放宽农村地区银行业金融机构准入政策作为分界线，农村金融改革可分为农村金融的存量改革与增量改革。农村金融存量改革围绕着农信社的改制与不良贷款的消化展开，增量改革的目标则是促进村镇银行、农村资金互助社、小贷公司等新型农村金融机构的发展，构建一个多元化、多层次、广覆盖、可持续的农村金融体系。

4.1.1 农村金融的存量改革

4.1.1.1 政策演变

1978年农村家庭联产承包责任制实施以后，农村经济取得了较大的发展，需要农村金融的支持，在这一背景下，农村金融逐步发展起来，形成由中国农业银行、农村信用联社以及民间金融共同构成的农村金融体系。农信社“既是集体金融组织，又是国家银行在农村的基层机构”，中国农业银行的主要任务是统一管理支农资金、集中办理农村信贷，领导农信社，发展农村金融事业。1985～1995年，是农村金融的发展时期，工商银行、中国建设银行、中国银行等国有商业银行开始进入农村，削弱了中国农业银行在农村金融中的垄断地位。1994年，中国农业发展银行成立，承担从中国农业银行中剥离出来的政策性贷款；邮政储蓄银行异军突起；农村非正规金融悄然兴起。1996年，推动农信社改革，也是改革开放以来农村金融的第一轮改革，以社员入股、社员管理、服务社员为宗旨，将农信社发展成为农村合作性的金融组织。至此，农村金融形成以合作性金融为基础，商业性金融、政策性金融分工协作，兼有邮政储蓄与非正规金融并存的金融体系。这一阶段对民间金融的政策是收缩和压制。这一轮农信社改革没有达到实现合作性金融的目的，农信社的经营反而越发困难[62]。

1998年起，国有商业银行对规模不经济、资产质量差、包袱沉重、长期亏损且扭亏无望的机构进行逐步的撤销与合并。在授权授信上，逐步上收和取消县市支行的贷款审批权，贷款审批权集中在总行和一、二级分行，使基层网点“只存不贷”，大量的信贷资源流出农村、流向城市和经济发达地区。农村地区国有商业银行的机构整合，欠发达地区国有商业银行竞相整体退出，使不发达的农村地区经济的融资渠道更加狭窄，有效信贷投入减少导致经济输血和造血功能弱化，金融支持地区经济发展的作用被严重削弱。四大国有商业银行撤出农村，农村金融机构仅剩中国农业银行、邮政储蓄银行、农村信用联社，虽然金融机构逐步增加对农贷款，但存贷差没有明显改善[63]。农村金融出现了前所未有的困难，徘徊不前。

在农村金融徘徊不前，农村资金短缺，欠发达的农村地区有效信贷不足的情况下，小额信贷在中共中央和国务院扶贫政策的大背景下发展起来。小额信贷实质上是一种专门针对农村居民尤其是贫困农户提供的小额度、持续性的信贷产品与服务。1998年，中共十五届三次会议提出要推广小额信贷等扶贫资金到户的有效做法，1999年，中央扶贫工作会议进一步提出小额信贷是一种有效的扶贫到户形式。2004～2008年连续5年的中央一号文件都对小额信贷做出了明确指示，包括扩大小额信贷范围，建立由自然人和企业法人或社团法人发起的小额贷款组织，引导邮政储蓄等资金返还农村发展小额贷款等。我国农村小额信贷已经形成了以农村信用社、农业银行、邮政储蓄银行为主导，农村发展银行、新型农村金融机构和小额贷款公司等为补充的多层次、多元化小额信贷格局，小额信贷发展也取得了一定的成就。

2000 年，农信社改革在江苏开展试点工作，围绕落实《江苏省深化农村信用社改革试点工作实施方案》的工作，农信社有序完成了清产核资、增资扩股、改善结构与提升资本实力，到 2006 年，全省农信社股本总额较 2001 年增长了 40 多倍，拥有当地金融市场资源的主要份额、支持和服务农村经济发展的主要方面、惠及当地人口的绝大多数，成为农村金融主力军。苏北农村金融在合作制的基础上，推进农村信用社的产权模型和组织形式改革，形成了省级联社、一级法人制的农村商业银行和市（县）两级的农村合作银行三种产权模式，其中以农村商业银行模式占绝大多数[64]。

2006 年，银监会出台《关于调整放宽农村地区银行业金融机构准入政策　更好支持社会主义新农村建设》，被视为农村金融增量改革的标志。新政以后，村镇银行、农村资金互助组织、小额贷款公司等新型农村金融机构在农村地区大量涌现，有效增加了农村金融供给的同时，改善了农村金融体系，极大丰富了我国农村金融机构。

4.1.1.2　农村地区的金融抑制造成金融供给不足

所谓金融抑制，麦金农在 1997 年出版的《经济发展中的货币与资本》一书中有如下描述："有组织的银行业在向欠发达国家的经济内地渗透上，在为一般的农村地区，特别是为小额借款人服务方面，是很不成功的……经济中其他部门的融资，则必须由放债人、当铺老板和合作社的资金来满足，此即为'金融抑制'"[65]。

我国农村的金融抑制现象既有麦金农所描述的金融抑制特征，也具有自身的独特性。第一，存在利率管制导致的金融抑制。官方利率低于市场均衡水平，不能真实地反映市场供求，导致实际利率变为负数，储蓄者和投资者之间的正规金融中介活动因此受到抑制。第二，新中国成立以来的重工业优先发展战略赋予了农村金融抑制现象的中国特色。新中国成立伊始，我国的经济发展战略是重化工业优先发展战略，重化工业和城市是发展重点，意味着国内资源向这两个方向集中，国家金融制度安排成为国有企业资金供给的配套措施，农村正规金融体系自然成为从农村向城市与工业部门输送金融资源的渠道[66]。可见，我国农村正规金融自新中国成立初始就具有外生性，政府主导特征鲜明，而非内生于农村经济发展，这种外生的农村金融无法满足农村经济增长的需求，并造成了农村资金的大量外流。第三，1993 年，党的十四届三中全会提出建立社会主义市场经济体系，经济改革的重心再一次由农村转向城市，在政府几乎垄断金融体制的情况下，为了动员更多的资源支持城市和工业部门改革，大量的资金从农村输送到城市[67]。第四，1997 年的东南亚金融危机进一步深化了我国农村发展的金融抑制。东南亚金融危机暴露了其银行系统的脆弱，为了防范金融风险，1998 年我国商业银行实施了以逐步缩减和取消县市运行的贷款审批权为主要内容的金融改革，四大国有商业银行逐步撤出农村，农村基层网点“只存不贷”，导致资金加速流出农村，直接弱化了金融体系在农村地区的经济造血功能和输血功能[68]。农村资源的过度转移在很大程度上是“三农”问题产生的重要原因，农村经济发展与农村金融发展不一致也成为我国农村经济发展的最大难题之一。所以，我国农村地区的金融抑制在 2006 年农村金融增量改革之前存在一个不断深化的过程，农村金融供给短缺问题一直较为突出，农村经济个体在很大程度上被排斥在主流金融服务之外，这样一种金融排斥(financial exclusion)现象，指由于农村地区自身的偏僻与落后，金融机构减少网点或者将农村市场有意排除在经济范围之外，从而导致农村地区经济主体无法全面有效地享受金融服务[69]，农村金融供给短缺的问题更为突出。

4.1.2 农村金融的增量改革

4.1.2.1 起因

农村金融增量改革之前，我国农村金融改革一直围绕着构建农村合作性金融展开，随着商业金融撤并县以下金融机构，农村信用社在农村金融市场形成了垄断态势，但由于农村金融市场垄断的特性农信社经营管理不善，没有真正发挥农村金融“主力军”的作用，商业性金融机构在农村地区多存少贷或只存不贷，导致农村金融体系严重萎缩，金融排斥现象严重。第一，农村金融“空洞化”，金融网点覆盖率不足；第二，银行信贷资金不足，农村资金“失血”严重；第三，农村金融功能单一，金融产品种类单调，只有传统的存贷业务，没有充分发挥金融体系的功能；第四，农村保险发展落后，农业发展具有很强的风险控制要求与农村保险缺失的矛盾突出。上述原因造成了农村正规金融供给不足，农村金融需求“饥渴”的特征十分明显。2003 年，我国 2.4 亿农户中，只有 15%的农户获得正规金融机构的贷款，其余 85%均通过民间借贷完成融资(安徽农村金融发展对策研究课题组，2005)。另一项调查表明，全国农村固定观察点的贷款来源结构为：银行、农信社贷款占比为 32.7%，私人借款为 65.97%，其他 1.24%(匡家在，2007)。总之，作为农村金融主力军的农信社没有真正发挥其农村资源配置的功能，游离于体制之外的民间金融在小微借贷的农村金融市场上占据了主导地位。

正规农村金融市场存在供给边界，边界内的以经营为目的的农业生产方式的金融需求能够得到满足，而边界外的农村小农生产方式的金融需求只好求助于自有资金或民间金融。民间金融内生于农村经济发展，是正规金融市场边界之外的农村金融供给，在降低信息不对称与节约交易成本方面具有特别优势，满足了与之相对应的农村金融需求。然而，由于监管缺失与风险防控能力不足，民间金融存在较大的经营风险。随着农村收入水平的提高和经济规模的持续扩大，贷款者出于人情成本的考虑更倾向于商业性借贷，对民间金融所提供的产品与服务具有契约形式市场化的要求，这一系列的转变推动着民间金融产生了朝着正规金融演变的趋势，需要银监部门出台相应的政策，适当放宽农村地区金融机构的准入门槛，适时、适度地引导民间金融进入正规金融体系。

4.1.2.2 实施过程

为了破解农村经济发展中资金来源约束的难题，促进社会主义新农村建设，国家鼓励农村金融创新，积极探索农村融资的新渠道。2004年7月，国务院做出批示：由中央银行、财政部、劳动保障部和银监会等四部委联合召开专门的小额贷款政策落实会议。2005年，第一家小额贷款公司和村镇银行相继成立运营[70]。2006年底，银监会调整放宽农村地区银行业机构市场准入政策，启动了农村金融机构多元化新制度的改革。如果将2006年前的农村金融改革称为"存量改革"，即农村金融市场几乎没有新增农村金融机构，那么，自2006年底开始，我国农村金融改革进入新的阶段——农村金融"增量改革"。

农村金融市场增量改革是在正规金融机构缺乏涉足农村金融市场的动力、广大农户和农村地区中小企业面临融资约束的背景下，进行的制度性的金融创新；试图改变民间金融游离于体制之外的现象，以商业银行为主导，引入民间资本[19]，在原有的金融体系中增加新型的农村金融机构，增加金融供给主体；引入新的金融组织元素和新的金融组织成分，优化农村金融市场结构，扩充农村金融组织队伍，在全国范围内设立村镇银行、贷款公司、资金互助社、小额贷款公司等新型金融机构，以满足农村多元化的金融需求；此外，农村金融增量改革还提供了民间资本合法进入金融市场的途径，将民间金融存在的潜在金融风险置于金融监管之中[62]。

2006年12月20日，银监会发布《关于调整放宽农村地区银行业金融机构准入政策 更好支持社会主义新农村建设的若干意见》，从机构种类、资本限制方面放宽了农村金融市场的准入政策，鼓励在农村设村镇银行、贷款公司和农村资金互助社等三类新型农村金融机构，允许境内外银行资本、产业资本和民间资本到农村地区投资、收购、新设银行业金融机构，并在四川、吉林、内蒙古、湖北、甘肃、青海等六个省区进行首批试点，2007年扩大到全国31个省(市、区)[68,71]。2009年12月，中央经济工作会议进一步明确了农村金融的改革方向：培育农村新型金融组织，以解决好农村融资难题。同年，针对小额贷款公司"只贷不存"所产生的后续资金不足、放款利率高、资金匮乏等难题，银监会下发了《小额贷款公司改制设立村镇银行暂行规定》，允许符合条件的公司转为村镇银行。

4.1.2.3 农村金融增量改革缓解了农村资金供给短缺的问题

农村金融增量改革至今，虽然农村信用社仍然是农村金融的主体，但全国范围内已出现农村金融结构多元化的趋势，农村中小金融机构已经成为支农服务的主力军。2012年末，农村中小金融机构存、贷款总额分别达到12万亿元和8万亿元，各占整个银行业的11%和12%，发放的涉农贷款占全国的32.2%，农户贷款占到77.4%；2011年末，农村中小企业金融机构不良贷款率5.5%，资本充足率10.7%，拨备覆盖率88.9%，整体上处于健康水平[72]。傅昌銮(2014)基于最优金融结构理论①，把金融机构变量纳入传统的经济增长分析模型，发现以中小金融机构为主的金融结构更适合于县城经济发展[73]。主要表现在三个方面：一是随着竞争程度的加剧，农村信贷市场集中度下降，农村小微企业的信贷可获得性随之提升；二是新型农村金融机构的发展拓宽了农村信贷的来源渠道，提高了农村小微企业的信贷可获得性；三是经济越发达的地区，金融发展程度也越高，促进了小微企业获得信贷可能性的提高[74]。蒋俊毅(2013)对湖南省农村金融结构与经济增长关系的研究表明，农村金融规模没有起到应有的促进农村经济增长的作用，而农村金融机构的多元化、农村信贷市场结构的多元化则有利于农村经济增长。总之，农村金融增量改革缓解了农村资金供给短缺的问题。

4.1.3 农村金融政策演变评价

1978年以来，我国农村金融改革主要经历了两个阶段，以2006年年底为分界，之前是农村金融存量改革，之后为农村金融增量改革。

我国农村金融存量改革一直围绕着农村信用合作社进行，而没有积极探索农信社之外的其他农村金融的改革与发展，具有明显的"路径依赖"特性。最终，农信社的合作性金融改革距离有效满足农村金融需求之间一直存在差距，国有商业银行在农村基层网点"只存不贷"，甚至整体退出，导致农村金融需求具有明显的"饥渴特征"[62]，表现为县域金融体系的"空洞化"、农村资金的"非农化"和农村金融产品与服务的虚弱化，农村正规金融供给不能够满足农村金融需求。2003年，中国2.4亿农户中只有15%获得了正规金融机构的贷款(安徽省农村金融发展对策研究课题组，2005)[75]。类似的，2007年，国家在对全国2万多固定观察农户的贷款结构研究表明，银行、农信社贷款只占32.7%，65.97%的农

① "最优金融结构理论"(林毅夫)：一个经济体在不同的发展阶段具有不一样的禀赋结构与要素价格，进而决定了最适合的产业结构。只有当金融结构符合经济发展所需要，才能最有效地发挥金融体系对经济增长的促进作用。具体地讲，现代的发展中国家应以中小银行为主体，发达国家则以大银行以及金融市场为主体。

户通过私人借款获得融资[76]。所以，农信社虽然经过多次改革，但其农村金融的"主力军"作用一直没能充分发挥出来，而民间金融以其社会信息优势与成本优势成为农村（尤其是农户）信贷市场的重要补充。

正规的与非正规的农村金融共同形成了农村金融的二元结构，以经营为目的的农业生产方式对应着正规农村金融信贷，以农村小农经济为特点的生产方式则对应着非正规的农村金融。我国农村非正规金融沿着亲友借贷—私人中介—中级市场—现代中介和市场的线路螺旋式上升（姜旭朝，2004），其初始模式为友情借贷，是以满足生活类资金需求为主的生存性借贷，这种借贷主要依靠人情关系来维持；随着社会的发展与人际关系的演变，人情借贷向商业性信贷转变，信贷以交易为目的，非正规金融的属性由社会性向经济性转变；随着农村社会的进一步发展，农户收入水平进一步提高，出于人情成本的考虑，借贷者往往会选择商业性借贷而非人情借贷，农村非正规金融的社会属性逐渐消失殆尽，取而代之的是经济属性[77]。随着客户数量的上升，非正规金融的发展趋势是契约市场化和组织结构正规化，逐步向正规金融转变。

2006年底，我国农村金融改革进入新的阶段——增量改革阶段。随着农村新型城镇化建设进程的不断加快，农业发展趋向于现代化、规模化、集约化、产业化，农村经济结构与经济组织都在发生着巨大的变化，产生了多元化的农村金融服务需求[78]。对农户向农村金融机构融资意愿的分析表明，对于小规模经营农户，其资金主要来源于自身积累资金与小额民间借贷，故向金融机构融资的潜在意愿较低，拥有较大规模耕地的农户，其生产性融资意愿更强，而民间借贷因资金数额较少不能满足其融资需求，则更倾向于向农村金融机构融资[79]。在正规金融难以适应农村经济发展的情况下，为解决农村金融供给不足与广大农户及中小企业资金需求得不到满足的矛盾，农村金融增量改革侧重于供给方的制度创新，创新农村金融制度，着力改变非正规金融长期游离于体制之外的现象，增设新型农村金融机构，丰富农村金融组织体系，引导民间金融进入农村金融体系。其首要特点是增加农村金融供给，扩大农村金融体系的覆盖范围，最大限度满足各类农村经济主体的金融需求。其次，优化金融结构，提高金融发展水平。金融结构只有与经济发展需要相匹配，才能有效地促进经济增长，发达经济区域的金融供给以大银行为主，而欠发达经济区域的金融供给则以中小银行为主。县域经济个体，如中小企业、农户等因其信息不透明、融资规模小，往往被大银行忽略，其金融需求得不到满足。在农村发展小微金融机构，与已有的金融体系共同构成金融供给的多层次结构，从而满足农村金融需求的多层次性。再次，引入多层次、多种所有制的新型农村金融机构，形成农村金融市场适度竞争的局面，尤其是引导农村民间金融进入正规金融体系中，提升其契约化与规范化水平，促进其健康发展，提高农村金融服务水平和金融效率。2007年以来，全国范围内增设了村镇银行、贷款公司、资金互助社和小额贷款公司等四种类型的新型农村金融机构，与已有的金融机构共同构建多层次、梯度化的金融组织体系，以满足农村多元化的金融需求。

4.2 苏北农村金融发展主要指标

江苏省是全国首批农村金融改革的试点省份，是全国第一个实现了所有乡镇的银行业金融机构全覆盖省份，形成了政策性金融、商业性金融、合作性金融及新型农村金融相结合的多层次、全覆盖的农村金融组织体系。本书从金融机构存、贷款规模的绝对量、存贷差、金融效率、金融规模、金融深度与金融市场等阐述苏北农村金融的发展现状，为金融支持农村城镇化的实证分析进行农村金融数据分析与铺垫。研究表明，金融发展与农村经济发展之间存在正向相关关系，经济越发达的县市，金融发展水平越高，金融对经济发展的影响作用越显著；而经济相对落后的县市，金融发展水平相对较低，金融对经济发展的影响力减弱。

4.2.1 苏北农村存款规模与贷款规模

4.2.1.1 苏北农村存款规模

如表4-1和图4-1所示，2002～2014年，苏北各县市存款规模呈现上升态势，平均存款规模从34.67亿元上升到261.43亿元，增长了7.5倍。2014年，东台市存款规模最高，为553.89亿元；其次为大丰市，为436.68亿元；沭阳位列第三，为354.26亿元。

表4-1　　苏北各县市金融机构年末存款余额　　单位：亿元

	2002	2003	2004	2005	2006	2007	2008	2009	2010	2011	2012	2013	2014
丰　县	31.34	34.23	38.14	46.45	57.94	68.59	81.83	101.26	123.76	145.62	174.42	205.87	239.84
沛　县	59.11	65.07	76.66	89.48	102.22	116.01	144.93	180.27	210.57	246.49	292.91	323.18	336.53
睢宁县	32.83	37.62	45.09	54.16	64.83	74.86	87.46	120.32	155.21	186.86	215.60	244.65	282.79
新沂市	28.68	33.96	40.17	45.92	54.21	63.48	76.29	102.24	136.78	158.03	180.01	218.13	235.37
邳州市	46.52	53.18	64.03	71.44	83.22	96.50	111.74	141.25	177.77	205.33	251.48	297.61	346.34
赣榆县	32.43	35.93	43.27	50.59	59.26	70.20	87.71	109.00	130.47	157.35	188.93	213.69	/
东海县	32.33	37.37	45.70	55.84	63.10	73.91	86.32	109.39	141.63	164.55	186.71	217.73	242.53
灌云县	23.55	26.25	31.42	37.85	45.75	62.44	79.31	93.04	113.17	125.96	143.28	163.04	189.36
灌南县	13.67	15.69	18.95	23.19	28.05	38.33	43.20	53.54	65.77	72.39	88.23	109.33	124.08

续表 4-1

	2002	2003	2004	2005	2006	2007	2008	2009	2010	2011	2012	2013	2014
涟水县	21.19	25.80	30.99	37.62	46.08	59.98	74.07	103.14	132.09	151.61	176.46	206.12	238.69
洪泽县	16.00	18.58	22.20	26.78	32.33	36.55	44.83	59.60	72.42	83.92	97.25	117.49	140.36
盱眙县	18.78	23.98	29.88	35.22	42.48	54.62	69.32	88.46	121.53	140.46	171.07	198.63	218.15
金湖县	20.85	24.84	29.31	34.28	41.06	47.20	54.62	69.53	93.14	105.39	128.70	143.09	165.96
响水县	17.08	20.02	24.76	30.11	32.68	38.65	51.27	64.59	76.41	93.17	99.66	109.41	115.37
滨海县	31.24	36.76	41.37	46.70	53.70	64.02	76.63	93.82	118.48	138.52	158.33	181.96	207.93
阜宁县	41.53	49.72	58.17	67.35	75.70	86.26	102.80	127.50	161.40	181.94	202.08	240.82	283.95
射阳县	49.47	59.92	74.58	81.50	83.31	92.63	105.63	137.88	160.29	181.28	204.49	243.33	270.70
建湖县	49.56	58.36	68.40	79.40	89.23	100.18	122.60	154.54	180.50	198.26	231.59	277.95	306.53
东台市	92.03	110.07	129.65	147.94	161.31	175.89	222.44	260.37	311.84	375.08	442.73	497.98	553.89
大丰市	58.73	70.01	83.65	96.59	106.62	121.46	148.16	194.90	243.37	296.13	321.76	380.76	436.68
沭阳县	30.01	37.37	46.24	56.25	69.83	95.07	120.28	153.68	200.18	237.22	280.00	317.01	354.26
泗阳县	24.07	29.59	34.45	39.88	48.22	60.92	78.39	114.52	150.08	167.15	206.18	225.02	228.50
泗洪县	26.31	29.50	34.65	42.21	52.30	61.41	77.03	95.18	121.81	144.45	181.74	223.87	233.63
平均值	34.67	40.60	48.34	56.38	64.93	76.48	93.34	118.61	147.77	172.05	201.03	232.90	261.43

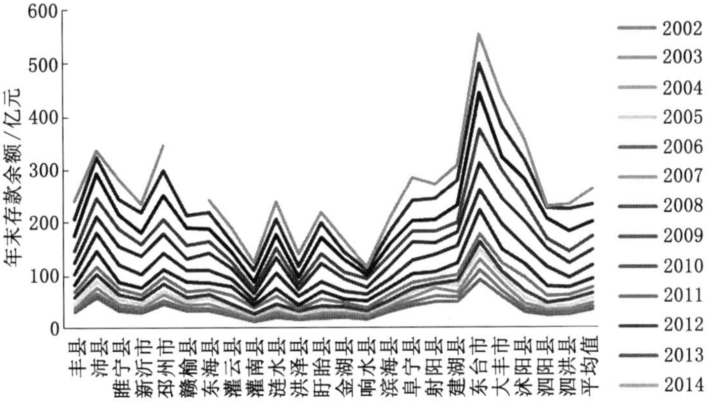

图 4-1　苏北各县市金融机构年末存款余额

4.2.1.2　苏北农村贷款规模

如表 4-2 和图 4-2 所示，2002～2014 年，苏北各县市金融机构贷款规模呈现上升态势，各县市年末平均贷款余额从 22.59 亿元上升到 191.66 亿元。2014

年，沭阳县贷款规模最大，为 303.52 亿元；其次为东台市，为 301.01 亿元；大丰市位列第三，为 283.43 亿元。

表 4-2 苏北各县市金融机构年末贷款余额 单位：亿元

	2002	2003	2004	2005	2006	2007	2008	2009	2010	2011	2012	2013	2014
丰　县	18.65	19.64	18.05	19.10	24.51	23.87	28.94	46.69	63.85	84.88	96.64	114.68	128.09
沛　县	31.77	37.9	37.22	34.40	35.80	34.72	34.64	52.09	70.63	89.28	108.77	141.79	157.33
睢宁县	17.52	19.34	20.12	21.72	27.14	31.24	36.99	59.31	80.89	98.26	117.23	139.21	169.40
新沂市	20.83	24.37	26.96	27.57	35.32	43.58	54.00	84.27	106.78	130.48	157.13	186.21	202.09
邳州市	41.67	46.16	50.09	49.50	56.78	61.98	67.98	97.57	124.16	149.84	188.92	226.04	271.39
赣榆县	19.37	22.45	24.84	25.94	33.01	41.46	46.70	77.07	98.72	117.64	140.69	170.75	/
东海县	22.06	23.00	26.40	29.03	32.39	36.60	40.08	61.91	87.28	110.02	133.41	154.00	181.51
灌云县	20.58	21.15	22.79	22.73	23.63	26.24	28.87	44.14	63.14	82.87	97.79	115.82	135.81
灌南县	11.46	12.27	11.81	10.94	12.30	15.79	16.49	29.46	41.88	54.89	69.26	88.67	106.95
涟水县	17.3	19.79	19.33	20.82	25.33	27.63	32.51	50.63	72.87	89.76	107.17	134.74	164.07
洪泽县	10.56	12.23	13.16	15.44	21.56	26.57	29.96	45.06	56.52	67.37	78.65	93.11	114.23
盱眙县	17.6	20.22	20.70	22.01	26.11	31.08	34.86	56.31	85.49	104.49	134.80	175.07	203.46
金湖县	15.68	18.14	19.62	21.01	26.02	28.77	30.36	48.87	71.97	81.15	103.64	118.99	130.92
响水县	14.66	16.61	17.66	18.48	20.89	24.18	27.20	51.03	65.21	75.42	81.40	94.63	103.47
滨海县	20.59	24.12	24.31	26.04	30.02	32.81	38.17	55.03	79.98	95.98	109.94	134.74	156.74
阜宁县	21.29	25.93	26.59	27.76	33.66	37.35	39.60	68.46	102.00	126.19	138.82	173.97	198.17
射阳县	41.21	47.66	50.02	52.19	53.84	54.73	55.67	82.09	112.83	133.35	153.51	171.08	191.74
建湖县	32.43	39.21	42.07	46.39	54.03	59.44	64.41	87.41	112.28	138.70	171.83	209.06	235.52
东台市	39.44	50.39	51.57	55.42	62.97	75.13	92.84	132.55	177.26	209.78	231.17	267.22	301.01
大丰市	35.44	40.31	42.92	48.26	51.26	57.95	69.24	105.63	131.20	165.07	203.48	238.60	283.43
沭阳县	22.71	26.58	31.59	32.94	40.69	55.16	71.21	107.41	147.31	178.05	223.84	266.46	303.52
泗阳县	13.98	19.32	21.05	22.59	27.41	36.60	48.95	72.29	100.76	123.63	157.32	204.48	240.19
泗洪县	12.76	20.32	23.22	27.01	35.34	44.59	52.50	71.87	103.86	120.68	159.41	209.85	237.51
平均值	22.59	26.40	27.92	29.45	34.35	39.46	45.31	69.01	93.78	114.25	137.60	166.49	191.66

4.2.2 苏北农村存贷差与存贷比

4.2.2.1 苏北农村存贷差

如表 4-3 和图 4-3 所示，2002～2014 年，苏北各县市存贷差呈现上升态势，存贷差从 12.08 亿元上升到 69.77 亿元。2014 年，东台市的存贷差规模最大，为 252.88 亿元；其次为沛县，为 179.20 亿元；大丰市位列第三，为 153.25 亿元。

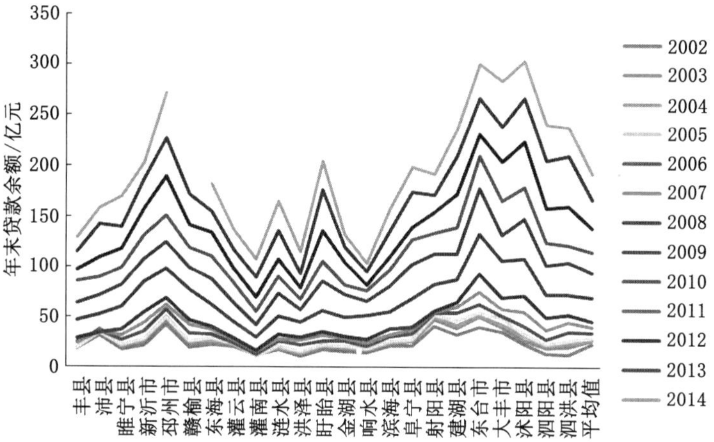

图 4-2　苏北各县市金融机构年末贷款余额

此外，睢宁、丰县等县的存贷差规模也远远超出平均规模。苏北各县市的存贷比呈现出先降后升的态势，存贷比最低的时间段处于 2006～2008 年前后，这段时间农村金融机构储蓄外流最为突出。横向比较各县市的存贷比，沛县、丰县、睢宁与东台的存贷比相对较低，沛县各年度金融机构存款规模较大，而贷款规模较小，存贷差规模在苏北各县市仅次于东台市，存贷比则最低。

表 4-3　　**苏北各县市金融机构年末存贷差**　　单位：亿元

	2002	2003	2004	2005	2006	2007	2008	2009	2010	2011	2012	2013	2014
丰　县	12.69	14.59	20.09	27.35	33.43	44.71	52.90	54.57	59.91	60.74	77.78	91.19	111.75
沛　县	27.34	27.17	39.44	55.08	66.42	81.29	110.29	128.18	139.93	157.21	184.14	181.39	179.20
睢宁县	15.31	18.28	24.98	32.44	37.69	43.62	50.46	61.01	74.32	88.60	98.37	105.44	113.39
新沂市	7.85	9.59	13.21	18.35	18.89	19.90	22.29	17.97	30.00	27.55	22.88	31.92	33.28
邳州市	4.85	7.02	13.94	21.94	26.44	34.52	43.77	43.68	53.60	55.49	62.56	71.57	74.95
赣榆县	13.06	13.48	18.44	24.65	26.25	28.74	41.01	31.93	31.75	39.71	48.24	42.94	/
东海县	10.27	14.37	19.30	26.81	30.71	37.31	46.24	47.48	54.34	54.53	53.30	63.73	61.02
灌云县	2.97	5.10	8.63	15.12	22.12	36.19	50.44	48.91	50.03	43.09	45.49	47.22	53.55
灌南县	2.21	3.42	7.14	12.25	15.75	22.55	26.71	24.08	23.89	17.50	18.97	20.66	17.13
涟水县	3.89	6.01	11.66	16.80	20.75	32.35	41.56	52.51	59.22	61.85	69.29	71.38	74.62
洪泽县	5.44	6.35	9.04	11.34	10.77	9.99	14.86	14.53	15.91	16.55	18.60	24.38	26.13
盱眙县	1.18	3.76	9.18	13.21	16.37	23.54	34.46	32.15	36.04	35.97	36.27	23.56	14.69

续表 4-3

	2002	2003	2004	2005	2006	2007	2008	2009	2010	2011	2012	2013	2014
金湖县	5.17	6.70	9.69	13.27	15.05	18.43	24.26	20.66	21.17	24.24	25.06	24.10	35.04
响水县	2.42	3.41	7.10	11.63	11.80	14.46	24.07	13.56	11.20	17.75	18.26	14.78	11.90
滨海县	10.65	12.64	17.06	20.66	23.68	31.20	38.47	38.79	38.50	42.54	48.39	47.22	51.19
阜宁县	20.24	23.79	31.58	39.59	42.04	48.91	63.20	59.04	59.40	55.75	63.26	66.85	85.78
射阳县	8.26	12.26	24.56	29.31	29.47	37.90	49.97	55.79	47.46	47.93	50.98	72.25	78.96
建湖县	17.13	19.15	26.33	33.01	35.20	40.74	58.19	67.13	68.22	59.56	59.76	68.89	71.01
东台市	52.59	59.68	78.07	92.52	98.33	100.76	129.60	127.82	134.58	165.30	211.56	230.76	252.88
大丰市	23.29	29.70	40.73	48.33	55.36	63.52	78.92	89.28	112.17	131.06	118.28	142.16	153.25
沭阳县	7.30	10.79	14.65	23.31	29.13	39.91	49.07	46.27	52.87	59.17	56.16	50.55	50.74
泗阳县	10.09	10.27	13.40	17.29	20.81	24.32	29.44	42.23	49.32	43.52	48.86	20.54	−11.69
泗洪县	13.55	9.18	11.43	15.20	16.96	16.82	24.52	23.31	17.95	23.77	22.33	14.02	−3.88
平均值	12.08	14.20	20.42	26.93	30.58	37.03	48.03	49.60	53.99	57.80	63.43	66.41	69.77

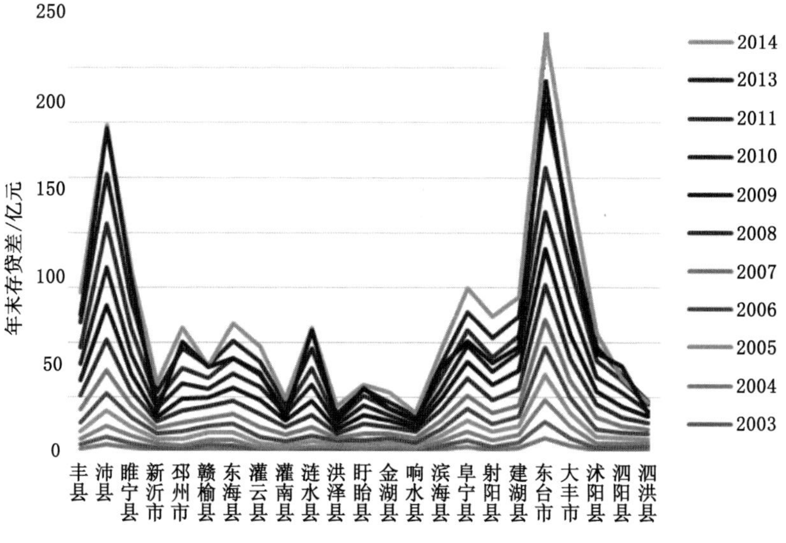

图 4-3　苏北各县市金融机构年末存贷差(亿元)

4.2.2.2　苏北农村存贷比

苏北各县市存贷比既反映了金融体系将储蓄转化为贷款的效率，也反映了金融机构的盈利能力。如表 4-4 和图 4-4 所示，2002～2014 年各县市金融机构的存贷比平均值均小于 75%，沛县金融机构将储蓄转化为贷款的效率相对较低，存贷比的极小值为24%，平均值为37%；丰县、东台市、睢宁县、大丰市、阜宁县的转化效率略高于沛县，平均存贷比约为50%；泗洪县、洪泽县、新沂市的转化效率相对较好，平均存贷比约为74%。这说明农村金融机构信贷资金投放不足，各县市农村资金均有外流，程度各不相同。2002～2014年各县市存贷比先降后升，2002年存贷比的值域为[0.43，0.94]，其后呈下降趋势，谷值分布于2005～2008年间，值域为[0.24，0.73]。2008年受国际金融危机影响，大部分县市的存贷比率都有明显下降，最低值为0.24。之后存贷比有明显上升趋势，且各县市的存贷比分化缩小，主要分布在[0.54，0.94]范围内。

表4-4　苏北各县市金融机构存贷比

存贷比	2002	2003	2004	2005	2006	2007	2008	2009	2010	2011	2012	2013	2014
丰　县	0.60	0.57	0.47	0.41	0.42	0.35	0.35	0.46	0.52	0.58	0.55	0.56	0.53
沛　县	0.54	0.58	0.49	0.38	0.35	0.30	0.24	0.29	0.34	0.36	0.37	0.44	0.47
睢宁县	0.53	0.51	0.45	0.40	0.42	0.42	0.42	0.49	0.52	0.53	0.54	0.57	0.60
新沂市	0.73	0.72	0.67	0.60	0.65	0.69	0.71	0.82	0.78	0.83	0.87	0.85	0.86
邳州市	0.90	0.87	0.78	0.69	0.68	0.64	0.61	0.69	0.70	0.73	0.75	0.76	0.78
赣榆县	0.60	0.62	0.57	0.51	0.56	0.59	0.53	0.71	0.76	0.75	0.74	0.80	/
东海县	0.68	0.62	0.58	0.52	0.51	0.50	0.46	0.57	0.62	0.67	0.71	0.71	0.75
灌云县	0.87	0.81	0.73	0.60	0.52	0.42	0.36	0.47	0.56	0.66	0.68	0.71	0.72
灌南县	0.84	0.78	0.62	0.47	0.44	0.41	0.38	0.55	0.64	0.76	0.78	0.81	0.86
涟水县	0.82	0.77	0.62	0.55	0.55	0.46	0.44	0.49	0.55	0.59	0.61	0.65	0.69
洪泽县	0.66	0.66	0.59	0.58	0.67	0.73	0.67	0.76	0.78	0.80	0.81	0.79	0.81
盱眙县	0.94	0.84	0.69	0.62	0.61	0.57	0.50	0.64	0.70	0.74	0.79	0.88	0.93
金湖县	0.75	0.73	0.67	0.61	0.63	0.61	0.56	0.70	0.77	0.77	0.81	0.83	0.79
响水县	0.86	0.83	0.71	0.61	0.64	0.63	0.53	0.79	0.85	0.81	0.82	0.86	0.90
滨海县	0.66	0.66	0.59	0.56	0.56	0.51	0.50	0.59	0.68	0.69	0.69	0.74	0.75
阜宁县	0.51	0.52	0.46	0.41	0.44	0.43	0.39	0.54	0.63	0.69	0.69	0.72	0.70
射阳县	0.83	0.80	0.67	0.64	0.65	0.59	0.53	0.60	0.70	0.74	0.75	0.70	0.71
建湖县	0.65	0.67	0.62	0.58	0.61	0.59	0.53	0.57	0.62	0.70	0.74	0.75	0.77
东台市	0.43	0.46	0.40	0.37	0.39	0.43	0.42	0.51	0.57	0.56	0.52	0.54	0.54
大丰市	0.60	0.58	0.51	0.50	0.48	0.48	0.47	0.54	0.54	0.56	0.63	0.63	0.65
沭阳县	0.76	0.71	0.68	0.59	0.58	0.58	0.59	0.70	0.74	0.75	0.80	0.84	0.86
泗阳县	0.58	0.65	0.61	0.57	0.57	0.60	0.62	0.63	0.67	0.74	0.76	0.91	1.05
泗洪县	0.48	0.69	0.67	0.64	0.68	0.73	0.68	0.76	0.85	0.84	0.88	0.94	1.02
平均值	0.69	0.68	0.60	0.54	0.55	0.53	0.50	0.60	0.66	0.69	0.71	0.74	0.76

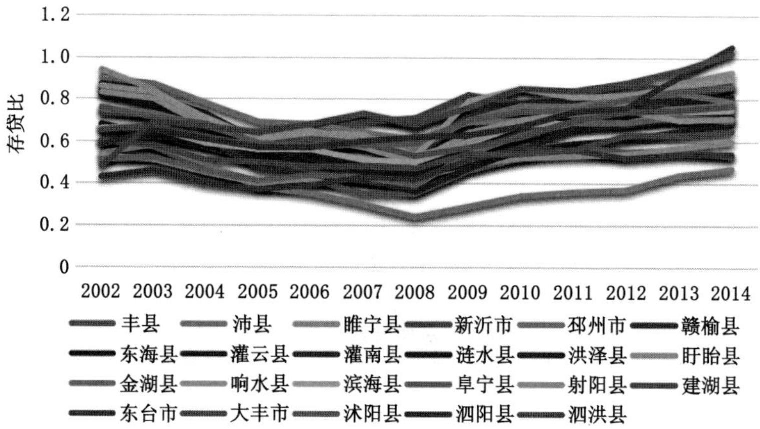

图 4-4 2002～2014 年苏北各县市金融机构存贷比折线图

我国农村地区的金融抑制在 2006 年农村金融增量改革之前存在一个不断深化的过程，从苏北农村存款与贷款数据中可以看出，2007 年之前，存款规模与贷款规模尽管有所上升，但上升速度缓慢，存贷比则呈现持续下降趋势，从 2002 年的 0.69 下降到 2008 年的 0.50，农村金融供给短缺问题显而易见，农村经济个体在很大程度上被排斥在主流金融服务之外的金融排斥(financial exclusion)现象较为普遍；2007 年之后，苏北农村金融机构的存款与贷款规模增长明显加速，存贷比出现好转，从 0.50 上升到 0.76。

4.2.3 苏北农村金融规模

在进行金融发展水平的地区比较时，通常采用金融规模(也称金融相关比率)作为金融发展水平的替代指标。金融规模是金融资产相对于国民财富的扩张。国际上通常采用戈德史密斯与麦金农的测量指标来衡量金融规模。戈德史密斯提出了金融相关比率的测量指标，即某一时点上金融资产总额与国民财富之比；麦金农在研究发展中国家的金融抑制和金融深化时，采用的指标是 M2/GDP，以衡量一国经济的货币化程度。我国缺乏地区 M2 和金融资产的统计数据，只能用各地存、贷款数据作为金融资产的较窄的衡量指标。将金融规模定义为存、贷款之和与地区生产总值之比，也称为金融相关比率(FIR)，表现区域金融的增长状况。2002～2014 年我国苏北各县市金融机构的金融规模(FIR)如表 4-5 和图 4-5 所示。

表 4-5　　2002～2014 年苏北各县市金融机构的金融规模(FIR)

	2002	2003	2004	2005	2006	2007	2008	2009	2010	2011	2012	2013	2014	平均值
金湖县	1.01	1.37	1.30	1.42	1.45	1.40	1.25	1.42	1.68	1.53	1.63	1.57	1.53	1.46
建湖县	1.15	1.20	1.28	1.24	1.21	1.14	1.11	1.21	1.19	1.17	1.24	1.35	1.38	1.23
东台市	1.12	1.19	1.26	1.22	1.15	1.12	1.18	1.25	1.28	1.31	1.33	1.36	1.40	1.25
阜宁县	0.99	1.04	1.20	1.12	1.09	1.04	1.02	1.18	1.28	1.26	1.24	1.37	1.46	1.19
大丰市	1.00	1.22	1.18	1.14	1.06	1.03	1.05	1.24	1.28	1.33	1.34	1.40	1.48	1.23
洪泽县	1.20	1.20	1.16	1.03	1.10	1.09	1.03	1.16	1.23	1.13	1.13	1.18	1.23	1.14
丰　县	1.03	0.99	0.87	1.13	1.21	1.16	1.11	1.23	1.25	1.21	1.19	1.14	1.08	1.13
响水县	1.16	1.24	1.17	1.05	0.99	1.00	0.98	1.11	1.05	1.05	1.00	1.00	0.99	1.05
东海县	0.79	1.04	1.05	1.09	1.03	0.97	1.01	1.05	1.14	1.12	1.15	1.16	1.18	1.08
射阳县	1.05	1.10	1.07	1.10	0.96	0.96	0.93	1.09	1.12	1.09	1.12	1.18	1.25	1.08
涟水县	0.76	0.87	0.79	0.94	0.96	0.99	0.96	1.15	1.30	1.24	1.24	1.31	1.33	1.09
盱眙县	0.69	0.75	0.88	0.90	0.92	0.97	0.94	1.12	1.34	1.28	1.38	1.44	1.45	1.11
泗洪县	0.72	0.85	0.90	1.03	1.08	1.10	1.10	1.09	1.25	1.17	1.29	1.44	1.43	1.14
泗阳县	0.83	0.95	1.21	1.05	0.93	0.97	1.02	1.19	1.31	1.22	1.33	1.41	1.41	1.17
睢宁县	1.07	1.07	1.17	1.22	1.28	1.26	1.15	1.19	1.18	1.13	1.10	1.07	1.08	1.16
灌云县	0.84	1.18	1.29	1.30	1.24	1.27	1.12	1.15	1.17	1.09	1.09	1.12	1.18	1.18
新沂市	0.84	1.08	1.04	0.94	0.98	1.01	1.01	0.95	1.01	0.96	0.96	0.98	0.92	0.99
赣榆县	0.70	0.94	1.04	1.02	1.00	0.99	0.96	1.02	1.03	0.97	0.99	1.02	/	0.97
沛　县	1.16	1.16	1.06	1.00	0.94	0.87	0.86	0.93	0.93	0.89	0.93	0.94	0.87	0.95
沭阳县	0.68	0.73	0.77	0.85	0.89	1.03	1.05	1.11	1.13	1.01	1.05	1.07	1.41	1.01
邳州市	1.09	1.07	1.13	0.97	0.93	0.90	0.82	0.80	0.83	0.79	0.86	0.87	0.90	0.91
滨海县	1.08	1.07	0.95	0.91	0.90	0.90	0.88	0.93	1.00	0.99	1.00	1.06	1.11	0.98
灌南县	0.93	0.94	0.87	0.85	0.82	0.87	0.75	0.77	0.77	0.70	0.75	0.84	0.89	0.82

2002 年苏北各县市的金融相关比率的值域为[0.68,1.20],之后金融相关比率上升,到 2014 年,值域范围为[0.87,1.53],整体上有缓慢上升的趋势,各县市的分化也更为明显。金融相关比率的极大平均值是金湖县,为 1.46,极小平均值是灌南县,为 0.82。

4.2.4　苏北农村金融深度

金融深度与金融规模在一定程度上是近似概念,前者采用贷款余额与地区生产总值之比作为测量指标,后者采用存、贷款余额之和与地区生产总值之比作为测量指标。由于我国广大农村地区一直存在较为显著的存款流失现象,所以

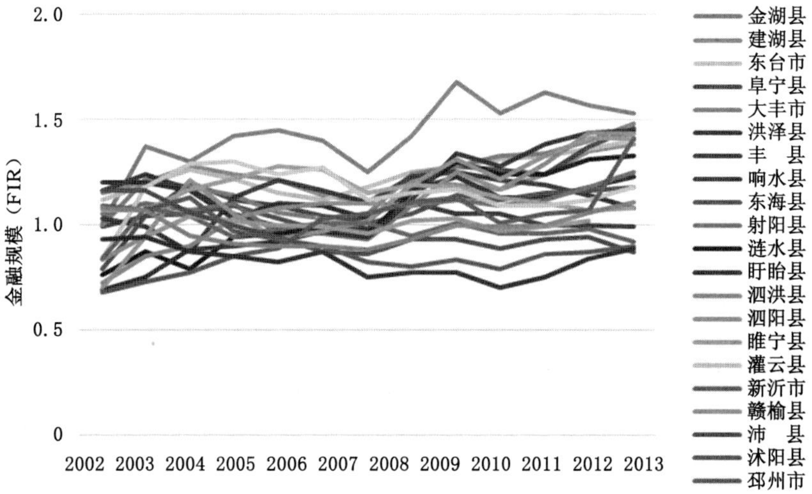

图 4-5　2002～2014 年苏北各县市金融机构的金融规模(FIR)折线图

贷款余额与地区生产总值之比较之于存、贷款之和与地区生产总值之比更能够体现农村金融增长状况。在此，将农村贷款余额与地区生产总值之比定义为金融深度。2002～2014年，我国苏北各县市金融深度如表 4-6 和图 4-6 所示。

表 4-6　　2002～2014 年苏北各县市金融深度

贷 G 比	2002	2003	2004	2005	2006	2007	2008	2009	2010	2011	2012	2013	2014	平均值
金湖县	0.43	0.58	0.52	0.54	0.56	0.53	0.45	0.59	0.73	0.67	0.73	0.71	0.68	0.59
盱眙县	0.34	0.34	0.36	0.35	0.35	0.35	0.32	0.44	0.55	0.55	0.61	0.67	0.70	0.46
泗阳县	0.30	0.37	0.46	0.38	0.34	0.37	0.39	0.46	0.52	0.52	0.57	0.67	0.72	0.47
泗洪县	0.24	0.34	0.36	0.40	0.44	0.46	0.44	0.47	0.57	0.53	0.60	0.70	0.72	0.48
响水县	0.53	0.56	0.49	0.40	0.39	0.39	0.34	0.49	0.48	0.47	0.45	0.47	0.47	0.46
射阳县	0.48	0.49	0.43	0.43	0.38	0.36	0.32	0.41	0.46	0.46	0.48	0.49	0.52	0.44
洪泽县	0.48	0.48	0.43	0.38	0.44	0.46	0.41	0.50	0.54	0.50	0.51	0.52	0.55	0.48
建湖县	0.46	0.48	0.49	0.46	0.46	0.42	0.38	0.44	0.46	0.48	0.53	0.58	0.52	0.47
邳州市	0.52	0.50	0.50	0.40	0.38	0.35	0.31	0.33	0.34	0.33	0.37	0.38	0.40	0.39
灌云县	0.39	0.53	0.54	0.49	0.42	0.38	0.30	0.37	0.42	0.43	0.44	0.46	0.49	0.44
新沂市	0.35	0.45	0.42	0.35	0.39	0.41	0.42	0.43	0.44	0.43	0.45	0.45	0.43	0.42
东海县	0.32	0.39	0.38	0.37	0.35	0.32	0.32	0.38	0.44	0.45	0.48	0.48	0.51	0.40
东台市	0.34	0.37	0.36	0.33	0.32	0.33	0.35	0.42	0.46	0.47	0.46	0.47	0.49	0.40
涟水县	0.34	0.38	0.30	0.33	0.34	0.31	0.29	0.38	0.46	0.46	0.47	0.52	0.54	0.39

续表 4-6

贷 G 比	2002	2003	2004	2005	2006	2007	2008	2009	2010	2011	2012	2013	2014	平均值
赣榆县	0.26	0.36	0.38	0.35	0.36	0.37	0.33	0.42	0.44	0.42	0.42	0.45	/	0.38
沭阳县	0.29	0.31	0.31	0.31	0.33	0.38	0.39	0.46	0.48	0.43	0.47	0.49	0.52	0.40
阜宁县	0.33	0.35	0.38	0.33	0.34	0.31	0.28	0.41	0.49	0.52	0.50	0.58	0.60	0.42
大丰市	0.38	0.44	0.40	0.38	0.34	0.33	0.33	0.44	0.45	0.48	0.52	0.54	0.58	0.43
丰　县	0.38	0.36	0.28	0.33	0.36	0.30	0.29	0.39	0.43	0.45	0.42	0.41	0.37	0.37
睢宁县	0.37	0.36	0.36	0.35	0.38	0.37	0.34	0.39	0.40	0.39	0.39	0.39	0.40	0.38
滨海县	0.43	0.43	0.35	0.33	0.32	0.30	0.29	0.34	0.40	0.40	0.41	0.45	0.48	0.38
灌南县	0.43	0.41	0.33	0.27	0.25	0.25	0.21	0.28	0.30	0.30	0.33	0.38	0.41	0.32
沛　县	0.41	0.43	0.35	0.28	0.24	0.20	0.17	0.21	0.23	0.24	0.25	0.29	0.28	0.28

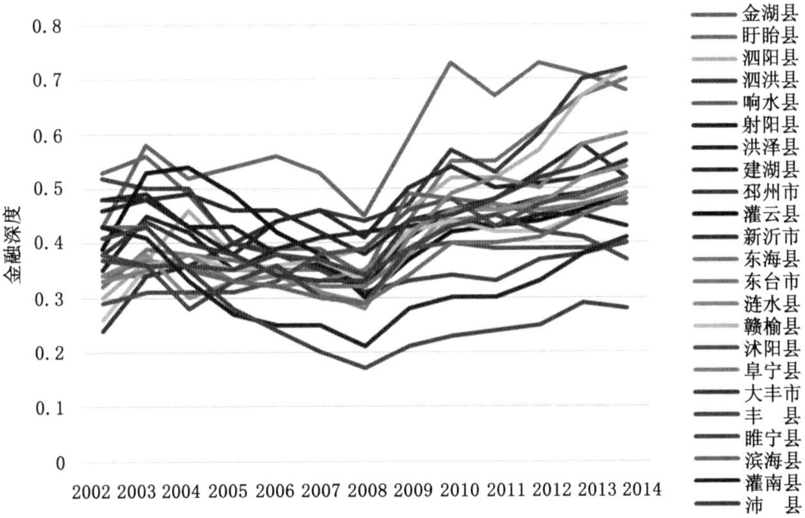

图 4-6　2002～2014 年苏北各县市金融机构金融深度折线图

2002～2014 年，金湖县的金融深度平均值最高，为 0.59，而沛县的金融深度平均值最小，为 0.28，其他金融深度较高的县市有盱眙县、泗阳县、泗洪县、响水县、洪泽县、建湖县等，金融深度较低的县市有灌南县、丰县、睢宁县、滨海县等。从发展趋势看，2002 年各县市的金融深度值域为[0.24，0.53]，2014 年的值域则为[0.28，0.72]，2014 年比 2002 年略有上升，且分化更为明显，金湖县为 0.68，沛县则为 0.28。2008 年因受国际金融危机影响，各县市金融机构的贷款余额均有较大收缩，呈现出金融深度的低谷，2008 年以后，各县市的金融深度均显著上升。

金融发展的数据分析表明，苏北各县市的金融发展水平较为相近，2002～2014年各县市金融发展的过程较为一致，呈现近似U字形走势。2005～2008年为低谷期，2008年的国际金融危机更加剧了金融发展低谷；低谷期之前，由于1998年东南亚金融危机的影响，商业银行陆续从农村撤点，农村金融发展水平呈现下降态势；低谷期之后，受到2006年末农村金融增量改革的影响，农村金融发展开始逐渐恢复，由于受到2008年的国际金融危机的影响，苏北农村金融发展在2008年之后才呈现明显的上升态势。数据表明，苏北各县市的金融机构发展存在区域差异，金融发展较好的县市主要集中于淮安、宿迁等地，金融发展较落后的县市主要集中于徐州、连云港等地。

4.2.5 苏北农村金融市场

4.2.5.1 苏北农村金融机构基本情况

4.2.5.1.1 营业网点与从业人员

2014年，苏北实现了农村金融全覆盖，拥有县域金融服务网点约1 700个，从业人员约2.5万人，其中，农村合作金融机构网点数量最多，约占网点总数的48%和从业人员总数的47%；国有商业银行其次，分别约占28%和34%；邮政储蓄第三，分别约占16%和9%；政策性银行最少，分别约占0.4%和0.5%。村镇银行发展较快，2011～2014年，苏北金融服务网点数量在全省占比从1%上升到4%，从业人员数量占比从2%上升到6%。与全省相比较，苏北金融机构发展较慢，机构网点与从业人员数量分别占全省的18%与13%。具体如表4-7所列。

表4-7 苏北农村金融机构网点与从业人员情况

机构名称	2011		2012		2013		2014	
	网点数量/个	从业人员数/人	网点数量/个	从业人员数/人	网点数量/个	从业人员数/人	网点数量/个	从业人员数/人
国有商业银行	445	7 905	451	8 293	462	8 337	471	8 429
其中：中国农业银行	198	3 211	192	3 121			189	2 910
中国农业发展银行	13	219	12	196	9	164	7	123
农村合作金融机构	775	10 170	779	10 634	788	11 075	797	11 525
其中：农商行	428	5 550	625	8 340			721	9 232
农合行	111	1 372						
农信社	236	3 248	154	2 294			76	1 510

续表 4-7

机构名称	2011		2012		2013		2014	
	网点数量/个	从业人员数/人	网点数量/个	从业人员数/人	网点数量/个	从业人员数/人	网点数量/个	从业人员数/人
股份制商业银行		541	32	607	42	882	50	1 007
邮政储蓄银行	299	2 313	340	3 165	273	2 432	264	2 243
村镇银行	17	376	30	632	45	1 017	64	1 364

4.2.5.1.2　存款结构与贷款结构

如表4-8所列，2011～2014年，苏北农村金融机构存款余额分别是3 501亿元、4 267亿元、4 849亿元和5 517亿元，国有商业银行占比最高，约占42%～45%，其次是农村合作金融机构，约占35%～38%，邮政储蓄占到11%～14%，村镇银行的占比从1%上升到2%。如表4-9所列，2011～2014年，苏北农村金融机构的贷款余额分别是2 729.88亿元、3 823.5亿元、3 527.45亿元和3 726.26亿元，其中，国有商业银行占比达到41%～50%，农村合作金融机构占比为33%～44%，位居第二，村镇银行与小额贷款公司的占比合计3%～4%。与全省相比较，苏北存款余额占全省13.7%(2011)，贷款余额占全省12.8%(2011)。

表4-8　苏北农村金融机构存款情况　　单位：亿元

机构名称	2011		2012		2013		2014	
	个人存款	单位存款	个人存款	单位存款	个人存款	单位存款	个人存款	单位存款
国有商业银行	956.71	628.85	1 142.83	638.13	1 343.46	708.66	1 534.25	757.34
其中：中国农业银行	432.65	125.61	518.24	134.81				
中国农业发展银行	0.00	26.65	0.00	24.91	1.10	28.45	1.10	27.79
农村合作金融机构	821.79	412.06	1 223.73	373.63	1 430.34	426.96	1 689.53	447.35
其中：农商行	424.00	265.02	1 095.71	333.47				
农合行	113.01	39.42						
农信社	284.78	107.61	128.02	40.16				
股份制商业银行	27.04	126.61	48.61	174.85	65.56	220.35	86.23	271.87
邮政储蓄银行	412.47	60.44	532.62	42.86	478.25	43.47	495.64	45.35
村镇银行	6.73	21.99	19.36	45.87	40.77	61.33	78.95	81.46
合计	2 224.74	1 276.6	2 967.15	1 300.25	3 359.47	1 489.23	3 885.7	1 631.16

表 4-9　　苏北农村金融机构贷款情况　　单位:亿元

机构名称	2011		2012		2013		2014	
	个人贷款	单位贷款	个人贷款	单位贷款	个人贷款	单位贷款	个人贷款	单位贷款
国有商业银行	664.48	492.92	711.84	1 229.48	717.43	759.38	732.15	833.65
其中:中国农业银行	169.31	85.73	212.7	370.77				
中国农业发展银行	0.00	94.03	0.00	149.61	0.00	45.57	0.00	20.53
农村合作金融机构	756.05	471.28	639.37	633.16	750.20	788.06	724.31	891.47
其中:农商行	526.14	231.67	572.44	566.69				
农合行	98.10	41.19						
农信社	131.81	99.65	66.93	66.47				
股份制商业银行	37.90	120.01	26.84	188.02	54.73	194.53	53.25	210.39
邮政储蓄银行	70.06	5.87	72.83	108.58	84.94	43.19	85.67	66.23
村镇银行	9.15	8.13	27.61	36.16	39.31	50.11	45.37	63.24
合计	1 537.64	1 192.24	1 478.49	2 345.01	1 646.60	1 880.85	1 640.75	2 085.51

4.2.5.2　苏北农村金融市场结构

4.2.5.2.1　苏北农村金融市场集中度

采用赫芬达尔—赫希曼指数(HHI 指数)测量市场集中度,其计算公式为:

$$HHI = \sum_{i=1}^{n} (S_i/S)^2 \times 10\ 000 \tag{4-1}$$

式中,S_i 表示第 i 家农村金融机构的存款(贷款)额;S 为农村金融市场所有金融机构的存款(贷款)总额;计算结果 HHI 则表示农村存款(贷款)市场的集中程度。

2011～2014 年江苏农村存、贷款市场集中度如表 4-10 所列。

表 4-10　　2011～2014 年江苏农村存、贷款市场集中度

		苏北	苏中	苏南	江苏
2011 年	存款	2 024	1 556	1 312	1 410
	贷款	2 262	1 707	1 240	1 370
2012 年	存款	2 116	1 537	1 317	1 537
	贷款	1 600	1 460	1 228	1 290

续表 4-10

		苏北	苏中	苏南	江苏
2013 年	存款	1 550	1 763	1 507	1 948
	贷款	2 245	1 694	1 392	1 858
2014 年	存款	1 468	1 675	1 439	1 989
	贷款	2 107	1 706	1 402	1 848

以 HHI 值为基准的市场结构分类如表 4-11 所列。一般而言，HHI 值应介于 0 与 1 之间，但通常的表示方法是将其值乘上 10 000 而予以放大，故 HHI 应介于 0 到10 000 之间。利用 HHI 作为评估某一产业集中度的标准如表 4-11 所列。

表 4-11　　以 HHI 值为基准的市场结构分类

市场结构	寡占型				竞争型	
	高寡占Ⅰ型	高寡占Ⅱ型	低寡占Ⅰ型	低寡占Ⅱ型	竞争Ⅰ型	竞争Ⅱ型
HHI	[3 000,10 000]	[1 800,3 000)	(1 400,1 800]	(1 000,1 400]	[500, 1 000)	[0,500)

2011～2014 年，江苏县域农村金融机构的存款和贷款的 HHI 指数均较高，全省及各区域均属于寡占型市场，其中，苏北的存、贷款集中度最高。2011 年、2013 年和 2014 年，苏北贷款为高寡占Ⅱ型；2011～2012 年，苏北存款为高寡占Ⅱ型。HHI 指数从市场分布的角度反映了市场竞争程度，集中程度越高，市场垄断程度越高。相比较而言，苏北存、贷款市场的垄断程度在全省最高，经济相对发达的苏南存、贷款市场的竞争程度在全省最高。差别产生的主要原因在于，经济发展程度不相同，导致农村金融机构的竞争程度不相同，金融机构的市场结构不相同。

4.2.5.2.2　苏北各农村金融机构的市场份额

2011～2014 年苏北与苏南农村金融机构各银行存款份额比较见表 4-12。

表 4-12　　2011～2014 年苏北与苏南农村金融机构各银行存款份额比较　　单位：%

存款份额	2011		2012		2013		2014	
	苏北	苏南	苏北	苏南	苏北	苏南	苏北	苏南
农村商业银行	40.68	16.67	31.33	20.13	35.84	24.57	33.34	26.13
农业发展银行	3.46	0.97	0.54	0.18	0.54	0.40	0.54	0.37
邮政储蓄银行	2.61	0.47	14.12	3.59	10.53	6.43	8.78	7.38

续表 4-12

存款份额	2011		2012		2013		2014	
	苏北	苏南	苏北	苏南	苏北	苏南	苏北	苏南
中国农业银行	9.89	17.93	15.33	20.82	14.89	18.89	15.34	19.57
中国工商银行	9.67	14.50	9.15	11.07	8.73	11.05	8.03	12.34
中国银行	10.41	12.43	8.88	11.22	8.03	9.19	7.45	8.32
中国建设银行	15.62	13.24	7.96	12.63	10.43	11.81	11.28	9.47
交通银行	0.19	6.50	0.87	5.09	0.34	3.60	0.53	3.03
江苏银行	—	—	4.36	2.08	4.33	2.75	4.34	2.73
招商银行	—	2.04	—	1.37	0.04	1.27	1.01	1.08
中信银行	—	3.26	—	2.58	—	1.79		1.23
民生银行	—	1.70	0.40	1.43	0.65	1.39	0.53	1.2
华夏银行	—	0.90	—	1.11	—	0.76		0.85
兴业银行	—	0.40	—	0.64	—	0.59		0.47
深圳发展银行	—	—	—	—	—	0.02		0.01
上海浦发银行	—	3.67	—	2.63	0.02	2.07		1.78
恒丰银行	—	—	—	0.04	—	0.27		0.38
村镇银行	0.83	0.53	1.58	0.79	2.61	1.11	4.23	1.69
农村其他金融机构	6.63	4.80	5.48	2.60	3.02	2.05	4.60	1.97

苏北农村金融机构各银行存款份额表明，2011～2014 年，苏北农村 30%～40%的农村存款主要集中在农村商业银行；中、农、工、建及邮储银行各占 10%左右；再其次为江苏银行，除 2011 年存款份额为零之外，2012～2014 年存款份额占比均在 4.3%左右；村镇银行的存款份额虽然不高，但连续四年呈上升趋势，从 2011 年的 0.83%上升到 2014 年的 4.23%。与苏南相比较，苏北农村金融发展具有集中度高，村镇银行发展较快的特点。第一，苏南农村存款在农村商业银行以及中、农、工、建、交通银行间呈现相对均衡的分布，苏北农村金融机构存款具有明显的高集中度特点；第二，苏北农村金融机构以国有金融机构为主，没有呈现多元化特点，除了交通银行(存款份额只有 0.19%～0.87%)之外，中信、招商、华夏、兴业、深发展、浦发、恒丰等金融机构在苏北农村的存款业务几乎为零；第三，较之于苏南，苏北的村镇银行存款份额的上升趋势较为突出，从 2011 年的 0.83%上升到 2014 年的 4.23%。上述分析表明，苏北农村金融机构的存款市场是农村商业银行垄断的市场，而苏南相对发达地区的农村金融机构存款市场则表现出竞争市场的特征，这与江苏南北的农村经济发展状况及发展模式有密切的关系。

2011～2014 年苏北与苏南农村金融机构各银行贷款份额比较见表 4-13。

表 4-13　　2011～2014 年苏北与苏南农村金融机构各银行贷款份额比较　　单位：%

贷款份额	2011		2012		2013		2014	
	苏北	苏南	苏北	苏南	苏北	苏南	苏北	苏南
农村商业银行	40.67	17.13	30.55	19.32	33.31	23.46	33.96	24.35
农业发展银行	3.40	0.82	0.46	0.15	0.46	0.34	0.46	0.31
邮政储蓄银行	2.22	0.40	12.00	3.61	10.95	6.47	9.03	8.39
中国农业银行	11.72	18.23	14.03	19.32	14.66	18.83	14.08	19.63
中国工商银行	9.03	15.76	9.53	13.53	9.04	13.47	7.85	14.32
中国银行	10.21	10.57	8.55	10.23	7.83	7.81	7.33	7.07
中国建设银行	15.34	14.01	13.77	13.87	12.74	11.21	10.59	8.05
交通银行	0.16	6.04	0.74	5.06	0.29	4.25	0.64	2.97
江苏银行		0.00	3.71	2.00	4.68	2.34	4.69	2.32
招商银行		1.73		1.16	0.03	1.59	1.21	0.92
中信银行		2.98		2.19		1.52		1.73
民生银行		1.45	0.34	1.22	0.55	1.18	0.65	1.02
华夏银行		1.06		0.94		0.65		0.72
兴业银行		0.78		0.54		0.50		0.40
深圳发展银行		0.00				0.02		0.01
上海浦发银行		3.56		3.05	0.02	2.14		1.95
恒丰银行		0.00		0.03		0.23		0.32
村镇银行	0.75	0.45	1.66	0.67	2.82	0.94	4.60	1.44
农村其他金融机构	6.50	5.03	4.66	3.09	2.62	3.05	4.91	4.08

苏北农村金融机构的贷款份额表明，2011～2014 年，农村商业银行的贷款份额均在 40%上下，比存款份额更为集中；中、农、工、建四大国有商业银行处于第二层次上，各占 10%左右；再其次为邮政储蓄银行和江苏银行，江苏银行从 2012 年进入苏北农村贷款市场，接下来的连续两年的贷款份额都接近 5%；村镇银行的贷款份额连续四年呈现上升趋势，从 2011 年的 0.75%上升到 2014 年的 4.60%；交通银行进入苏北农村贷款市场较浅，连续四年的市场份额均不到 1%。与苏南农村金融机构的贷款市场相比较，首先，苏北农村贷款市场集中于农村商业银行的特点更为突出，而苏南农村贷款市场分布则表现出相对均衡的特点；第二，苏北农村金融机构的贷款市场份额极化特点突出，以国有商业金融机构为主，招商、中信、民生、华夏、兴业、深发展、浦发、恒丰等银行均未进入苏北农村金融市场中，相比较而言，苏南农村贷款市场的多元化特点更为突出；第三，

与苏南相比较，村镇银行在苏北有较快的发展，在贷款市场上的占比逐年上升。与存款市场相似，农村商业银行在苏北农村贷款市场中也居于垄断地位，而在苏南的贷款市场则呈现出金融机构竞争的态势。

4.3 苏北农村金融结构——以徐州为例

徐州农村商业金融机构主要由大型商业银行与新型农村金融机构组成，前者包括中国农业银行、中国邮政储蓄银行、中国建设银行、中国工商银行、中国银行、交通银行与江苏银行，后者包括村镇银行、农村商业银行、小额贷款公司以及农村信用社等。本节从存款结构、贷款结构、金融机构数量结构、从业人员数量结构以及金融机构效率等方面阐述农村金融结构。

4.3.1 徐州农村存款与贷款结构

研究时间段为 2011～2014 年，在农村金融增量改革之后，通过分析存款结构与贷款结构了解各金融机构在徐州农村金融系统的作用，比较新型农村金融机构与大型商业金融机构近年来的存、贷款份额的演变，如表 4-14 所列。

表 4-14　徐州农村金融机构存款与贷款结构

占比	贷款结构/%				存款结构/%			
	2011	2012	2013	2014	2011	2012	2013	2014
村镇银行	0.83	1.05	1.49	1.96	0.56	0.90	1.26	1.35
农村商业银行	/	26.93	45.89	44.23	13.34	21.07	36.96	36.62
小额贷款公司	/	4.41	3.24	2.97	/	/	/	/
农信社	24.79	17.67	/	/	/	/	/	/
小计	25.62	50.05	50.62	49.16	13.90	21.97	38.22	37.97
交通银行	/	1.01	1.33	1.48	/	0.42	0.73	0.41
中国工商银行	16.46	11.07	10.32	9.89	12.20	10.79	8.52	8.26
中国建设银行	25.45	16.70	14.15	13.40	13.05	11.55	9.25	8.89
中国农业银行	14.27	9.53	8.49	8.42	21.06	18.09	14.27	14.26
中国银行	11.60	7.92	6.60	7.20	7.69	6.43	4.96	5.17
中国邮储银行	6.60	3.71	2.17	2.19	26.05	24.13	19.64	21.02
江苏银行	/	/	6.33	8.25	6.05	6.63	4.42	4.02
小计	74.38	49.95	49.39	50.63	86.10	78.04	61.79	62.03

2011～2014年，徐州市县域正规金融机构的存、贷款规模稳步上升，其中，农村新型金融机构的存款与贷款份额快速上升，分别从2011年的13.90%与25.62%上升到2014年的37.97%与49.16%，大型商业性金融机构的存款与贷款份额快速下降，分别从86.10%与74.38%下降到62.03%与50.63%。可见，农村金融增量改革后，苏北新型农村金融机构发展较快，在存款与贷款两个方面迅速占据了接近一半的农村金融市场。各金融机构中，由农信社改制而成的农村商业银行的垄断特性依然突出，2014年，其存、贷款份额分别达到36.62%与44.23%，远超出其他金融机构；邮储银行充当着农村储蓄的"抽水机"，存款份额在各金融机构中排名第二，仅次于农村商业银行，而贷款份额极低，二者悬殊近20个百分点；中、农、工、建四大国有银行在农村经济发展中发挥了重要作用，近几年有逐步收缩的趋势，四大行的存款与贷款份额分别从2011年的54%、67%下降到2014年的36%、39%；小贷公司的贷款份额相对下降；村镇银行实现了从无到有的快速突破。

4.3.2　徐州农村金融机构与从业人员数量结构

通过分析各金融机构的网点数量结构与从业人员数量结构了解徐州农村金融体系的网点布置情况，并对新型农村金融机构与大型商业金融机构的网点布置与从业人员结构进行比较。徐州农村金融机构与从业人员数量结构如表4-15所列。

表4-15　徐州农村金融机构与从业人员数量结构

占比	金融机构数量结构/%				金融机构从业人员数量结构/%			
	2011	2012	2013	2014	2011	2012	2013	2014
村镇银行	0.62	0.81	1.41	2.92	1.19	1.79	2.63	4.51
农村商业银行	15.79	24.66	40.00	39.38	19.35	29.65	46.67	46.64
小额贷款公司	4.02	4.34	3.43	4.09	4.16	4.52	2.82	3.43
农信社	0.00	0.00	0.00	0.00	0.00	0.00	0.00	0.00
小计	20.43	29.81	44.84	46.39	24.70	35.96	52.12	54.58
交通银行	0.00	0.00	0.00	0.00	0.63	0.88	0.60	0.00
中国工商银行	6.81	5.96	4.85	4.68	14.10	12.32	7.86	7.45
中国建设银行	6.19	5.42	4.04	4.29	13.38	11.44	7.31	7.14
中国农业银行	14.55	12.74	9.49	9.16	28.14	22.93	15.04	14.64
中国银行	/	/	2.22	2.14	/	/	4.28	4.26
中国邮储银行	50.46	44.72	33.54	32.36	15.72	13.81	10.74	10.11
江苏银行	1.55	1.36	1.01	0.97	3.34	2.67	2.04	1.82
小计	79.56	70.20	55.15	53.60	75.31	64.05	47.87	45.42

2011～2014 年，从金融机构数量与金融从业人员数量结构看，新型农村金融机构在这两个方面的份额均显著上升，分别从 2011 年的 20.43%与 24.7%上升到 2014 年的 46.39%与 54.58%；而大型商业金融机构两组数据均显著下降，分别从 79.56%与 75.31%下降到 55.15%与 45.42%。新型农村金融机构中，农村商业银行的机构数量与从业人员数量上升较快，近年来达到 40%以上，具有垄断特性。大型金融机构中，邮储银行的网点所占份额较高，而从业人员所占份额较低，中、农、工、建四大国有商业银行的网点所占份额低，而从业人员所占份额较高。

4.3.3 徐州农村金融机构效率比较

存贷比反映的是金融机构效率，各金融机构的存贷比是金融结构的又一重要指标。通过比较新型农村金融机构与大型商业金融机构存贷比，结合农村金融机构的存、贷款结构状况，可以得出农村资金的抽离状况与金融规模和金融深度。徐州农村金融机构存、贷比如表 4-16 所列。

表 4-16 徐州农村金融机构存贷比

	2011	2012	2013	2014
村镇银行	0.66	0.70	0.72	0.90
农村商业银行	/	0.78	0.75	0.75
小额贷款公司	/	/	/	/
农信社	/	/	/	/
小计	0.83	1.38	0.80	0.80
交通银行	/	1.47	1.10	2.26
中国工商银行	0.61	0.62	0.73	0.74
中国建设银行	0.88	0.88	0.93	0.93
中国农业银行	0.30	0.32	0.36	0.37
中国银行	0.68	0.75	0.81	0.86
中国邮储银行	0.11	0.09	0.07	0.06
江苏银行	0.00	0.00	0.87	1.27
小计	0.39	0.39	0.48	0.51
合计	0.45	0.61	0.61	0.62

2011～2014 年，农村金融机构的存贷比有明显改善，从 0.45 上升到 0.62。在农村金融市场具有垄断特性的农村商业银行的存贷比稳定在 0.75～0.78，贷款规模排名第二与第三的建设银行与中国银行存贷比约为 0.9 和 0.8，这三家金融机构成为农村信贷的重要供给机构；存款规模最大的邮储银行，其存贷比最低，并有下降趋势，从 0.11 下降到 0.06，存款规模排名第二的农业银行存贷比只有 0.30～0.37，这两家大型国有商业银行是农村资金的大型"抽水机"，2011～2014 年间，分别从农村抽走资金 451.49 亿元和 859.34 亿元，分别占抽离资金总量的 28.00%和 53.22%。

2011～2014 年，徐州农村金融规模与金融深度如表 4-17 所列。由于有规模庞大的储蓄资金抽离，农村储蓄不能够高效率地转化为资本，一方面，导致徐州农村的金融深度与金融规模均较低，2011 年，农村金融深度0.20，农村金融规模 0.63，近年来有所上升但幅度偏小，2014 年分别达到 0.35 和 0.92；另一方面，与金融规模相比较，农村金融深度与农村经济发展的相关性更为密切。

表 4-17　　徐州农村金融规模与金融深度

	2011	2012	2013	2014
存款合计/亿元	682.38	882.00	1 266.42	1 407.33
贷款合计/亿元	306.28	535.25	767.81	869.60
GDP 合计/亿元	1 570.18	1 826.13	2 148.67	2 484.58
金融规模	0.63	0.78	0.95	0.92
金融深度	0.20	0.29	0.36	0.35

4.4　苏北农村金融发展评价

4.4.1　评价指标构建

农村金融发展指标不断演进，是适应并服务于县域经济的银行中介各层面动态调整的结果，具体包括银行规模总量、银行组织结构、银行中介效率和银行服务覆盖面等层面（张兵，2013）。在借鉴已有的研究成果基础上，构建苏北农村金融发展评价指标体系（表 4-18），旨在测试农村区域金融发展水平，并测量不同区域的农村金融发展差异。

表 4-18　　县域农村金融发展指标评价体系

准则	指　　标	指标注释
规模总量	1. 金融资产相关率	年末金融机构存、贷款余额/地区生产总值
	2. 金融深度	年末金融机构贷款余额/地区生产总值
组织结构	3. 市场竞争度	1－赫芬达尔指数
	4. 农信社除外的金融机构存、贷款市场份额	1－农信社存、贷款额/全县金融机构存、贷款余额
	5. 农信社除外的金融机构营业网点市场份额	1－农信社的营业网点/全县金融机构网点数
中介效率	6. 存贷比	年末金融机构贷款余额/年末金融机构存款余额
	7. 金融市场化比率	非国有金融机构的存、贷款余额/地区生产总值
	8. 农业资金配置	涉农贷款余额/农业增加值
金融可获性	9. 银行网点覆盖面	银行网点数/县市人口数
	10. 农户的金融可获性	获取金融服务的农户数/县市人口数
	11. 企业的金融可获性	获取金融服务的企业数量

县域农村金融发展指标评价体系包含规模因子、结构因子、效率因子及金融可获性因子等 4 个因子 11 个指标。规模总量因子评价的是农村金融机构的发展规模，分别采用农村金融机构的存、贷款余额占 GDP 比值代表农村金融资产相关率，农村金融机构贷款余额占 GDP 比值代表金融深度。组织结构因子主要评价农村金融市场的竞争性，包括市场竞争度、农信社之外的金融机构的市场份额，市场竞争度用 1 减去赫芬达尔指数表示，赫芬达尔指数表示市场的集中度；农信社之外的金融机构市场份额则分别用 1 减去农信社的存、贷款占比与农信社的营业网点数量占比。中介效率因子评价的是农村金融机构的运营效率，包括金融机构的存贷比、金融市场化比率和涉农贷款规模（即农业资金配置）。农村金融的可获性因子评价的是农村经济个体获得金融服务的难易程度，由银行网点覆盖面、农户与农村企业的金融可获性构成。上述各项因子，取值越大则金融发展水平越高。

依据农村金融发展评价指标体系，运用 SPSS13.0 软件，采用主成分分析法，分别对 2011～2014 年江苏各县市进行农村金融发展评价，得到由结构因子、规模因子、效率因子与金融可获性因子等构成的农村金融综合评价值。综合评价值表明了江苏省农村金融发展水平的地区差异：综合评价值＝0，表示等于全省平均水平；综合评价值>0，表示高于全省平均水平；综合评价值<0，表示低于全省平均水平。

4.4.2 评价结果

4.4.2.1 2011～2014年各因子测量得分

2011～2014年江苏各县市农村金融发展评价如表4-19所列。

表4-19 2011～2014年江苏各县市农村金融发展评价

	2011					2012				
	总分	结构	规模	效率	可获性	总分	结构	规模	效率	可获性
丰　县	−0.65	−1.61	0.06	−0.90	−0.50	−0.78	−1.71	−0.05	−0.86	−0.34
沛　县	−1.04	−0.79	−1.29	−1.56	−0.58	−1.07	−0.14	−1.55	−2.51	−0.54
邳州市	−0.50	0.55	−1.83	0.19	−0.79	−0.63	−0.24	−1.60	0.68	−0.15
睢宁县	−0.59	−1.15	−0.40	−0.85	−0.04	−0.68	−0.54	−0.73	−1.26	−0.27
新沂市	−0.50	−1.75	−0.49	1.90	−0.24	−0.43	−1.30	−0.55	1.79	−0.11
赣榆县	−0.29	−0.70	−0.78	1.15	0.27	−0.69	−1.83	−0.33	0.75	−0.28
东海县	−0.27	0.19	−0.81	−0.31	−0.25	−0.15	0.56	−0.83	−0.04	−0.18
灌云县	−0.45	−1.23	−0.47	0.23	0.40	−0.40	0.47	−1.20	−0.31	−0.45
灌南县	−0.35	0.91	−1.99	0.24	−0.20	−0.50	0.53	−2.08	0.97	−0.16
涟水县	−0.46	−0.02	−0.48	−1.51	−0.89	−0.37	0.54	−1.05	−0.82	−0.30
洪泽县	−0.12	−0.21	−0.89	1.30	0.51	−0.24	−0.03	−0.84	0.87	−0.20
盱眙县	−0.27	−1.16	0.13	0.91	−0.50	−0.16	−1.37	0.57	0.91	−0.22
金湖县	0.14	−0.89	0.88	0.88	0.19	0.19	−2.08	2.23	0.61	−0.31
响水县	−0.36	−1.29	−0.53	1.24	0.51	−0.45	−0.61	−1.05	1.28	−0.10
滨海县	−0.55	−0.69	−0.75	−0.21	−0.55	−0.64	−0.83	−0.92	0.19	−0.19
阜宁县	−0.35	−0.80	−0.04	−0.25	−0.50	−0.42	−0.48	−0.57	0.05	−0.32
射阳县	−0.46	−1.61	−0.08	0.63	−0.12	−0.30	−0.83	−0.13	0.41	−0.14
建湖县	−0.09	−1.02	0.01	0.72	1.05	−0.26	−0.78	0.04	0.20	−0.25
东台市	−0.14	−0.74	0.11	−0.95	1.36	−0.42	−0.64	0.16	−1.59	−0.32
大丰市	0.66	−0.01	0.19	−1.22	5.96	−0.35	−0.67	0.03	−0.68	−0.26
沭阳县	−0.08	−0.56	−0.84	0.78	−0.41	−0.31	−0.38	−0.82	1.00	0.00
泗阳县	−0.40	0.07	−0.39	0.26	−0.09	0.02	−0.52	−0.25	0.78	1.60
泗洪县	−0.18	−1.15	−0.11	1.56	0.15	−0.09	−1.37	0.18	1.69	0.67
全省总分最大值	1.16	0.29	2.59	2.14	−0.19	1.21	2.27	0.75	1.09	−0.22

续表 4-19

	2013					2014				
	总分	结构	规模	效率	可获性	总分	结构	规模	效率	可获性
丰　县	−0.78	−1.71	−0.05	−0.86	−0.34	−0.73	−1.60	−0.05	−0.59	−0.64
沛　县	−1.07	−0.14	−1.55	−2.51	−0.54	−0.99	−0.31	−1.51	−1.36	−1.09
邳州市	−0.63	−0.24	−1.60	0.68	−0.15	−0.54	0.07	−1.61	0.29	−0.22
睢宁县	−0.68	−0.54	−0.73	−1.26	−0.27	−0.70	−0.84	−0.63	−0.70	−0.49
新沂市	−0.43	−1.30	−0.55	1.79	−0.11	−0.48	−1.37	−0.57	1.23	0.34
赣榆县	−0.69	−1.83	−0.33	0.75	−0.28	−0.50	−1.20	−0.61	0.63	0.33
东海县	−0.15	0.56	−0.83	−0.04	−0.18	−0.24	0.29	−0.85	−0.12	−0.16
灌云县	−0.40	0.47	−1.20	−0.31	−0.45	−0.44	0.37	−0.77	−0.03	−0.03
灌南县	−0.50	0.53	−2.08	0.97	−0.16	−0.41	0.63	−2.01	0.40	0.12
涟水县	−0.37	0.54	−1.05	−0.82	−0.30	−0.35	0.03	−0.69	−0.78	−0.54
洪泽县	−0.24	−0.03	−0.84	0.87	−0.20	−0.25	−0.31	−0.72	0.72	0.33
盱眙县	−0.16	−1.37	0.57	0.91	−0.22	−0.17	−1.31	0.54	0.61	0.21
金湖县	0.19	−2.08	2.23	0.61	−0.31	0.06	−1.37	1.30	0.50	0.38
响水县	−0.45	−0.61	−1.05	1.28	−0.10	−0.38	−0.75	−0.87	0.84	0.53
滨海县	−0.64	−0.83	−0.92	0.19	−0.19	−0.54	−0.59	−0.93	−0.01	−0.15
阜宁县	−0.42	−0.48	−0.57	0.05	−0.32	−0.36	−0.26	−0.28	−0.07	−0.22
射阳县	−0.30	−0.83	−0.13	0.41	−0.14	−0.44	−1.19	−0.15	0.35	−0.05
建湖县	−0.26	−0.78	0.04	0.20	−0.25	−0.21	−0.06	−0.06	0.31	0.35
东台市	−0.42	−0.64	0.16	−1.59	−0.32	−0.36	−0.89	0.40	−0.85	−0.19
大丰市	−0.35	−0.67	0.03	−0.68	−0.26	0.02	−0.44	0.16	−0.63	1.67
沭阳县	−0.31	−0.38	−0.82	1.00	0.00	−0.23	−0.49	−0.82	0.59	0.24
泗阳县	0.02	−0.52	−0.25	0.78	1.60	−0.20	−0.42	−0.19	0.35	1.07
泗洪县	−0.09	−1.37	0.18	1.69	0.67	−0.11	−1.15	0.15	1.08	0.88
全省总分最大值	1.21	2.27	0.75	1.09	−0.22	1.18	0.63	1.30	1.23	1.67

通过对 2011～2014 年连续四年综合评价值的观察，发现苏北近 90％县市的金融发展评价位列全省县市的后列，而苏南县市金融发展评价则排在全省前列，其中吴江、张家港与太仓在 2011～2014 年间，分别位列各年首位，沛县连续四年位居全省末位。导致沛县金融评价较低的最大影响因素是储蓄向投资的转

化效率低下,2014年,沛县的金融效率只有0.47,金融深度为0.28,均在全省各县市处于末位。沛县的正规金融发展评价与其全国百强县的经济发展状况极不相匹配。苏北地区金融发展评价较好的县市集中分布在淮安、宿迁等地,徐州、连云港与盐城的部分县市金融发展评价普遍较低。

4.4.2.2 江苏农村金融发展的区域比较

2011～2014年江苏农村金融发展因子的区域比较如表4-20所列。

表4-20 2011～2014年江苏农村金融发展因子的区域比较

	结构因子				规模因子				效率因子				可获性因子			
	2011	2012	2013	2014	2011	2012	2013	2014	2011	2012	2013	2014	2011	2012	2013	2014
苏南	最高	最高	最高	最高	最高	最高	最高	最高	最高	最高	最高	最高	居中	最低	最低	最低
苏中	居中	居中	居中	居中	居中	居中	居中	居中	最低	最低	最低	居中	最低	最高	最高	最高
苏北	最低	最低	最低	最低	最低	最低	最低	最低	居中	居中	居中	最低	最高	居中	居中	居中

评价结果表明,江苏农村金融发展存在显著的区域差异性。整体看,苏南农村金融发展水平最高,苏中农村金融发展水平居中,苏北农村金融发展水平相对较低。从金融发展结构上看,江苏南、中、北农村金融发展水平的差异性分别表现在金融结构、金融规模、金融机构配置资金效率以及农村经济个体获得金融服务等方面。2011～2014年,苏北的金融结构因子得分连续四年最低,金融规模因子得分连续四年最低,金融机构配置资金的效率连续四年位居苏南与苏中之间,农村经济个体获得金融服务的得分基本处于中间水平。相比较而言,苏南农村金融发展不论从金融结构、金融规模,还是金融效率方面都位于全省最高水平,与其发达的经济条件相适应,而农村经济个体获得金融服务的得分与其经济发展水平不相匹配。

金融发展结构因子评价的是金融市场竞争度,苏北的金融市场竞争度最低,表现为苏北的商业金融在全省相对落后,商业金融机构的网点数量在全省最少;苏北农村金融市场竞争不充分、集中度高,农信社垄断了农村金融市场。苏南的农村商业性金融发展条件在全省最好,首先商业性金融机构多,其次农信社成功发行成为现代农村金融企业,农村金融机构组织日趋多元化。金融发展规模因子评价的是金融机构的存、贷款的相对规模,2011～2014年,苏南农村人均存、贷款余额远远高于苏中与苏北地区,且增速较快,苏南农村贷款余额占GDP比重也远远高于其他地区,尽管金融增量改革以来,苏北农村金融深化率指标增速最快,但苏北农村的金融规模因子得分依然全省最低。金融效率因子评价的是储蓄向投资的转化效率,2011～2014年,苏北与苏南、苏中地区的存款余额均高于贷款余额，大额存贷差表明农村金融体系充当着“抽水机”的功能，动员农村储蓄，并将其配置到城市，导致农村资金的非农化现象突出；在农村地区资金配置方面，苏南农村金融市场化程度较高，金融市场规模大，金融产品种类较为丰富，资金配置效率相对较高，苏北与苏中金融市场化程度相对较低，市场规模较小，金融产品种类相对更少，资金配置效率较低。金融可获性因子评价农户获得金融产品与服务的程度，苏北与苏中地区农村金融的需求主要来自农业部门（种植业和养殖业）与生活的资金需求，苏南与之不同，农村金融需求主要来自非农业部门。从供给角度看，小额信贷在农村地区被广泛地用作扶贫与促进金融发展的手段，苏北农户通过小额信贷模式获得的贷款虽然数量小，但笔数多，因此金融可获性指标较高，同时，全省各地农商行、农信社以服务“三农”、中小企业和农村社区为市场定位，推广农村普惠金融服务，推进“阳光信贷”标准化建设，不断创新满足农村金融需求的机制与路径。而苏南地区乡镇企业较活跃，其融资渠道主要是通过申请银行贷款或依托资本经营等完成，这里对农村企业的测量较少，所以苏南农户的金融可获性指标不高。

本章小结

本章从金融政策演变、苏北金融发展指标以及徐州县域金融结构等方面对苏北农村金融发展现状进行分析与评价，为进一步研究金融支持农村城镇化做铺垫。首先，纵向梳理农村金融政策演变。以 2006 年底为界限，将我国农村金融改革分为存量改革与增量改革：农村金融存量改革，是改革农村信用社，建立和完善以合作金融为基础，商业性金融与政策性金融分工协作的农村金融体系；农村金融增量改革是在现有农村金融体系的基础上设立新型农村金融机构，打破传统的农村金融格局，增加农村金融服务主体。其次，关于农村金融支持现状分析。主要从金融机构的存、贷款规模、存贷差与存贷比进行了时间与空间的比较。苏北县市金融机构存款与贷款规模持续上升，农村储蓄资金外流现象一直存在，存贷比在研究时间段出现先降后升的态势；存款规模较大的县市是东台、大丰、沛县等地，而贷款规模较大的县市则是东台、沭阳、大丰等地，沛县、丰县、睢宁等县金融机构储蓄资金外流较为突出。数据分析表明，整体上苏北农村金融供给较为薄弱，部分发展条件较好的县市其金融发展与经济增长存在差距。第三，苏北农村金融发展分析。分析了 2002～2014 年时间段内，农村金融规模、金融深度、金融市场与金融结构等的发展与演变。第四，评价苏北农村金融发展。农村金融增量改革以来，苏北农村金融深度与金融效率也有明显的改善，数据呈逐年上升趋势。然而，与江苏苏南、苏中地区的农村金融发展相比，苏北的农村金融仍处于相对落后的位置，苏北存、贷款市场的垄断程度在全省最高，苏北农村金融发展的结构因子与规模因子在全省处于相对较低水平。

相对于农村经济发展，我国农村金融尽管经过了近二十年的改革与发展，但依然明显滞后，金融总量供给与有效供给均不能满足农村金融需求，农业企业和农户贷款难的问题依然存在。从苏北农村金融发展的数据看，2002～2006 年，农村金融效率与农村金融深度表现为持续下降的特征，在很大程度上说明农村正规金融体系出现萎缩，广大农户和农村地区中小企业面临融资约束，在一定程度上影响了农村经济与社会的发展。农村金融增量改革以来，以村镇银行为代表的新型农村金融机构在苏北发展较快，2014 年，村镇银行拥有网点数 64 个，存款余额 160.41 亿元，贷款余额 108.61 亿元，分别是 2011 年的 5.6 倍和 6.3 倍，对农村融资需求形成了多元化及多层次的有效补充。

第5章

金融驱动城镇化的机制与维度

城镇化不仅仅是一个人口在空间集聚导致城镇规模扩张的过程，还是一系列紧密联系的变化过程的综合反映，既有城镇规模的扩张、城镇数量的增长，也有城镇经济、政治、环境、社会的发展演变[80]。金融之所以成为推动城镇化的重要因素之一，主要原因在于金融是现代经济发展的核心，而经济增长是城镇化的核心动力，所以，金融发展与城镇化之间有着内在的逻辑性。一方面，金融的外部性使得企业生产成本下降，企业生产成本下降导致要素在城镇集聚，城镇要素集聚进一步强化了金融的外部性，循环往复，推动城镇化进程；另一方面，金融发展推动经济增长，经济增长促进城镇基础设施的完善以及城镇生产与生活功能的提升，进而推动人口、资本、技术等要素在城镇集聚，促进城镇化水平提高，城镇化水平提升反过来促进要素集聚与市场扩大，引领金融的发展。金融与城镇化发展之间相互作用，形成螺旋式上升态势，由此产生了二者之间的互动机制。

5.1 金融驱动城镇化的机制分析

城市的本质是集聚经济，集聚效应是导致城镇发生与演变的动力机制，金融的外部性是集聚发生的重要动力之一。金融驱动城镇化发展的机制是通过金融的外部性与循环累积因果效应两个方面发生的。首先，金融机构提供金融产品与金融服务等中间产品以降低企业融资成本，企业融资成本的降低将增加区位效应，区位效应的提升则促进产业集聚与要素集聚，产生规模经济与集聚经济，进而推动城镇经济增长与城镇规模扩张，可见，金融对企业发展乃至城镇的形成与扩张存在正向的外部效应，故称金融的外部性；其次，城镇规模扩张到一定程度，引致的要素集聚及经济增长给金融发展提供了更为广阔的市场，对金融发展产生“需求追随”作用，促进金融发展不断深化，于是，金融发展与城镇化之间形成循环累积因果链条，形成城镇化与金融发展的持续动力。

5.1.1　金融的外部性是集聚发生的驱动力

金融的外部性是集聚发生的驱动力。金融的外部性，是指由于金融服务与金融产品等是企业共同需要的中间投入品，企业具有在空间上围绕金融机构集聚以降低交易成本与融资成本的根本动力；换言之，健全的金融体系是提升区位效应的重要因素，区位效应的提升将引致要素在空间的集聚。金融发展对城镇化的推动作用，就是通过为经济发展与城镇建设提供便利的金融支持、促进要素在空间有效集聚、产生集聚效应、提升城镇化水平的过程发生的[81]。

集聚的向心力来自于关联效应、厚实的市场、知识溢出和其他外部经济。这里的“其他外部经济”，特指金融的外部性（pecuniary externalities，Scitovsky，1954）。金融的外部性主要源自于厂商和劳动者的集聚所造成的市场需求量增加、交易量和交易频度上升以及交易成本的节省等，是驱动要素在城市集聚的重要动力[82]。马歇尔（2001）将金融的外部性描述为金钱的外部性（pecuniary externalities），是基于市场规模扩大提高中间投入品的规模效益以及劳动力市场共享而产生的，与基于知识外溢（信息交换和技术扩散）而产生的技术外部性相区别。总之，要素之所以集聚，是因为集聚带来了诸如成本节约、规模效益等金融的外部性。

企业有围绕金融机构集聚发展的内在逻辑，因为金融产品是企业共同需要的中间产品（魏后凯，2011）。企业集聚发展的重要原因之一是某些行业的企业从同一个供货商那里购买某种中间投入品。如果满足以下两个条件，企业就会聚集在一个供货商周围：一是，单个企业的投入品的需求量不足以开发出中间投入品生产的规模经济；二是，产品的运输与贸易成本相对较高，不宜分散布局。将金融产品与金融服务作为各企业共同需要的中间投入品，金融机构即为这类中间产品的供货商。首先，企业从共同的供货商那里购买这种中间投入品；其次，这种中间投入品（金融产品与服务）满足上述企业集聚的两个条件。金融产品的投入使用，一方面大大降低了企业的生产成本，产生成本节约效应；另一方面要求生产的空间集中，产生要素集聚效应。这两种效应被称为金融的外部性（financial externalities），它是集聚的驱动力，通过降低企业融资成本、提高区位效应等途径，促进集聚发生[83]。

在金融外部性的作用下，厂商的市场需求上升、运输等贸易成本下降，这些都给工资等要素价格上升形成了一种推动力，工资上升又进一步推动劳动力集聚，如此一来，从城市集聚、金融外部性到工资上升就形成了一种循环因果效应[84]。

5.1.2 金融发展通过促进分工与专业化推动要素的空间集中

分工与专业化的本质是提高劳动生产效率，降低生产成本，因而是经济增长的源泉。亚当·斯密(1776)在《国富论》一书中提出劳动分工是促进经济增长的最重要因素，劳动分工通过提升生产的专业化水平促使劳动生产效率的提高。分工与专业化是导致集聚形成的直接原因。从产业发展看，分工与专业化使得具有互补特征的不同经济主体与产业部门联系在一起，并通过市场机制进行资源的有效配置；分工与专业化使得上游企业与下游企业密切联系在一起，形成高效率的产业链条。为了节省交易成本及运输成本，不同的经济主体与产业部门有空间集聚的内在需求，所以，分工与专业化的深化过程，就是空间集聚不断加强的过程。

金融发展与分工之间存在极为密切的关系。首先，金融是社会化分工的必然产物，金融体系通过便利交换的功能促进社会分工。在经济货币化时代，金融自身承担着为交易提供支付和清算系统的功能，将支付与清算从交易中划分出来，不仅降低了交易成本，而且促进进一步的生产专业化与更高水平的专业化分工。其次，金融的资金配置功能促进分工与专业化。投资的关键问题在于投资的结构，即投资以何种分工模式被用于生产、科研以及教育上，投资只有与适当的分工模式相配合才可以提高生产效率(杨小凯，2003)[85]。金融系统是社会资金配置的重要平台，金融系统通过对不同产业部门的资金配置推动分工与专业化，金融体系的资金配置结构在很大程度上决定了社会生产效率。

综上，金融发展促进了要素的空间集聚，其传导机制是金融发展促进分工与专业化，而分工与专业化具有集聚的需求，使得不同类型的经济主体与产业部门在空间集聚，从而推动城镇的产生与发展。

5.1.3 金融发展与城镇化之间存在循环累积效应

金融发展与城镇化密切相关，互为动力，相互促进，产生循环累积因果效应，如图 5-1 所示。一方面，金融发展通过促进储蓄向投资转化、提高资本配置效率、优化金融市场结构等功能促进生产要素向城镇集中，推动城镇化水平提升；另一方面，城镇化水平的提升可以通过集聚生产要素、提高城镇基础设施与公共服务水平等途径，扩大市场规模，不断创造出新的金融需求，刺激金融供给，从而提高金融发展水平。

在城镇化发展的中期阶段，城镇化进程速度加快，产生了巨大的资金需求，无论是城镇自身的基础设施建设还是中小企业发展都离不开充足的资金支持。一方面，金融体系通过“供给引领”效应促进城镇化发展。金融的基本功能是为经济系统提供有效和便利的支付系统、确保城市经济体系中储蓄和投资的正常进行，提

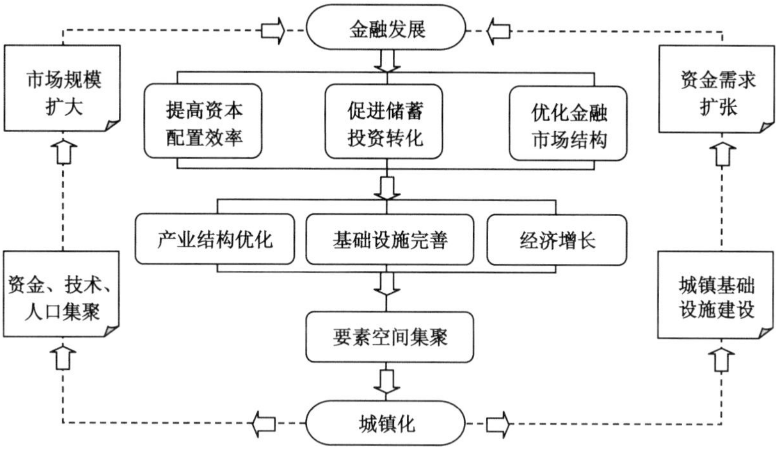

图 5-1　金融驱动城镇化的机制示意图

供资金融通的渠道、促进储蓄向投资转化，提高资本配置效率、降低市场交易成本。当城镇化水平不高时，发展普惠金融将促进经济发展，城镇金融体系为城镇化进程提供更好的资金支持和必要的资本积累，吸引生产要素向城镇集聚，金融发展对城镇化产生“供给引领”范式的驱动与促进机制。另一方面，金融通过“需求追随”效应得以持续发展。当城镇化率提升到一定程度，城镇建设与经济增长将吸引生产要素的不断集聚，人口、资金、技术等要素的集聚导致市场规模扩大，不断创造出新的金融需求，对金融发展会发生“需求追随”范式的推动机制[81]。

5.2　金融驱动城镇化的维度分析

金融支持城镇化发展有三个维度：一是金融支持经济发展维度，为城镇化进程中的经济增长、产业结构优化、劳动分工提供金融支持；二是金融支持城镇建设维度，为城镇化基础设施建设以及公共产品和服务提供金融支持；三是金融支持人口城镇化维度，为农村居民向城镇居民转变提供理财渠道，并为其增加财产性收入等提供金融支持。

5.2.1　金融促进城镇经济发展

完善的城镇金融体系是城镇经济发展的核心与保障。首先，金融体系具有有效配置资本的特性。运转良好的金融体系对具有发展潜力的企业及企业的创新活动有较强的辨识能力，提供风险融资保障，并由此产生金融的生产性动力。20世纪初，Schumpeter从企业家才能与创新的角度发现了金融体系的资本配置特性；20世纪90年代，King和Levine进一步明确，金融中介能够评估生产技术的先进与落后，并对高技术项目提供融资，推动技术进步，技术进步也因良好的金融体系而加快更新速度。在完善的金融体系下，银行能够有效甄别项目的"好"与"坏"，创新行为与企业家才能被金融机构所识别，并获得更多的资本支持，金融体系的生产性动力正是通过企业家的才能与创新发挥出来的，金融体系通过技术创新项目评估、动员储蓄、分散风险和显示创新的预期利润等影响企业家的创新行为，赋予企业家以生产性的力量，间接推动了技术进步与经济增长。

第二，金融具有推动城镇产业结构优化升级的功能。投资的关键在于投资的结构，即投资以何种分工模式被用于生产、科研以及教育上，投资只有与适当的分工模式相配合才可以提高生产效率[85]。作为社会资金配置的重要平台，金融系统具有对资金进行社会化生产分工的功能，通过调节与引导资金流向，配置产业之间的资金供给，优化城镇的产业结构。金融发展通过资金导向效应、资金形成效应和风险管理效应等促进产业结构的不断优化，进而推动经济增长。

5.2.2 金融支持城镇建设

城镇建设与金融发展存在着不可分割的关系。完善城镇功能、改善民生既是城镇化的根本目标，也是城镇金融的服务对象，国内外相关研究表明，金融对城镇化的支持作用，除去在经济增长方面的支撑之外，主要体现在对城镇基础设施建设的资金保障上[86]。城镇基础设施与公共服务建设项目的资金需求具有长期、大额的特征，长远地看，当前城市基础设施项目建设资金主要依靠财政拨款的方式难以为继，加强城市基础设施的金融支持势在必行。

首先，城镇化进程必须要有资金保障。特别是在城镇化发展的初期与中期，城镇建设需要大规模的投资，较高的储蓄率和储蓄向投资的转换效率是城镇化快速发展的关键。联合国关于世界各国城市化进程的城市基础设施测算结果表明，发展中国家城市基础设施投资比例要占到全部固定资产投资比例的12%～18%，我国学者的测算为，发展中国家城市基础设施建设投资比例应占GDP的3%～5%[14]，没有这部分投入，城镇化就不可能实现良性发展，没有金融对投入资金的保障，城镇化进程将会因建设资金投入不足而受到抑制。

其次，金融在交通设施发展中承担了必要的融资保障功能。城市交通发展与城镇化进程相伴相生，城市交通是城市得以扩张的基础，是经济要素向城镇集聚的必要保障，交通发展更加彰显了城市的集聚功能，经济要素集聚是城镇集聚效益彰显的保障，进而成为城镇化扩展的基础。相应地，城镇化的发展促进了交通设施的完善与交通线路的扩张，金融在城市交通发展与完善中发挥了提供资金的功能。

再次，要素集聚对城镇住房建设提出了更高的要求，金融机构在城市住房融资方面的意义重大。预计到2020年，户籍人口城镇化率将达到45%，每年新增2 000万城镇人口，住房需求规模大，而新增人口的大部分为中低收入人群，依靠自身能力购买商品房存在困难，需要金融体系融资支持。如果这部分城镇金融需求不能得到有效满足，那么城镇化进程将受到阻碍。

5.2.3　金融驱动人口城镇化

金融已经成为城市居民不可或缺的生活要素，服务于人们生活与生产的方方面面，在城镇化进程中，金融对农村转移居民的支持表现在对农民生产生活方式的转换，以及满足农民在保险、社会保障、自主创业、就业、理财以及消费信贷等方面的金融需求。为此，要从居民与金融机构两个方面增强金融对城镇化的支持。首先，提升农民的金融意识与信用意识。只有具备了良好的金融意识和金融能力，才能够实现资金的良好周转以及更高的资金利用效率。金融意识是指人们对于金融知识的了解程度、参与金融活动的意愿和能动性，它包含了信用意识、投融资意识、风险意识以及相关法律、法规知识。金融意识直接影响着金融行为，影响着人们管理财富与利用资源的方式方法，具有良好的金融意识可以优化人们的资金周转能力与致富能力。信用意识是一种重要的金融意识，人们只有具有良好的信用意识才会保持良好的信用记录，才能够获得信用贷款。其次，构建农村转移居民的征信体系。信用贷款无须抵押担保，只需凭借个人的收入资产证明、良好的信用记录与良好的还款记录即可获得信贷资金，是农民获得资金的最低金融门槛。城镇化进程中，金融机构协同相关部门构建农民征信体系、设立农民信贷制度，为农民建立信用数据库并进行信用等级评定，对不同信用等级的农民予以信贷优惠措施设定。

城镇化与金融发展原本就是一个相互促进、共同发展的关系。一方面，资本投入水平是城镇化最重要的影响因素[87]；另一方面，运行良好的城市金融系统则是融资渠道畅通、储贷正常运行、支付系统高效的重要保障。

5.3　金融的制度动力

制度动力对农村城镇化的驱动是全方位的，高效率的金融制度安排可以合理配置资金资源，推动经济发展，促进农村城镇化进程；效率较低的金融制度安排则会发生资金资源的错配，制约经济发展，阻碍农村城镇化进程[88]。如图 5-2 所示。

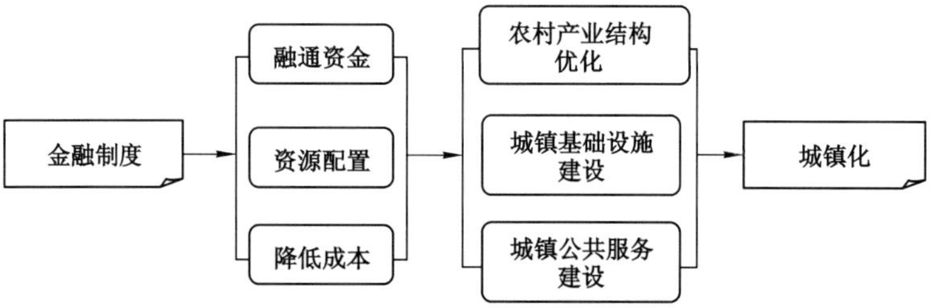

图 5-2 金融驱动城镇化的制度动力

5.3.1 金融制度概述

制度经济学认为，制度是调节社会经济利益分配的社会行为规则的综合，是调整和规范各行为主体的一种外在的组织结构，还是一种特殊的公共物品，其核心功能是提供一种激励或约束机制，以协调利益主体之间的利益、矛盾与冲突。交易成本与资源配置效率是判断制度效果的两个方面。North 认为专业化和劳动分工的发展会增大交易费用，建立制度是为了减少交易成本，激励个人或组织从事生产性活动，最终实现经济增长。制度变迁的结果一般从两个方面判断，一是制度变迁有没有提高资源配置效率，二是资源配置的转变是否降低了交易成本（黄少安，1996）。

金融制度是与金融活动相联系的，是金融交易、金融组织安排及监督管理、金融创新等一系列为社会认可采纳的习惯、道德等构成的规则集合，是一个国家用法律、规章制度和货币政策等所确立的金融体系结构，以及组成这一体系的各类银行和非银行金融机构的职责分工和相互联系。金融制度包含三个方面：一是金融交易规则，由法律、规章制度和货币政策等构成；二是金融机构体系，由金融机构和监管机构等构成；三是参与者的金融交易行为与金融市场，金融机构、监管机构与金融交易参与者都要在金融交易规则的框架下进行金融交易。

金融制度作为调节金融运行的基本规则，它具有两个主要功能：其一，配置资源和融通资金；其二，节约交易费用或交易成本。前者通过建立多层次的金融中介机构和相关制度框架，将社会上分散的资金集中起来并转化为生产资金，使社会中闲散的货币资金流向生产性和效益好的部门、地区和企业。后者从交易成本的角度探讨金融制度的功能。所谓交易成本，North（1990）将交易成本视为机械系统中的摩擦力的等价物；张五常认为交易成本的存在，会减少交易量，因而会损害生产的经济专业化、资源利用的边际效率与强度，并影响合约安排的选择；杨小凯指出分工使规模收益递增的同时增加了交易成本，只有制度的进步才能够既提高交易效率又降低交易成本，并深化分工与专业化。金融制度所提供的规则可以降低人们在金融交易中讨价还价的费用，降低搜寻交易信息所花费的成本，降低无序交易所形成的成本等。

金融制度同经济制度、社会制度一样处于不断地融合变迁之中。如果某一初始金融制度的变迁适应了特定的经济形态、市场结构和交易方式，使通过金融增长和金融创新带来的报酬普遍递增时，这种变迁便实现了金融结构的优化。如果金融制度的变迁脱离现实经济形态、市场结构和交易方式的客观要求，则可导致金融结构失去自我发展和自我平衡的能力，引发金融混乱和金融交易费用剧增，这种金融体系将无法得到有效支持，失去自我实施的机制，自身变迁将陷入困境[89]。

5.3.2 金融制度影响经济增长

基于传统的新古典经济增长理论，金融具有润滑市场交易、助推经济增长的根本功能，这些功能包括：吸纳储蓄，促进资本、资源的转移与配置，金融风险管理，为交易提供支付和清算系统、降低交易成本，分割所有权，提供经济信息以及解决激励问题。

基于内生经济增长理论，金融具有促进资本积累、优化资本结构的功能，这些功能通过促进技术进步和人力资本积累等途径实现。熊彼特在创新理论中曾论证，功能良好的银行能够识别最有机会在创新产品和生产过程中成功的企业家，并向其提供融资，这种行为促进了技术创新与经济增长。King 和 Levine(1993)在熊彼特有关企业家创新职能和金融机构融资功能的基础上，建立了金融内生的经济增长模型，实证分析金融系统对技术创新项目的评估功能、金融的储蓄动员功能、分散风险功能等对经济增长的影响，得出金融系统通过影响企业家创新行为与技术进步，推动经济增长的结论。Romer(1986，1990)在经济增长与金融之间引入中介变量"边干边学"效应，"边干边学"对技术进步的促进在一定程度上避免了资本投资的边际产出递减，形成了资本外溢的内生经济增长模型。

基于分工理论，金融的有效运行具有节约交易成本的功能，从而促进分工、推动经济增长。亚当·斯密首次提出分工是经济增长的最重要因素之一，金融的有效运行将以货币交易取代物物交换，这种交易成本的降低会大大促进劳动分工的发展及专业化生产。杨小凯(2003)基于分工理论建立了新兴的古典投资和储蓄模型[85]。

5.3.3 金融制度影响城镇固定资产投入

城镇化的本质是促进民生与发展经济,改善民生与经济增长既是城镇化的根本目标,也是城镇金融的服务对象,城镇化建设与金融发展存在着不可分割的关系。金融对城镇化的推动主要表现在对城市基础设施融资、城市住房融资以及城市企业发展的资金支持。首先,城镇化的进程必须要有资金的保障,联合国关于世界各国城市化进程的城市基础设施测算结果表明,发展中国家城市基础设施投资比例要占到全部固定资产投资比例的12%~18%,我国学者的测算为,发展中国家城市基础设施建设投资比例应占GDP的3%~5%,没有这部分投入,城镇化就不可能实现良性发展,没有金融对投资的保障,城镇化进程将因建设资金投入不足而受到抑制。其次,城市交通发展与城镇化进程相伴相生,交通是经济要素向城镇集聚的必要保障,经济要素集聚是城镇集聚效益彰显的保障,进而成为城镇化扩展的基础,相应地,城镇化的发展促进了交通设施的完善与交通线路的扩张。金融在交通设施发展中承担了必要的融资保障功能。第三,要素集聚对城镇住房建设提出了更高的要求,金融机构在城市住房融资方面的意义重大。预计到2020年,户籍人口城镇化率将达到45%,每年新增2 000万城镇人口,住房需求规模大,而新增人口的大部分为中低收入人群,依靠自身能力购买商品房存在困难,需要金融体系融资支持。如果这部分城镇金融需求不能得到有效满足,那么城镇化进程将受到阻碍。第四,城镇金融发展对城镇化的支持作用,更多地表现为对城市产业发展的资金支持。金融对产业发展的支持与保障表现在金融对企业创新的支持。运转良好的金融体系对具有发展潜力的企业及企业的创新活动有较强的辨识能力,提供风险融资保障;还表现在金融对资金流向的调节与引导,即金融通过发挥资金在产业间的配置功能,优化城镇的产业结构。城镇化的发展表现为地域上要素的集中,要素集中则为金融发展提供了更大的需求市场,城镇金融发展便有了保障,城镇金融体系更加完备,又为城镇经济发展提供了高效的支付系统和畅通的融资渠道。

5.3.4 金融制度影响产业结构优化

产业结构优化,表现为各产业部门之间的劳动力结构优化和产值结构优化,实质上是劳动力、资本等经济资源在各产业部门之间以及各产业部门内部的重新配置与优化组合。在经济货币化和金融化的时代,经济要素在产业部门之间的流动更多地表现为资金在各产业部门之间或产业部门内部的流动,而金融机构和金融市场对资金的分配方式恰恰满足了这种流动的实现。日本与韩国政府先后实施的金融先导战略和信贷倾斜政策在优化产业结构方面均取得过明显的收效。日本政府通过金融资本的杠杆作用，推动汽车、家电等行业的技术创新，获得了巨大的经济效益；韩国政府的信贷倾斜政策使得 60％的贷款流向了大型资本技术密集企业。产业结构的优化与升级离不开金融的协调与支持。

首先，一个良好的金融体系能够提高储蓄转贷款的效率。其次，金融市场具有调节并优化资金配置的功能，资金在产业之间的转移表现为从低效率产业向高效率产业转移，因而会影响城镇产业调整，促进产业结构升级与优化。从这个角度讲，城镇金融市场的发展与产业结构的变迁之间有一定的关联性，前者在一定程度上推动了后者的优化升级。第三，产业结构优化升级也要求金融结构做相应的改变，促进金融产品与金融服务的改善，形成灵活高效的资金融通机制，提高资金融通效率。

本章小结

本章围绕农村城镇化动力机制分析，从金融对城镇化的驱动力、金融的制度动力以及金融与经济增长的相关理论等方面分析金融对农村城镇化的驱动机制。城镇化的动力机制是集聚效应，而金融的外部性是集聚的驱动力，所以，完善的金融体系是城镇化的重要驱动力。广义的金融外部性（pecuniary externalities）主要源自于厂商的集聚和劳动者的集聚所造成的市场需求量上升、交易量和交易频度上升以及交易成本的节省等；狭义的金融外部性是指金融机构通过提供金融产品与金融服务等生产的中间产品以降低企业生产成本（这种生产成本具化为企业融资成本），企业融资成本的降低将增加区位效应，促进产业集聚及要素集聚。金融的外部性促进集聚的发生，而城镇化的根本特征是劳动力、资本等要素在空间的集聚，所以金融的外部性构成了城镇化的驱动力。金融发展与城镇化进程互为动力，金融通过提供支付平台、提高资金配置效率、促进储蓄向投资转化、分散金融风险等功能，促进要素向城镇集聚，进而推动城镇化。具体而言，金融支持城镇化发展有三个维度：一是社会城镇化维度，为城镇化基础设施建设以及公共产品和服务提供金融支持；二是经济城镇化维度，为城镇化进程中的产业集聚、人口就业以及为保障城镇化顺利进行的农业现代化与产业化提供金融支持；三是人口城镇化维度，为农村转移人口提供便利消费，并为其增加财产性收入等提供金融支持[90]。城镇化引致的要素集聚及经济增长对金融发展产生了更高的要求，同时也给金融发展提供了更为广阔的市场，金融发展不断深化，二者之间形成循环累积因果链条。

第6章

金融发展对苏北农村城镇化作用效果的实证分析

理论研究表明，金融发展对城镇化具有正向驱动效应，本章在分析近年来苏北各县市城镇化与金融发展及演变的基础上，进行苏北农村金融发展对农村城镇化作用效果的实证分析，从区域比较、影响路径等方面论证金融对城镇化发展的作用机制与作用效果。

6.1 金融发展对江苏农村城镇化作用的区域比较

江苏省农村地区城镇化水平存在显著的区域差异性，苏南县域城镇化水平最高，苏中县域城镇化水平次之，苏北县域城镇化水平相对较低，金融发展对各地区城镇化影响也存在显著的区域差异。本节采用面板数据分析法，基于2011～2014 年数据，研究各年度农村金融发展对城镇化水平的区域性影响。

6.1.1 模型假设

假设 1：农村金融发展对农村城镇化水平有正向影响。

假设 2：农村金融发展对农村城镇化影响表现出明显的区域性特征，金融发展水平较高的地区其城镇化水平也较高。

假设 3：农村金融增量改革是以增强农村金融市场结构的多元化为特点的，所以农村金融市场结构因子对农村城镇化水平的影响较为突出。

6.1.2 变量选择与模型构建

6.1.2.1 变量选择

(1) 因变量：2011～2014 年各年度苏北各县市城镇化率，数据源于第 3 章估算得到的城镇化水平。

(2) 自变量：2011～2014 年各年度苏北金融结构、金融规模、金融效率、金融可获得性，数据源于江苏各县市金融发展评价各因子值。

6.1.2.2　模型构建

$$UR_i = m + a \cdot STRUC_i + b \cdot SCALE_i + c \cdot EFFICI_i + d \cdot ATTAIN_i \tag{6-1}$$

式中，UR 代表城镇化水平评价值；STRUC 代表农村金融结构因子值；SCALE 代表农村金融规模因子值；EFFICI 代表农村金融效率因子值；ATTAIN 代表农村金融可获得性因子值；i 代表苏北各县市。

6.1.3　实证分析(2011～2014 年)

6.1.3.1　单位根检验

变量苏北农村城镇化率与农村金融可获得性、农村金融结构、农村金融效率及农村金融规模的零阶差分均拒绝原假设，时间序列是平衡的，不存在单位根，均为零阶单整，可以对变量进行面板协整检验。统计量及 P 值见表 6-1。

表 6-1　统计量及 P 值

ADF-Fisher 卡方检验	统计量	P
UR_i	60.33	0.000 0
$ATTAIN_i$	44.77	0.000 0
$STRUC_i$	51.31	0.000 9
$EFFICI_i$	61.58	0.000 0
$SCALE_i$	77.06	0.000 0

6.1.3.2　面板协整检验

苏北农村城镇化率与农村金融可获得性、农村金融结构、农村金融效率及农村金融规模的协整检验如表 6-2 和表 6-3 所列。

从检验结果可以看出，ADF 检验、Group PP 检验、Group ADF 检验以及 Fisher 检验均支持协整，判断 2011～2014 年苏北各县市的农村城镇化率与农村金融可获得性、农村金融结构、农村金融效率及农村金融规模存在协整关系。

6.1.3.3　确定影响形式

模型有三种影响形式：变系数模型、固定影响系数模型和不变参数模型。

模型一：变系数模型。

表 6-2　　Kao 检验、Pedroni 检验结果(滞后阶数由 SIC 准则确定)

检验方法	检验假设	统计量名	统计量值(P 值)
Kao 检验	$H0:\rho=1$	ADF	−1.99(0.02)*
Pedroni 检验	$H0:\rho=1$	Panel v-Statistic	−0.91(0.82)
	$H1:(\rho_i=\rho)<1$	Panel rho-Statistic	−5.57(0.00)*
		Panel PP-Statistic	−7.16(0.00)*
		Panel ADF-Statistic	−2.88(0.00)*
	$H0:\rho=1$	Group rho-Statistic	0.71(0.76)
	$H1:(\rho_i=\rho)<1$	Group PP-Statistic	−2.22(0.01)*
		Group ADF-Statistic	1.61(0.95)

注:"*"表示在 10%的显著性水平下拒绝原假设而接受备择假设。

表 6-3　　Johansen 面板协整检验结果

原假设	Fisher 联合迹统计量(P 值)	Fisher 联合 λ-max 统计量(P 值)
0 个协整向量	59.23(0.00)*	19.10(0.00)*
至少 1 个协整向量	43.66(0.00)*	15.95(0.01)*
至少 2 个协整向量	32.40(0.00)*	16.11(0.01)*
至少 3 个协整向量	23.02(0.00)*	21.13(0.00)*
至少 4 个协整向量	11.71(0.07)*	11.71(0.07)*

注:"*"表示在 10%的显著性水平下拒绝原假设而接受备择假设。

$$UR_i = c+\alpha_i+ATTAIN_i\cdot\beta_i+STRUC_i\cdot\gamma_i+EFFICI_i\cdot\delta_i+SCALE_i\cdot\varepsilon_i+u_i \tag{6-2}$$

$$自由度=N(T-K-1)=3\times(23-4-1)=54$$

$$残差平方和\ S_1=257.87$$

模型二:固定影响系数模型。

$$UR_i = c+\alpha_i+ATTAIN_i\cdot\beta+STRUC_i\cdot\gamma+EFFICI_i\cdot\delta+SCALE_i\cdot\varepsilon+u_i \tag{6-3}$$

$$自由度=N(T-1)-K=3\times(23-1)-4=62$$

$$残差平方和\ S_2=345.17$$

模型三:不变参数模型。

$$UR_i = \alpha+ATTAIN_i\cdot\beta+STRUC_i\cdot\gamma+EFFICI_i\cdot\delta+SCALE_i\cdot\varepsilon+u_i \tag{6-4}$$

$$自由度=NT-(K+1)=3\times23-(4+1)=64$$

残差平方和 $S_3=546.15$

F统计量：

$$
\begin{aligned}
F_2 &= \{(S_3-S_1)/[(N-1)(K+1)]\}/\{S_1/[NT-N(K+1)]\} \\
&= [(546.15-257.87)/(2\times5)]/[257.87/(3\times23-3\times5)] \\
&= 28.828/4.775 \\
&= 6.03 > F(10,54)
\end{aligned}
$$

$$
\begin{aligned}
F_1 &= \{(S_2-S_1)/[(N-1)K]\}/\{S_1/[NT-N(K+1)]\} \\
&= [(345.17-257.87)/(2\times4)]/[257.87/(3\times23-3\times5)] \\
&= 10.913/4.775 \\
&= 2.29 > F(8,54)
\end{aligned}
$$

由于 F_1 与 F_2 均大于 F 临界值，所以采用式(6-2)——变系数模型。

6.1.3.4　变量的回归分析

变量回归分析结果如表6-4所列。

表6-4　变量回归分析结果

	STRUC(P)	SCALE(P)	EFFICI(P)	ATTAIN(P)	C(P)	R^2
2011	0.09(0.00)*	0.07(0.00)*	0.02(0.24)	−0.02(0.32)	0.31(−0.00)*	0.57
2012	0.05(0.04)*	0.12(0.00)*	0.02(0.35)	−0.04(0.00)*		
2013	0.06(0.01)*	0.05(0.02)*	0.00(0.91)	−0.06(0.00)*		
2014	0.07(0.01)*	0.06(0.00)*	0.02(0.30)	−0.05(0.00)*		

注："*"表示在10%的显著性水平下拒绝原假设而接受备择假设。

6.1.4　结论

上述分析是从区域视角对2011～2014年各年度江苏农村金融发展各项因子对区域城镇化发展水平影响的实证分析。理论上，金融发展水平较高，各因子评价值相应较高的区域，农村城镇化水平较高。

第一，在金融可获得性、金融结构、金融效率以及金融规模等各项因子中，金融结构因子与金融规模因子对城镇化水平的影响显著，且均为正向影响，2011～2014年，金融结构评价值上升1，农村城镇化水平分别上升0.09、0.05、0.06和0.07；金融规模评价值增加1，农村城镇化水平分别提升0.07、0.12、0.05和0.06；金融效率因子对城镇化水平的影响不显著；金融可获得性对农村城镇化水平影响只在2012～2014年有显著影响，为负向影响，金融可获得性评价值上升1，农村城镇化率分别下降0.04、0.06和0.05。

第二，江苏农村金融发展对城镇化水平的影响存在显著的区域差异性，农村金融市场竞争程度越强，金融规模越大的县市，其城镇化水平则越高；反之，农村金融市场集中程度越强，金融规模越小的县市，其城镇化水平则越低。这些说明农村金融结构与金融规模能够促进农村城镇化的发展，农村金融结构与金融规模的地区差异导致了农村城镇化发展的区域差异。

第三，农村金融可获得性对农村城镇化水平的影响不显著或显著为负，原因在于该因子值是以经营种植与养殖业的农户为评价对象，苏北地区这一类型的农户大都获得了小额信贷的支持，所以指标较高，而苏南农户以经营农村企业为主，其融资渠道主要是申请银行借贷与依托资本经营，信贷支持的获得率相对苏北较低，所以指标较低，负向影响的形成在一定程度上反映苏中与苏北农村小企业不够活跃。

第四，农村金融效率与城镇化水平之间没有显著的影响，可能的原因在于：江苏各县市，不论苏南、苏中，还是苏北，农村金融机构的存贷差余额均较大，农村金融体系依然在充当将农村资金转移到城市的“抽水机”。

6.2 基于面板数据模型的金融发展对苏北农村城镇化的作用分析

6.2.1 模型假设

江苏农村金融规模与农村金融结构对农村城镇化水平存在显著的区域性影响，农村金融规模越大、农村金融市场竞争越强的地区，其城镇化水平就越高，农村金融规模越小、金融市场竞争越弱的地区，其城镇化水平则越低。新中国成立以来，农村金融体系在很大程度上承担着向城市与城市工业部门输送资本金的职能，即从农村抽取资金转移到城市及城市工业部门，这种现象普遍存在。近年来虽在对农村金融体系职能的认识上有所转变，但因商业银行的利润优先特性，农村金融效率未有明显的改善，农村金融效率对城镇化水平的影响不太显著。苏北在全省范围内处于欠发达区域，农村城镇化水平相对较低，其金融规模与金融效率对农村城镇化水平的影响相对苏南与苏中地区表现较弱，考虑到农村储蓄资金外流的因素，将金融规模变量用金融深度变量替代。

假设1：苏北农村金融深度对农村城镇化水平有正向影响，但较弱。

假设2：苏北农村金融效率对农村城镇化水平影响不明显。

6.2.2　变量选择与模型构建(2002～2014 年)

6.2.2.1　变量选择

以苏北各县市的城镇化水平(UR)为被解释变量，数据来自第 3 章的全省农村城镇化水平评价结果，以农村金融深度(LGR)与农村金融效率(LDR)为解释变量，其中金融深度为农村贷款余额与地区生产总值之比，金融效率为农村贷款余额与农村存款余额之比，采用面板数据方法，分析苏北各县市金融发展对城镇化的影响。

6.2.2.2　单位根检验

为了防止虚假回归或伪回归，首先对面板数据进行平稳性分析(单位根检验)。采用 ADF 检验法对各变量进行水平检验及一阶差分检验，见表 6-5。

表 6-5　面板数据的 ADF 检验

ADF 检验	含趋势项与常数项		只含常数项		不含趋势项与常数项	
	水平(*P*)	一阶差分(*P*)	水平(*P*)	一阶差分(*P*)	水平(*P*)	一阶差分(*P*)
URsubei	41.96(0.64)	77.94(0.00)	6.31(1.00)	115.24(0.00)	6.65(1.00)	192.05(0.00)
LGR	44.29(0.54)	111.49(0.00)	41.30(0.67)	119.00(0.00)	18.00(1.00)	209.01(0.00)
LDR	30.14(0.97)	83.39(0.00)	38.71(0.77)	90.30(0.00)	38.58(0.77)	190.74(0.00)

注：$P>0.10$，接受原假设；$P<0.10$，拒绝原假设。

检验结果表明，苏北农村城镇化水平、金融深度与金融效率的原序列均未通过 ADF 检验，均接受原假设，存在单位根，而上述各变量一阶差分后均通过 ADF 检验，均拒绝原假设，不存在单位根，为一阶平稳序列。所以，苏北各县市农村城镇化水平与金融深度、金融效率为一阶单整，可以进行协整检验与直接对原序列进行回归。

6.2.2.3　协整检验

苏北各县市城镇化水平与金融深度和金融效率的协整检验见表 6-6 和表 6-7。

上述检验的样本区间为 2002～2014 年，从检验结果可以看出，ADF 检验、Panel PP 检验、Panel ADF 检验、Group PP 检验、Group ADF 检验以及 Fisher 检验均支持协整，判断苏北各县市城镇化水平与金融效率、金融深度存在协整关系。

表 6-6　　Kao 检验、Pedroni 检验结果(滞后阶数由 SIC 准则确定)

检验方法	检验假设	统计量名	统计量值(*P* 值)
Kao 检验	H0:$\rho=1$	ADF	−1.62(0.05)*
Pedroni 检验	H0:$\rho=1$	Panel v-Statistic	0.70(0.24)
	H1:$(\rho_i=\rho)<1$	Panel rho-Statistic	2.77(1.00)
		Panel PP-Statistic	−1.50(0.07)*
		Panel ADF-Statistic	−1.20(0.10)*
	H0:$\rho=1$	Group rho-Statistic	4.27(1.00)
	H1:$(\rho_i=\rho)<1$	Group PP-Statistic	−4.76(0.00)*
		Group ADF-Statistic	−1.08(0.10)*

注:"*"表示在10%的显著性水平下拒绝原假设而接受备择假设。

表 6-7　　Johansen 面板协整检验结果

原假设	Fisher 联合迹统计量(*P* 值)	Fisher 联合 λ-max 统计量(*P* 值)
0 个协整向量	515.6(0.00)*	439.8(0.00)*
至少 1 个协整向量	170.6(0.00)*	137.8(0.00)*
至少 2 个协整向量	114.5(0.00)*	114.5(0.00)*

注:"*"表示在10%的显著性水平下拒绝原假设而接受备择假设。

6.2.3 实证分析(2002～2014 年)

(1) 确定影响形式:固定影响(fixed effect)与随机影响(random effect)。随机影响的 Hausman 检验见表 6-8。建立随机效应回归:

$$g_i = c + v_i + a \cdot \mathrm{LGR}_i + b \cdot \mathrm{LDR}_i + u_i$$

表 6-8　　Hausman 检验

检验	卡方统计量	自由度	概率
截面随机值	33.22	2	0.00

由回归方程产生的 Hausman Test 统计量(*W*)是 33.22,*P* 值是 0.00,拒绝原假设:随机模型中个体影响与解释变量不相关,所以,回归模型采用固定影响效应模型。

(2) 确定模型形式:变系数模型、固定影响模型与不变参数模型的比较见表 6-9。

表 6-9　　变系数模型、变截距模型与不变参数模型的比较

模型类型	方程	残差平方和	自由度	K	N	T
变系数模型	$\text{pgdp}_i=c+v_i+a_i\cdot\text{LGR}+b_i\cdot\text{LDR}_i+u_i$	$S_1=1.17\times10^{10}$	$N(T-K-1)$	2	23	12
变截距模型	$\text{pgdp}_i=c+v_i+a\cdot\text{LGR}_i+b\cdot\text{LDR}_i+u_i$	$S_2=2.77\times10^{10}$	$N(T-1)-K$			
不变参数模型	$\text{pgdp}_i=c+v_i+a\cdot\text{LGR}_i+b\cdot\text{LDR}_i+u_i$	$S_3=3.64\times10^{10}$	$NT-(K+1)$			

$$
\begin{aligned}
F_1 &=\{(S_2-S_1)/[(N-1)K]\}/\{S_1/[NT-N(K+1)]\}\\
&=[(1.6\times10^{10})/(22\times2)]/[(1.17\times10^{10})/(23\times12-23\times3)]\\
&=3.6\times10^{8}/(5.65\times10^{7})\\
&=6.37>F(44,207)
\end{aligned}
$$

$$
\begin{aligned}
F_2 &=\{(S_3-S_1)/[(N-1)(K+1)]\}/\{S_1/[NT-N(K+1)]\}\\
&=[(2.47\times10^{10})/(22\times3)]/[(1.17\times10^{10})/(23\times12-23\times3)]\\
&=3.74\times10^{8}/(5.65\times10^{7})\\
&=6.62>F(66,207)
\end{aligned}
$$

在给定5%的显著性水平下($d=0.95$)，F_1 与 F_2 分别大于相应的临界值，所以，模型形式确定为变系数模型。

以人均GDP为被解释变量，以金融深度和金融效率为解释变量的变系数模型结果见表6-10。

6.2.4　结论

2002～2014年，部分苏北各县市金融深度、金融效率对城镇化水平有显著影响，这种影响有正向的，也有负向的，另有部分县市金融发展要素对城镇化影响则十分不显著。金融深度对农村城镇化影响显著不为零且方向为正的县市有：丰县、东海县、涟水县、盱眙县、射阳县、大丰市、沭阳县、泗阳县，共8个县市；影响显著不为零且方向为负的县市有：沛县、邳州市、灌云县、灌南县，共4个县市；影响系数不显著的县市有：睢宁县、新沂市、赣榆县、洪泽县、金湖县、阜宁县、建湖县、响水县、滨海县和泗洪县，共10个县市。金融效率对农村城镇化影响显著不为零且方向为负的县市有：沛县、睢宁县、邳州市、新沂市、赣榆县、灌云县、灌南县、金湖县、响水县和滨海县，共10个县市；影响系数不显著的县市有：丰县、东海县、涟水县、洪泽县、盱眙县、阜宁县、射阳县、建湖县、东台市、大丰市、沭阳县、泗阳县和泗洪县，共13个。

数据分析在一定程度上验证了苏北农村城镇化的金融需求与金融供给不十分匹配的特点，即由于该地区农村城镇化建设的多元化、公益性等特点，导致城镇化的金融需求与当前的金融有效供给存在明显的异质特性。具体分析如下：

表 6-10　　　　模型结果及检验

	v_i	金融深度(LGR)		金融效率(LDR)		c	
		a_i	P	b_i	P	c	P
丰　县	−0.35	0.49	0.06***	0.00	0.89	0.30	0.00*
沛　县	0.38	−0.84	0.01*	−0.09	0.01*		
睢宁县	−0.09	0.58	0.41	−0.15	0.00*		
新沂市	0.45	−0.27	0.50	−0.35	0.00*		
邳州市	0.97	−1.16	0.00*	−0.48	0.00*		
赣榆县	0.17	0.12	0.65	−0.21	0.00*		
东海县	−0.36	0.63	0.01*	−0.03	0.54		
灌云县	0.24	−0.56	0.01*	−0.09	0.00*		
灌南县	0.80	−1.67	0.00*	−0.24	0.00*		
涟水县	−0.42	0.57	0.00*	0.02	0.62		
洪泽县	−0.15	0.60	0.14	−0.18	0.11		
盱眙县	−0.27	0.38	0.00*	−0.02	0.54		
金湖县	0.15	0.13	0.30	−0.23	0.00*		
响水县	0.21	−0.26	0.37	−0.18	0.02**		
滨海县	0.50	−0.60	0.36	−0.28	0.09***		
阜宁县	−0.16	0.14	0.61	−0.04	0.49		
射阳县	−0.80	0.93	0.03**	0.16	0.17		
建湖县	0.07	0.12	0.78	−0.15	0.23		
东台市	−0.24	0.53	0.26	−0.04	0.62		
大丰市	−0.32	0.55	0.03**	−0.01	0.93		
沭阳县	−0.27	0.52	0.00*	−0.07	0.23		
泗阳县	−0.22	0.36	0.10***	−0.05	0.68		
泗洪县	−0.30	0.30	0.11	0.01	0.94		

注:“*”为1%水平显著;“**”为5%水平显著;“***”为10%水平显著,R^2=0.74。

第一,就江苏省县域来讲,江苏县域城镇化发展水平在全国处于领先地位,但农村城镇化水平在空间的差异性较为显著,农村金融发展对各区域的影响也随着城镇化水平的不同而不同。金融规模对城镇化的发展存在影响,区域差异性较为明显。欠发达的苏北与发达的苏南相比较,金融规模对城镇化的影响力呈现衰减态势,从苏南到苏北,农村金融规模对农村城镇化呈现显著正向影响的县市数量上出现缩减;金融效率对城镇化的影响不显著,不论是发达的苏南农村还是欠发达的苏北农村，金融效率的影响系数均不显著。

第二，苏北农村城镇化水平测量值涵盖多种因素，不仅包括经济发展因子，还包括社会发展因子和环境发展因子，金融规模和金融效率对经济、社会与环境所产生的作用与深度不完全相同，个别领域可能未受到金融影响。

第三，研究时间区间(2002～2014 年)内，苏北农村金融规模和金融效率的相关数据走势呈“V”字形(图 6-1)，即各县市的金融规模和金融效率都有先降后升的态势，由降到升的转折点在 2007～2008 年间，影响因素有两个方面：一是由于 2007 年农村金融增量改革，农村地区增加新型农村金融机构，融资呈现多元化与多层次性，这对农村金融规模和金融效率的影响形成正向影响；二是由于受到 2008 年国际金融危机的影响，大型商业金融机构纷纷从农村地区撤销网点，减少贷款规模，对农村金融规模和金融效率形成了负向影响。这两个因素形成了2007～2008 年相对较长的转折时间区间，且最低点出现在 2008 年前后。2008 年国际金融危机之后，农村金融增量改革效率日益显现，苏北各县市的金融规模和金融效率呈现缓慢上升的趋势。与之相对，苏北农村城镇化水平走势的“U”字形特点更明显。20 世纪 90 年代末至 21 世纪初，人口流动导致农村主要劳动力流失，农村发展渐趋萧条，2006 年是农村城镇化水平的相对低点，2007 年新农村建设给农村发展带来了政策利好，2008 年金融危机发生，使得更多的农民工返乡，有利于农村经济社会发展，所以苏北农村金融发展水平与农村城镇化水平的走势相似，但低点错位出现(图 6-1)。

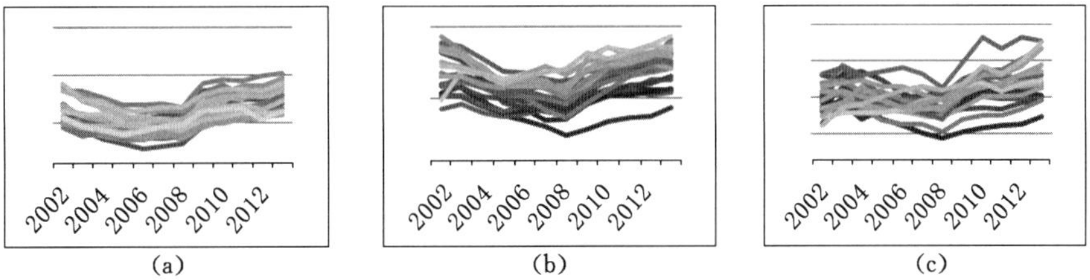

图 6-1　2002～2014 年苏北农村城镇化水平、金融效率和金融深度走势图

(a) 城镇化水平；(b) 金融效率；(c) 金融深度

第四，苏北乃至全省、全国农村普遍存在着非正规金融对农村闲置资金的吸纳与配置，农村金融机构的数据统计中缺失非正规金融的有关数据，也是造成苏北农村金融发展对城镇化发展影响不十分显著的一个重要原因。

除了以上种种因素造成了苏北农村金融规模和金融效率对农村城镇化影响不十分显著外，苏北农村金融对农村城镇化影响不十分显著的原因还在于金融有效供给不足，即农村金融供给不能够满足农村城镇化的金融需求。

6.3 基于结构方程模型的金融发展对苏北农村城镇化的作用分析

结构方程模型(Structural Equation Modeling,SEM)是一种综合统计分析方法,起源于20世纪20年代遗传学者Swell Wright提出的路径分析概念。后由Joreskog和Kessling等人在20世纪60、70年代将其与因子分析方法结合起来,发展成为结构方程模型。目前,结构方程模型在心理学、经济学、社会学、行为科学等许多研究领域得到广泛应用。在结构方程模型应用中,一般建议:其一,样本容量至少为150个,或者达到观测变量数量的10～15倍;其二,样本容量、数据形态影响收敛性、拟合程度、参数估计的有效性;其三,CB-SEM(Covariance Based-Structure Equations Modeling,基于协方差矩阵估计的结构方程模型)方法在理想状态下可获得无偏、有效或一致的估计。本研究采用结构方程模型基于以下考虑:首先,结构方程具有同时处理多个因变量的优点,而研究中农村城镇化水平的评价从多个因子展开,所以采用结构方程模型能够充分利用这一优点,进行金融发展变量对农村城镇化各变量影响的路径分析。第二,研究中的样本容量数等于县市数量×研究年限,其中县市数量为23[①]个,研究年限从2007～2014年共8年(2007年是江苏省农村金融增量改革元年),共183[②]个样本,符合样本容量要求。第三,样本容量的设置,是基于面板分析中单独县市数据的实证分析比较脆弱,且农村金融发展在2006年和2008年分别受到农村金融增量改革与国际金融危机的影响,出现较长时间的转折区间的考虑,于是采用县市与年份的整合数据进行农村金融发展对农村城镇化影响的实证分析。

6.3.1 模型设定

金融发展与城镇化进程间内含着一种互动机制。一方面,金融发展可以通过促进储蓄转化为投资、提高资本配置效率、促进经济增长、优化金融市场结构、降低交易成本、分散风险等方面促进生产要素向城镇集聚,促进城镇化发展;另一方面,城镇化水平提升又将导致生产要素不断集聚,使市场规模得以扩大,从需求和供给两个方面促进金融的发展。从理论上讲,城镇化发展初期到中期阶段,金融对城镇化发展具有“供给引领”效应,城镇化发展中高期阶段,城镇化水

---

① 23个县市是依据2013年苏北五市所辖县市总数所得。

② 因2014年,苏北五市所辖县市减少到22个(赣榆县于2014年撤县并入连云港市区),所以,样本总量为183个。

平提升对金融发展存在“需求追随”效应，金融发展与城镇化进程之间互为因果，两者之间存在较为显著的相关关系。在实践中，金融发展促进城镇化与城镇化推动金融发展往往交织在一起，二者之间存在一个顺序的问题，一般认为，在城镇化发展的初期到中期阶段，金融发展对城镇化的影响居于主导地位，随着城镇化的进一步发展，城镇化推动金融发展逐渐居于主导地位。鉴于苏北农村处于欠发达区域，以及城镇化与金融发展的多变量特性，采用结构方程模型来分析和评价农村金融发展对农村城镇化的影响路径和影响系数。

6.3.1.1　模型的潜变量

（1）潜变量一：农村城镇化水平

城镇化水平的测量一直以城镇人口占总人口比重作为重要的测量方法，但随着我国城镇化水平的提高、城镇化进程的深化，经济发展、社会和谐、绿色生态等城镇化质量指标的时序性被重新认识。学者们逐渐就农村城镇化的未来发展方向达成共识，即农村城镇化不仅要重视经济发展，更要重视环境效应和社会效应，重视环境绿色、社会和谐、公共服务共享、经济高效以及城镇化的可持续性，对城镇化进程的评判相应地发生了从重数量向重质量的转变。依据第 3 章新型农村城镇化评价指标体系，将农村城镇化的评价由单纯的城镇人口占总人口的比重发展为涵盖经济发展、固定资产投入、单位耕地产出、医疗条件、通信条件以及恩格尔系数等评价指标在内的多元化评价体系。

（2）潜变量二：农村金融发展水平

戈德史密斯与麦金农将金融增长作为金融发展的替代指标，金融增长表现为金融资产规模相对于国民财富的扩张。戈氏用金融相关比率（FIR，FIR＝金融资产总量/GDP）作为评价指标，而麦氏采用金融深化程度（M2/GDP）衡量一国经济的货币化程度。在我国农村地区，金融资产相对单一，金融机构存款与金融机构贷款是主要的金融资产，缺少 M2 统计数据，且农村金融机构存款存在流失现象，所以农村金融发展评价只能采用较窄口径的存、贷款数据作为衡量指标，农村金融评价指标之一是农村金融深度（农村金融深度＝农村金融机构贷款余额/农村地区 GDP），指标之二是农村金融效率（农村金融效率＝农村金融机构贷款余额/农村金融机构存款）。

潜变量一（农村城镇化水平）与潜变量二（农村金融发展）之间为相关关系。

6.3.1.2　模型的观测变量

农村城镇化水平的观测变量如下：

（1）经济增长变量，用实际人均生产总值测量，A_1PGDPSJ；

（2）产业结构变量（一），用非农产业产值结构测量，A_2NOARGG；

（3）产业结构变量（二），用非农产业从业人员结构测量，A_3NOARGP；

(4) 经济密度变量，用单位面积 GDP 测量，A_4 EDENSI；

(5) 农业机械化变量，用单位耕地面积的机械动力测量，A_5 MECH；

(6) 交通变量，用人均道路长度测量，A_6 PROAD；

(7) 医疗水平变量，用每万人床位数测量，A_7 MEDICA；

(8) 财政变量，用人均公共财政支出测量，A_8 PEXPEN；

(9) 固定资产投入变量，用单位面积固定资产投入量测量，A_9 FAIN；

(10) 通信变量，用人均移动电话测量，A_{10} PHONE；

(11) 能源消耗变量，用单位 GDP 电耗测量，A_{11} COENG；

(12) 城镇密度变量，用单位面积城镇数量测量(我国小城镇存在数量多而规模小的问题，近年来，江苏各市均采取了合并小城镇的措施，所以观测变量城镇密度对潜变量城镇化水平的影响应为负值)，A_{12} DENSITY；

(13) 耕地产出水平变量，用单位面积耕地产值测量，A_{13} OUTLA；

(14) 恩格尔变量，用城镇居民恩格尔系数测量，A_{14} ENGEL。

农村金融发展的观测变量如下：

(1) 金融深度变量，用农村金融机构贷款余额与农村地区 GDP 比率测量，D_1 LGR；

(2) 金融效率变量，用农村金融机构贷款与农村金融机构存款比率测量，D_2 LDR。

6.3.1.3 测量模型与结构模型

$$\boldsymbol{D} = \boldsymbol{\Lambda}_D \boldsymbol{\xi}_F + \delta \tag{6-5}$$

$$\boldsymbol{A} = \boldsymbol{\Lambda}_A \boldsymbol{\eta}_U + \varepsilon \tag{6-6}$$

式中 $\boldsymbol{A}$——内生指标(农村城镇化水平变量)组成的向量；

$\boldsymbol{D}$——外源指标(农村金融发展变量)组成的向量；

$\boldsymbol{\xi}_F$——外源潜变量组成的向量，本研究中指苏北农村金融发展潜变量；

$\boldsymbol{\eta}_U$——内生潜变量组成的向量，本研究中指苏北农村城镇化水平潜变量；

$\boldsymbol{\Lambda}_D$——外源指标与外源潜变量之间的关系，是外源指标在外源潜变量上的因子负荷矩阵；

$\boldsymbol{\Lambda}_A$——内生指标与内生潜变量之间的关系，是内生指标在内生潜变量上的因子负荷矩阵；

δ——外生指标 $\boldsymbol{D}$ 的误差项；

ε——内生指标 $\boldsymbol{A}$ 的误差项。

式(6-5)用于度量潜变量农村金融发展水平与观测变量之间的关系，式(6-6)用于度量潜变量农村城镇化水平与观测变量之间的关系。

潜变量(农村城镇化水平与农村金融发展)之间的关系用如下结构方程表示：

$$\eta = \Gamma\xi + \zeta \tag{6-7}$$

式中　Γ——外源潜变量对内生潜变量的影响；

ζ——结构方程的残差项，反映了 η 在方程中未能被解释的部分。

方程(6-7)用于度量潜变量 η 和 ξ 之间的因果关系。

据此，构建金融发展支持城镇化的理论模型图，如图 6-2 所示。

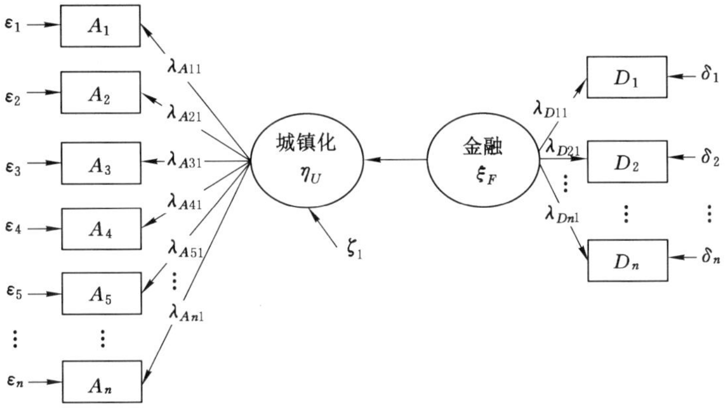

图 6-2　农村金融发展支持农村城镇化的理论模型图

6.3.1.4　模型假设

金融是经济发展的核心，经济发展又是城镇化发展的核心动力，所以，金融发展与城镇化之间具有相关关系，是城镇化的逻辑推动力，且具有正向推动作用。

假设 1：苏北农村金融发展对苏北农村城镇化发展具有推动作用。

城镇化水平的基本测量方法是城镇人口占总人口的比重，城镇化发展的本质是城镇经济增长与社会发展以及其带动的城镇人口绝对量与相对量的上升，所以，研究中以经济发展与社会发展的各相关因素作为城镇化的观测变量，分别研究金融对各变量的影响。经济增长因素受金融的影响作用称为金融的直接影响效应，社会发展各因素受金融影响的作用除了直接影响效应之外，更多地通过经济增长来发生作用，称之为间接影响效应。

假设 2：苏北农村金融发展对苏北农村经济增长具有正向推动作用，表现为直接效应。

假设 3：苏北农村金融发展对苏北农村产业结构具有正向推动作用，表现为直接效应。

假设 4：苏北农村金融发展对苏北耕地的单位产出具有正向推动作用，表现为直接效应。

假设 5：苏北农村金融发展对苏北农村医疗条件具有正向推动作用，主要通过经济增长这一中介变量产生间接效应。

假设 6:苏北农村金融发展对苏北农村通信条件具有正向推动作用,主要通过经济增长的中介变量产生间接效应。

假设 7:苏北农村金融发展对苏北农村恩格尔系数具有负向推动作用,主要通过经济增长的中介变量产生间接效应。

城镇化发展的过程中伴随着要素集聚的发生,包括人口、资金、技术等要素在城镇的集中。这些要素在其初始集中阶段,是由金融发展推动经济增长引起的,当要素进一步发生集聚,将导致市场规模扩大以及对金融产品及金融服务需求的扩大,反过来推动金融市场的扩张及金融的进一步发展,所以,当城镇化发展到一定的程度时,会产生城镇化发展促进金融发展。

假设 8:苏北农村经济发展对苏北农村金融发展具有推动作用。

假设 9:苏北农村社会发展对苏北农村金融发展具有推动作用。

6.3.2 模型的探索性因子分析(EFA)

6.3.2.1 统计量描述

样本包括苏北 23 个县市从 2007～2014 年连续 8 年的 16 个变量的数据,即有 183 个样本(23×8－1,连云港市赣榆县在 2014 年并入连云港市区,成为三个主城区之一),16 个观测变量,所以,样本数据既有截面数据的性质,又有时间序列数据性质。基于时间上,我国于 2007 年(江苏于 2008 年)开始农村金融体制的新一轮改革,所以时间从 2007 年开始;基于空间上,江苏各县市长期以来存在部分县市划归到地级市现象,为使数据具有连贯性,以 2013 年县市设置为标准,将所有年份的变量均按照 2013 年确定的 23 个县市为基准进行统计。变量统计显示,除 A_{12} 与 D_2 变量之外,绝大部分变量数据为非正态分布(表 6-11)。

表 6-11　统计量描述

	N	极小值	极大值	均值	标准差	偏度		峰度		正态性检验
	统计量	统计量	统计量	统计量	统计量	统计量	标准误差	统计量	标准误差	Sig.
A_0 UR	183	0.16	5.87	1.798 2	0.933 08	1.180	0.180	2.573	0.357	
A_1 PGDPSJ	183	0.69	0.89	0.806 1	0.040 75	−0.643	0.180	−0.012	0.357	0.003
A_2 NOARGG	183	0.30	0.79	0.605 1	0.116 85	−1.043	0.180	0.419	0.357	0.001
A_3 NOARGP	183	0.35	3.67	1.335 9	0.709 38	0.956	0.180	0.480	0.357	0.000
A_4 EDENSI	183	2.07	10.96	5.633 1	1.931 37	0.560	0.180	−0.446	0.357	0.000
A_5 MECH	183	1.38	4.42	2.673 4	0.751 72	0.649	0.180	−0.270	0.357	0.000
A_6 PROAD	183	0.92	5.32	2.644 2	1.035 56	0.457	0.180	−0.674	0.357	0.000
A_7 MEDICA	183	0.51	9.78	3.416 9	2.233 99	0.624	0.180	−0.459	0.357	0.002

续表 6-11

	N	极小值	极大值	均值	标准差	偏度		峰度		正态性检验
	统计量	统计量	统计量	统计量	统计量	统计量	标准误差	统计量	标准误差	Sig.
A_8PEXPEN	183	0.08	2.46	0.645 7	0.471 21	1.257	0.180	1.560	0.357	0.000
A_9FAIN	183	1.08	11.51	5.229 7	2.079 57	−0.030	0.180	−0.799	0.357	0.000
A_{10}PHONE	183	3.75	25.28	7.579 5	2.954 55	2.418	0.180	8.976	0.357	0.001
A_{11}COENG	183	0.39	1.48	0.942 4	0.268 71	−0.153	0.180	−0.344	0.357	0.000
A_{12}DENSITY	183	0.13	0.65	0.279 2	0.091 07	1.005	0.180	1.504	0.357	0.065
A_{13}OUTLA	183	0.28	0.51	0.377 0	0.042 95	0.808	0.180	0.778	0.357	0.016
A_{14}ENGEL	183	0.17	0.73	0.437 9	0.109 58	0.418	0.180	0.500	0.357	0.000
D_1LGR	183	0.24	1.05	0.647 8	0.151 91	−0.197	0.180	−0.313	0.357	0.023
D_2LDR	183	0.70	1.68	1.122 2	0.184 68	0.328	0.180	−0.020	0.357	0.200
有效的 N	183									

最大似然估计法(ML)是结构方程分析最常用的估计方法。不过使用 ML 法时,有一个条件是变量为多元正态分布的。当数据出现非正态分布时,其解决方法,一是将原数据正态化(normalized),二是继续使用原数据,采用 ML 法。相关研究显示,就算变量不是正态分布,ML 估计仍然合适,ML 法估计是稳健的[91],所以继续使用原数据。继续使用原数据所产生的后果,侯杰泰等人总结不同研究成果给出了相应的阐述,认为当数据非正态或者正态但 N 很小时,可能导致采用 ML 法时,会高估 χ^2,使模型看起来不拟合数据,但是,并不影响模型分析结果。

6.3.2.2 测量的信度与效度检验

6.3.2.2.1 效度检验

模型的结构效度(construct validity)是指测量结果体现出来的某种结构与测量值之间的对应程度,可分为收敛效度(convergent validity)与区别效度(discriminant validity)。结构效度分析所采用的方法是因子分析,因子分析的主要功能是从量表全部变量中提取一些公因子,各公因子分别与某一群特定变量高度关联,这些公因子即代表了量表的基本结构。Anderson 和 Gerbing(1988)对 SEM 应用中效度的衡量方法进行总结后提出,如果因子负荷显著性不小于0.7,拟合指标不小于 0.90,则可以认为模型同时具备了收敛效度和区别效度。将观测变量进行因子分析,还可以将相同本质的变量归入一个因子,检验观测变量对潜变量的从属特性,减少观测变量的数目。采用 SPSS 软件分析,将统计量进行迭代式探索性因素分析,得到旋转成分矩阵(表 6-12)。

表 6-12　　　　**旋转成分矩阵[a](1)**

	因子 1	因子 2	因子 3	因子 4	因子 5
A_4 EDENSI	0.938	−0.013	−0.232	−0.087	−0.048
A_9 FAIN	0.903	0.092	−0.225	−0.171	0.045
A_{13} OUTLA	0.852	0.260	−0.160	−0.151	−0.077
A_2 NOARGG	0.830	0.205	0.113	0.251	0.089
A_{10} PHONE	0.811	0.369	0.142	0.084	−0.129
A_1 PGDPSJ	0.808	0.275	0.453	−0.053	−0.010
A_8 PEXPEN	0.771	0.441	0.312	−0.170	0.023
A_{14} ENGEL	−0.727	0.035	−0.298	0.031	0.077
A_7 MEDICA	0.726	0.330	0.330	−0.271	−0.131
D_2 LDR	0.269	0.823	0.141	0.012	0.104
D_1 LGR	0.152	0.769	0.422	0.024	−0.140
A_5 MECH	0.162	0.734	−0.442	−0.087	0.034
A_{12} DENSITY	0.035	0.040	−0.895	0.071	−0.044
A_6 PROAD	0.222	0.391	0.723	0.134	0.160
A_3 NOARGP	−0.133	−0.017	0.000	0.968	0.006
A_{11} COENG	−0.092	0.022	0.102	0.010	0.979
初始特征值	7.509	2.376	1.509	1.123	1.019
方差的解释量/%	46.932	14.847	9.430	7.017	6.367
累积解释量/%	46.932	61.779	71.209	78.225	84.592

注:提取方法:主成分。旋转法:具有 Kaiser 标准化的正交旋转法。[a] 旋转在 5 次迭代后收敛。

旋转产生 5 个因子(特征值大于 1),根据因子载荷显著性不小于 0.70 原则,因子 1 包含 9 个观测变量,均为农村城镇化水平变量;因子 2 包含 3 个变量,其中,2 个是农村金融发展水平变量,1 个是农业机械化动力变量;因子 3 包含 2 个变量;因子 4 与因子 5 分别包含 1 个变量。

如果将因子 2 作为农村金融发展因子,则农业机械化动力变量与之不相符,删除该变量之后重新进行因子分析,结果没有显著变化,旋转仍然产生 5 个因子(特征值大于 1),只有因子 2 发生变化,由之前的 3 个变量减少为 2 个变量。陡坡检验认为,陡坡线剧烈上升的那个因子即为该保留的因子数目,SPSS 所输出的碎石图(也称陡坡图)显示,陡坡线在第 2 个因子时剧升,因此根据碎石图(图 6-3),保留 2 个因子是适当的。因子 1 的方差特征值为 7.397,方差解释量为 49.311%,累积方差解释量为 49.311%；因子 2 的方差特征值为 2.354，方差解释量为 15.692%，累积方差解释量为 65.003%，显示出测量具有较好的结构效度(表 6-13)。

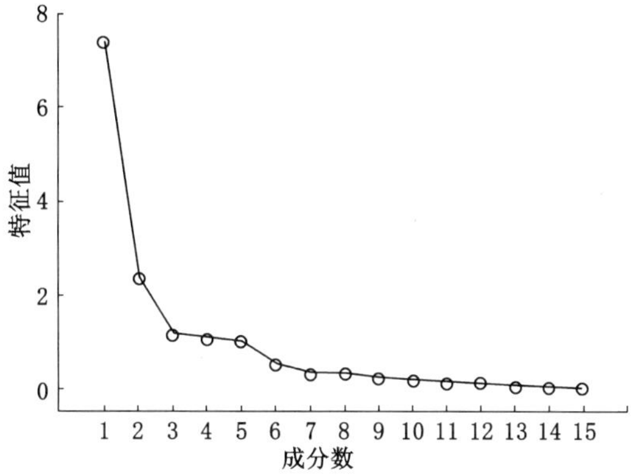

图 6-3　碎石图

表 6-13　　变量调整后的旋转成分矩阵[a]

	因子 1	因子 2	因子 3	因子 4	因子 5
A_4 EDENSI	0.938	0.000	−0.229	−0.094	−0.043
A_9 FAIN	0.912	0.070	−0.206	−0.173	0.047
A_{13} OUTLA	0.874	0.166	−0.094	−0.142	−0.085
A_2 NOARGG	0.823	0.233	0.108	0.243	0.093
A_{10} PHONE	0.817	0.335	0.172	0.086	−0.134
A_1 PGDPSJ	0.790	0.318	0.449	−0.060	−0.011
A_8 PEXPEN	0.768	0.438	0.317	−0.173	0.023
A_7 MEDICA	0.717	0.348	0.328	−0.276	−0.131
A_{14} ENGEL	−0.714	0.040	−0.353	0.027	0.091
D_2 LDR	0.273	0.890	0.021	−0.008	0.133
D_1 LGR	0.139	0.879	0.289	0.002	−0.114
A_{12} DENSITY	0.080	−0.053	−0.887	0.076	−0.034
A_6 PROAD	0.213	0.360	0.772	0.142	0.142
A_3 NOARGP	−0.134	−0.006	0.000	0.968	0.005
A_{11} COENG	−0.092	0.018	0.103	0.009	0.980
初始特征值	7.397	2.354	1.148	1.068	1.008
方差的解释量/%	49.311	15.692	7.652	7.120	6.721
累积解释量/%	49.311	65.003	72.654	79.775	86.496

注：提取方法：主成分。旋转法：具有 Kaiser 标准化的正交旋转法。[a]旋转在 5 次迭代后收敛。

上述分析表明，因子 1 可作为农村城镇化水平因子，包含经济密度变量(A_4)、固定资产投入变量(A_9)、单位耕地产出变量(A_{13})、产业(产值)结构变量(A_2)、通信变量(A_{10})、经济增长变量(A_1)、财政变量(A_8)、医疗水平变量(A_7)、恩格尔系数变量(A_{14})，共 9 个变量；因子 2 可作为金融发展因子，包含金融规模变量(D_1)、金融效率变量(D_2)，共 2 个变量。上述 11 个变量的累积方差贡献百分比达到 65.00%，说明前 11 个观测变量综合了蕴含原始数据 16 个评价指标所能表达的信息。据此，可将统计量归纳为 2 个因子，简化成 11 个变量。因子 1 代表农村城镇化水平(U)，因子 2 代表农村金融发展水平(F)。所以，探索性因子(EFA)分析结果为：潜变量一(苏北农村城镇化水平，U)包含 9 个观测变量(A_1，A_2，A_4，A_7，A_8，A_9，A_{10}，A_{13}与 A_{14})，潜变量二(苏北农村金融发展水平，F)包含 2 个观测变量(D_1，D_2)。

6.3.2.2.2 α 信度检验

信度即可靠性，是指采用同样的方法对同一对象重复测量时所得结果的一致性程度。Cronbach α 信度系数是目前最常用的信度系数，其公式为：

$$A = [k \div (k-1)] \times [1 - (\sum S_i^2) \div S_{\mathrm{T}}^2] \tag{6-8}$$

式中，k 为题项总数；S_i^2 为第 i 题得分的题内方差；S_{T}^2 为全部题项总得分的方差。

Cronbach α 信度系数，主要考虑量表的内在信度——项目之间是否具有较高的内在一致性。通常认为，信度系数应该在 0～1 之间，如果量表的信度系数在 0.9 以上，表示量表的信度很好；如果量表的信度系数在 0.8～0.9 之间，表示量表的信度可以接受。总量表的信度系数最好在 0.8 以上。通过 SPSS 软件对农村城镇化水平及金融发展水平的各项观测指标进行信度分析，得到量表的信度系数均在 0.8 以上，所以指标设置是具有稳定性和可靠性的(表 6-14)。

表 6-14　　　　可靠性统计量

	Cronbach α	基于标准化项的 Cronbach α	项数
所有项目的可靠性统计量	0.829	0.884	11
农村城镇化水平项目的可靠性统计量	0.838	0.877	9
农村金融发展项目的可靠性统计量	0.821	0.849	2

6.3.2.2.3 苏北农村城镇化水平的测量与拟合

构建模型之前，首先检测苏北农村城镇化水平的测量模型与苏北农村金融发展的测量模型，由于农村金融发展的指标较少，参数 $t>p(p+1)/2$，所以只检测农村城镇化水平的测量模型 $U(9)$，如表 6-15 和表 6-16 所列。

表 6-15　　苏北农村城镇化模型 $U(9)$ 的参数估计

	完全标准化系数	T 值 (LAMBDAX, PHI)	T 值 (THETA-DELTA)
A_1 PGDPSJ	0.93	16.69	7.17
A_2 NOARGG	0.81	13.15	8.92
A_4 EDENSI	0.80	12.88	8.96
A_7 MEDICA	0.86	14.54	8.57
A_8 PEXPEN	0.93	16.69	7.18
A_9 FAIN	0.80	12.89	8.96
A_{10} PHONE	0.86	14.60	8.55
A_{13} OUTLA	0.83	13.73	8.79
A_{14} ENGEL	−0.67	−10.23	9.28

表 6-16　　苏北农村城镇化测量模型拟合指数

模型	χ^2	df	χ^2/df	RMSEA	NFI	NNFI	CFI	IFI	GFI	SRMR
$U(9)$	492.85	27	12.7	0.31	0.84	0.80	0.85	0.85	0.63	0.071

在没有进行模型修正的情况下，苏北农村城镇化水平的测量模型 $U(9)$ 的拟合情况良好，且参数估计值在合理范围之内，能够继续进行因子模型，分析因子之间的关系。

6.3.3 模型的验证性因子分析(CFA)

验证性因子分析的作用在于确定观测变量与因子之间的从属关系是否正确，是否错误地将观测变量归属到没有关系的因子当中。

6.3.3.1 模型设置

探索性因子分析得到的潜变量 U 包含 9 个观测变量($A_1, A_2, A_4, A_7, A_8, A_9, A_{10}, A_{13}, A_{14}$)，潜变量 F 包含 2 个观测变量(D_1, D_2)。验证性因子分析

(CFA)模型为：

$$x_1=\lambda_{x_1}\xi_U+\delta_1,x_2=\lambda_{x_2}\xi_U+\delta_2,x_3=\lambda_{x_3}\xi_U+\delta_3,x_4=\lambda_{x_4}\xi_U+\delta_4,$$
$$x_5=\lambda_{x_5}\xi_U+\delta_5,x_6=\lambda_{x_6}\xi_U+\delta_6,x_7=\lambda_{x_7}\xi_U+\delta_7,x_8=\lambda_{x_8}\xi_U+\delta_8,$$
$$x_9=\lambda_{x_9}\xi_U+\delta_9,x_{10}=\lambda_{x_{10}}\xi_F+\delta_{10},x_{11}=\lambda_{x_{11}}\xi_F+\delta_{11} \tag{6-9}$$

或者：

$$\boldsymbol{x}=\boldsymbol{\Lambda}_x\boldsymbol{\xi}+\boldsymbol{\delta} \tag{6-10}$$

式中：

$$\boldsymbol{x}=\begin{bmatrix}x_1\\x_2\\x_3\\x_4\\x_5\\x_6\\x_7\\x_8\\x_9\\x_{10}\\x_{11}\end{bmatrix},\boldsymbol{\Lambda}_x=\begin{bmatrix}\lambda_1&0\\\lambda_2&0\\\lambda_3&0\\\lambda_4&0\\\lambda_5&0\\\lambda_6&0\\\lambda_7&0\\\lambda_8&0\\\lambda_9&0\\0&\lambda_{10}\\0&\lambda_{11}\end{bmatrix},\boldsymbol{\xi}=\begin{bmatrix}\xi_U\\\xi_F\end{bmatrix},\boldsymbol{\delta}=\begin{bmatrix}\delta_1\\\delta_2\\\delta_3\\\delta_4\\\delta_5\\\delta_6\\\delta_7\\\delta_8\\\delta_9\\\delta_{10}\\\delta_{11}\end{bmatrix}$$

模型假设：

(1) 误差项的均值为零，即 $E(\delta_i)=0,i=1,2,\cdots,11$。

(2) 误差项与因子之间不相关，即 $\mathrm{cov}(\xi_i,\delta_j)=0,i=1,2;j=1,2,\cdots,11$。

方程(6-10)为农村城镇化水平与农村金融发展的测量方程，图 6-4 为农村城镇化水平与农村金融发展的因子分析模型图，均反映了上述 2 个因子与其测量指标之间的关系。其中，$x_1\sim x_9$ 为农村城镇化水平的观测变量，$x_{10}\sim x_{11}$ 为农村金融发展的观测变量。

6.3.3.2　模型修正

模型修正的过程是依据检验系数与模型拟合指数修正变量的过程，通过 6 次模型修正，各指标载荷绝对值处于合理范围内，各观测变量与潜变量之间均为正向相关，参数与预设模型的关系合理，因子之间相关较高，模型构建与修正完成。表 6-17～表 6-22 显示了模型的修正过程。模型 M1(11)的参数估计如表 6-17 所列。

模型 M1(11)的参数估计：模型标准参数估计显示，各指标载荷绝对值在 0.6～0.95 之间，处于合理范围内；除恩格尔系数与城镇化水平之间负向相关外，其余各观测变量与潜变量之间均为正向相关，参数与预设模型的关系合理。

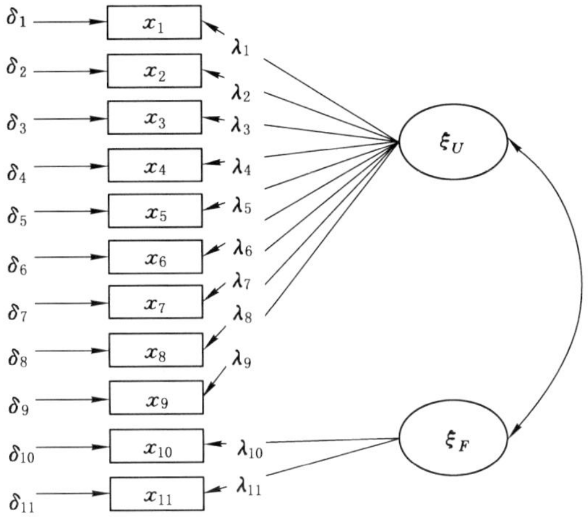

图 6-4　农村城镇化水平与农村金融发展的因子分析模型图

因子之间相关度较高，为 0.59。各参数估计值均通过 t 检验，表明各参数均显著不等于零。模型修正指数显示，观测变量 A_4EDENSI（经济密度变量）的 MI（MI，模型修正指数）为最大值，37.53。因模型的拟合指数不理想，且理论上经济密度变量不属于农村金融因子，对其进行与农村城镇化水平的零相关设置。将农村城镇化水平的观测变量精简到 8 个，与农村金融发展变量拟合定为模型 M2(10)，模型拟合结果如表 6-18 所列。

表 6-17　　　　M1(11)的参数估计

	完全标准化系数		T 值 (LAMBDAX,PHI)		T 值 (THETA-DELTA)		修正指标
	U	F	U	F	U	F	
A_1 PGDPSJ	0.94		22.11		7.02		
A_2 NOARGG	0.80		16.74		8.98		
A_4 EDENSI	0.78		14.42		9.07		37.53
A_7 MEDICA	0.87		19.04		8.59		
A_8 PEXPEN	0.94		22.01		6.90		28.28
A_9 FAIN	0.78		16.68		9.06		19.09
A_{10} PHONE	0.86		19.72		8.63		
A_{13} OUTLA	0.82		17.55		8.91		10.34
A_{14} ENGEL	−0.67		−12.38		9.31		8.02

续表 6-17

	完全标准化系数		T 值 (LAMBDAX,PHI)		T 值 (THETA-DELTA)		修正指标
	U	F	U	F	U	F	
D_1 LGR		0.83		12.55		4.33	
D_2 LDR		0.89		9.81		2.89	
U-F	0.59		7.97				

表 6-18 M2(10)的参数估计

	完全标准化系数		T 值 (LAMBDAX,PHI)		T 值 (THETA-DELTA)		修正指标
	U	F	U	F	U	F	
A_1 PGDPSJ	0.96		17.41		6.42		—
A_2 NOARGG	0.79		12.68		9.09		—
A_7 MEDICA	0.87		14.89		8.63		—
A_8 PEXPEN	0.96		17.57		6.05		19.87
A_9 FAIN	0.74		11.61		9.22		20.05
A_{10} PHONE	0.85		14.20		8.82		—
A_{13} OUTLA	0.79		12.73		9.09		11.94
A_{14} ENGEL	−0.65		−9.89		9.35		9.35
D_1 LGR		0.85		12.34		4.05	
D_2 LDR		0.87		12.57		3.66	
U-F	0.62		11.71				

模型 M2(10)的参数估计：模型标准参数估计显示，各指标载荷绝对值在 0.6～0.96 之间，除 A_1PGDPSJ 与 A_9FAIN 的完全标准化负荷略高之外，其他均处于合理范围内；除恩格尔系数与城镇化水平之间负向相关外，其余各观测变量与潜变量之间均为正向相关，参数与预设模型的关系合理。因子之间相关度较高，为 0.62。各参数估计值均通过 t 检验，表明各参数均显著不等于零。模型修正指数显示，观测变量 A_9FAIN 的 MI 为最大值，20.05。理论上单位面积固定资产投入变量不属于农村金融因子，对其进行与农村城镇化水平的零相关设置。将农村城镇化水平的观测变量精简到 7 个，与农村金融发展变量拟合定为模型 M3(9)，模型拟合结果如表 6-19 所列。

表 6-19　　**M3(9)的参数估计**

	完全标准化系数		T 值 (LAMBDAX,PHI)		T 值 (THETA-DELTA)		修正指标
	U	F	U	F	U	F	
A_1 PGDPSJ	0.96		17.64		5.86		—
A_2 NOARGG	0.79		12.56		9.12		—
A_7 MEDICA	0.87		14.91		8.65		—
A_8 PEXPEN	0.96		17.64		5.85		15.28
A_{10} PHONE	0.85		13.98		8.89		—
A_{13} OUTLA	0.79		12.31		9.15		12.02
A_{14} ENGEL	−0.65		−9.77		9.36		9.62
D_1 LGR		0.85		12.63		3.78	
D_2 LDR		0.87		12.45		4.09	
U-F	0.62		12.13				

模型 M3(9)的参数估计：模型标准参数估计显示，各指标载荷绝对值在 0.6～0.96 之间，除 A_1PGDPSJ 与 A_8PEXPEN 的完全标准化负荷略高之外，其他均处于合理范围内；除恩格尔系数与城镇化水平之间负向相关外，其余各观测变量与潜变量之间均为正向相关，参数与预设模型的关系合理。因子之间相关度较高，为 0.62。各参数估计值均通过 t 检验，表明各参数均显著不等于零。模型修正指数显示，观测变量 A_8PEXPEN 的 MI 为最大值，15.28。理论上人均财政支出变量不属于农村金融因子，对其进行与农村城镇化水平的零相关设置。将农村城镇化水平的观测变量精简到 6 个，与农村金融发展变量拟合定为模型 M4(8)，模型拟合结果如表 6-20 所列。

表 6-20　　**M4(8)的参数估计**

	完全标准化系数		T 值 (LAMBDAX,PHI)		T 值 (THETA-DELTA)		修正指标
	U	F	U	F	U	F	
A_1 PGDPSJ	0.94		16.67		5.63		—
A_2 NOARGG	0.81		13.20		8.50		—
A_7 MEDICA	0.86		14.52		7.93		—
A_{10} PHONE	0.86		14.56		7.91		—
A_{13} OUTLA	0.79		12.57		8.68		8.38

续表 6-20

	完全标准化系数		T 值 (LAMBDAX,PHI)		T 值 (THETA-DELTA)		修正指标
	U	F	U	F	U	F	
A_{14} ENGEL	−0.68		−10.36		9.09		10.25
D_1 LGR		0.85		12.03		3.88	
D_2 LDR		0.87		12.33		3.35	
U-F	0.60		10.58				

模型 M4(8)的参数估计：模型标准参数估计显示，各指标载荷绝对值在 0.6～0.95 之间，均处于合理范围内；除恩格尔系数与城镇化水平之间负向相关外，其余各观测变量与潜变量之间均为正向相关，参数与预设模型的关系合理。因子之间相关度较高，为 0.60。各参数估计值均通过 t 检验，表明各参数均显著不等于零。模型修正指数显示，观测变量 A_{14} ENGEL 的 MI 为最大值，10.25。理论上恩格尔系数不属于农村金融因子，对其进行与农村城镇化水平的零相关设置。将农村城镇化水平的观测变量精简到 5 个，与农村金融发展变量拟合定为模型M5(7)，模型拟合结果如表 6-21 所列。

表 6-21　　M5(7)的参数估计

	完全标准化系数		T 值 (LAMBDAX,PHI)		T 值 (THETA-DELTA)		修正指标
	U	F	U	F	U	F	
A_1 PGDPSJ	0.94		16.67		5.03		—
A_2 NOARGG	0.81		13.20		8.46		—
A_7 MEDICA	0.86		14.52		7.88		—
A_{10} PHONE	0.85		14.56		8.00		—
A_{13} OUTLA	0.78		12.57		8.68		9.59
D_1 LGR		0.85		12.03		3.89	
D_2 LDR		0.87		12.33		3.50	
U-F	0.61		10.58		11.25		

模型 M5(7)的参数估计：模型标准参数估计显示，各指标载荷绝对值在0.6～0.95 之间，均处于合理范围内；各观测变量与潜变量之间均为正向相关，参数与预设模型的关系合理。因子之间相关度较高，为 0.61。各参数估计值均通过 t 检验，

表明各参数均显著不等于零。模型修正指数显示，观测变量 A_{13}OUTLA 的 MI 为最大值，9.59。理论上单位耕地产出不属于农村金融因子，对其进行与农村城镇化水平的零相关设置。将农村城镇化水平的观测变量精简到 4 个，与农村金融发展变量拟合定为模型 M6(6)，模型拟合结果如表 6-22 所列。

表 6-22　　M6(6)的参数估计

	完全标准化系数		T 值 (LAMBDAX,PHI)		T 值 (THETA-DELTA)		修正指标
	U	F	U	F	U	F	
A_1 PGDPSJ	0.97		17.54		3.00		—
A_2 NOARGG	0.81		13.08		8.56		—
A_7 MEDICA	0.86		14.38		7.92		—
A_{10} PHONE	0.82		13.49		8.40		—
D_1 LGR		0.88		12.63		3.26	
D_2 LDR		0.84		12.07		4.24	
U-F	0.62		10.58				

模型 M6(6)的参数估计：模型标准参数估计显示，各指标载荷绝对值在 0.6～0.97 之间，除 A_1PGDPSJ 的完全标准化负荷略高之外，其他均处于合理范围内；各观测变量与潜变量之间均为正向相关，参数与预设模型的关系合理。因子之间相关度较高，为 0.62。各参数估计值均通过 t 检验，表明各参数均显著不等于零。模型修正指数显示，无可修正的变量。

6.3.3.3　模型评价

为了便于比较每次模型修正的结果，将修正前后模型的拟合指数列于表 6-23。

表 6-23　　修正前后的模型拟合指数比较

	χ_2	df	χ_2/df	RMSEA	NFI	NNFI	CFI	IFI	GFI	SRMR	注
M1(11)	670.54	43	12.7	0.28	0.83	0.80	0.84	0.84	0.60	0.091	初始模型
M2(10)	329.82	34	9.7	0.22	0.90	0.88	0.91	0.91	0.74	0.073	删去 A_4
M3(9)	163.98	26	6.3	0.17	0.95	0.94	0.96	0.96	0.87	0.053	删去 A_9
M4(8)√	110.25	19	5.8	0.16	0.93	0.91	0.94	0.94	0.87	0.053	删去 A_8
M5(7)	92.81	13	7.1	0.18	0.93	0.91	0.94	0.94	0.87	0.048	删去 A_{14}
M6(6)	39.19	8	4.9	0.15	0.96	0.94	0.97	0.97	0.93	0.035	删去 A_{13}

比较表中各模型的拟合效果，可以发现模型 M6(6)是经过 5 次修正后产生的模型，在各模型比较中，M6(6)拟合效果最好，除 RMSEA 指标欠佳，其他拟合指标均达到好的评价。模型 M4(8)是在初始模型的基础上经过 3 次修正产生的模型，拟合效果仅次于 M6(6)，其 NFI、NNFI、CFI、IFI、GFI、SRMR 等拟合指标评价均不错，χ^2/df 为 5.8，也是接近于评价值 5 的标准，其大于评价值的原因有可能在于数据为非正态数据，但不影响 ML 法的估计，ML 法估计是稳健的。比较模型 M4(8)与模型 M6(6)的标准化指标载荷，发现模型 M6(6)在指标 A_1 的载荷大于 0.95，而模型 M4(8)的所有指标载荷的绝对值均在 0.6～0.95 之间，处于合理范围内；除恩格尔系数与城镇化水平之间负向相关外，其余各观测变量与潜变量之间均为正向相关，参数与预设模型的关系合理。各参数估计值均通过 t 检验，表明各参数均显著不等于零。所以选择模型 M4(8)为验证性因子分析(CFA)的最终模型，如图 6-5 所示。

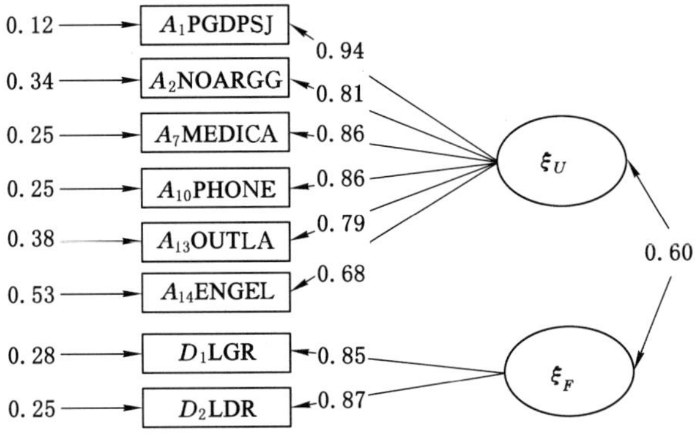

图 6-5　模型 M4(8)的因子模型图

6.3.3.4　模型 M4(8)识别

如果所有未知参数有唯一解，模型是可识别的。换言之，不存在参数向量 $\boldsymbol{\theta}$ 的2 个不同的解 θ_1 与 θ_2，使得 $\sum(\theta_1)=\sum(\theta_2)$，则模型是可识别的。模型的识别准则如下：

(1) 指定潜变量的测量单位。

如果不能指定潜变量的测量单位，任何模型都是不可识别的。所以，模型可识别的一个必要条件是，为每个潜变量指定一个测量单位。通常的方法是固定潜变量的方差或固定潜变量的一个负荷。

(2) t-法则。

设 t 为模型中所有自由参数的个数，p 为模型中所有指标的个数，$p(p+1)/2$为 p 个指标产生的方差或协方差的个数，则模型可识别的一个必要条件是$t \leqslant p(p+1)/2$。

模型 M4(8)中，$t=17$，$p(p+1)/2=8\times 9\div 2=36$，满足 t-法则，可以判定模型是可识别的。

(3) 两指标法则。

对于多个因子模型，可识别的充分条件如下：首先，每个因子有 2 个或 2 个以上的指标，即负荷矩阵 $\boldsymbol{\Lambda}_x$ 的每一列至少有 2 个非零元素；第二，每个指标只测量一个潜变量，即 $\boldsymbol{\Lambda}_x$ 每一行有且仅有一个非零元素；第三，对每一个潜变量，至少有另一个潜变量与之相关；第四，误差之间不相关，即误差的协方差矩阵 $\boldsymbol{\Theta}_\delta$ 为对角矩阵。

模型 M4(8)符合了以上准则，所以认为模型是可识别的。

6.3.4　结构方程模型

结构方程模型是验证性因子分析模型和潜变量因子模型的结合，其中，因子模型部分是测量模型(measurement model)，方程称为测量方程(measurement equation)，描述潜变量与观测变量之间的关系；因果模型部分称为潜变量模型(latent variable model)或结构模型，方程称为结构方程(structural equation)，描述了潜变量之间的关系。

6.3.4.1　模型设置

测量方程模型：

$$Y_1 = \lambda_1 \eta_U + \varepsilon_1 \tag{6-11}$$

$$Y_2 = \lambda_2 \eta_U + \varepsilon_2 \tag{6-12}$$

$$Y_3 = \lambda_3 \eta_U + \varepsilon_3 \tag{6-13}$$

$$Y_4 = \lambda_4 \eta_U + \varepsilon_4 \tag{6-14}$$

$$Y_5 = \lambda_5 \eta_U + \varepsilon_5 \tag{6-15}$$

$$Y_6 = \lambda_6 \eta_U + \varepsilon_6 \tag{6-16}$$

$$x_1 = \lambda_7 \xi_F + \delta_1 \tag{6-17}$$

$$x_2 = \lambda_8 \xi_F + \delta_2 \tag{6-18}$$

结构方程模型：

$$\eta_U = \gamma \xi_F + \zeta \tag{6-19}$$

城镇化水平与金融发展的结构方程模型如图 6-6 所示。

6.3.4.2　模型识别

两步法则：

第一步，测量方程可识别，在 6.3.3.4 中已经对验证性模型进行过识别。

第二步，结构方程可识别。结构方程 $\eta_U=\gamma\xi_F+\zeta$ 中，没有内生变量作为自

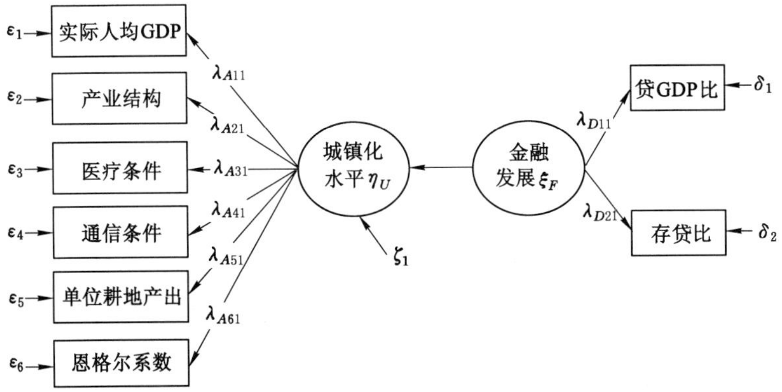

图 6-6　城镇化水平与金融发展的结构方程模型图

变量,每个内生变量只受外源变量影响,是零 B 因果模型[91]。在因果模型中,零 B 因果模型都是可识别的。

所以,判定结构方程模型是可识别的。

6.3.4.3　模型的标准化系数与结论

模型的标准化系数如图 6-7 所示。结构方程为:

$$\eta_U = 0.60\xi_F + 0.64 \tag{6-20}$$

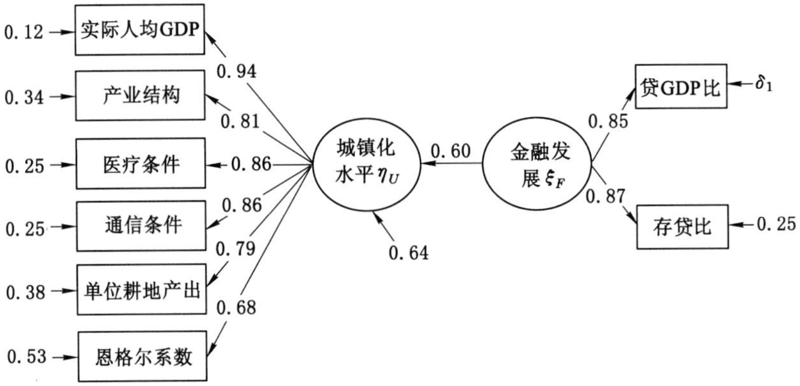

图 6-7　苏北农村金融支持农村城镇化发展的结构方程模型图

分析表明,在将城镇化水平限制为经济、设施、农业及社会发展等 6 个指标后,苏北农村金融发展对农村城镇化水平有较为明显的影响,影响系数为 0.64。其中,金融深度(贷款余额与 GDP 之比)每提高 1,苏北农村城镇化水平提高 0.51(0.60×0.85=0.52);金融效率(贷款余额与存款余额之比)每提高 1,苏北农村城镇化水平将提高 0.52(0.60×0.87=0.52)。不考虑其他变量,分解变量影响结果如下:金融深度每提高 1,实际人均 GDP 将提高 0.48 万元人民币,非农产业产值占比将上升 0.41%,每万人的床位数将增加 0.44 个,人均手机将增加 0.44 个,单位耕地产出将增加 0.40 万元,恩格尔系数将下降 0.35。金融效率每提高 1,实际人均 GDP 将提高 0.49 万元人民币,非农产业产值占比将上升 0.42%,每万人的床位数将增加 0.45 个,人均手机将增加 0.45 个,单位耕地产出将增加 0.41 万元,恩格尔系数将下降 0.36。

6.3.5 模型的路径分析与比较

验证性因子分析最终得到的模型包括 2 个潜变量和 8 个观测变量,观测变量中,6 个内生变量,属于苏北农村城镇化水平潜变量,2 个外生变量,归属苏北金融发展潜变量。6 个内生变量中,3 个经济发展变量,3 个社会发展变量。假设不受其他变量影响,分别度量金融发展变量对各内生变量的影响系数,即可得到金融对农村城镇化发展的路径分析模型。设定金融变量对经济发展变量的影响是直接效应,金融变量对社会发展变量的影响既有直接效应,也有通过经济增长产生的间接效应,由此产生农村金融观测变量对农村城镇化观测变量的因果模型。

6.3.5.1 内生观测变量 A_1、A_2、A_{13} 的影响路径分析

内生观测变量 A_1、A_2、A_{13} 分别代表人均实际 GDP、非农产业占比和单位耕地产出,属经济发展变量,直接受金融因素的影响,金融发展对经济发展产生直接效应。所以将金融深度(D_1)变量与金融效率(D_2)变量作为这三个变量的直接自变量,在假设其他因素不变的情况下,分别得到农村金融发展变量影响内生观测变量 A_1、A_2、A_{13} 的路径分析图(图 6-8)和路径方程模型[式(6-21)～式(6-23)]。

路径方程模型:

$$A_1 = \beta_{11} D_1 + \beta_{12} D_2 + e_1 \tag{6-21}$$

$$A_2 = \beta_{21} D_1 + \beta_{22} D_2 + e_2 \tag{6-22}$$

$$A_{13} = \beta_{31} D_1 + \beta_{32} D_2 + e_3 \tag{6-23}$$

2007～2014 年与 2002～2006 年外生变量(D_1、D_2)对内生变量(A_1、A_2、A_{13})的影响与比较如表 6-24 所列。

将表 6-24 各参数代入路径方程模型(6-21)～模型(6-23),得到:

$$A_1 = 0.37 \times D_1 + 0.20 \times D_2 + 0.71$$

$$A_2 = 0.31 \times D_2 + 0.82$$

$$A_{13} = 0.45 \times D_2 + 0.85$$

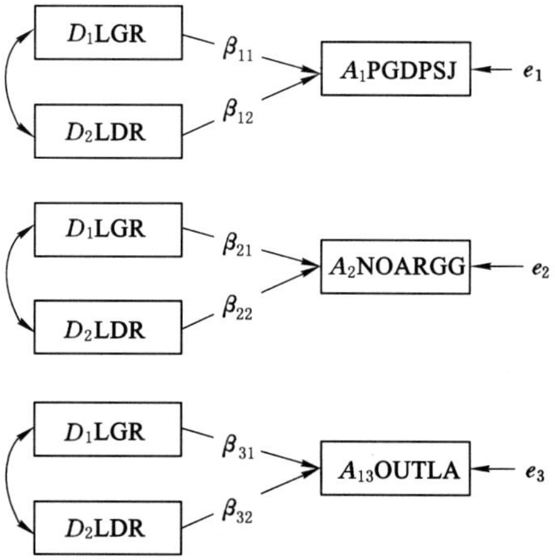

图 6-8 农村金融变量对农村城镇化观测变量的递归模型路径图(1)

表 6-24 2007～2014 年与 2002～2006 年外生变量(D_1、D_2)对内生变量(A_1、A_2、A_{13})的影响与比较

外源变量 / 时间 / 内生变量	D_1LGR $\beta(t)$		D_2LDR $\beta(t)$		$e(t)$	
	2007～2014	2002～2006	2007～2014	2002～2006	2007～2014	2002～2006
A_1PGDPSJ	0.37 * (4.00)	0.25 * (2.40)	0.20 * (2.21)	−0.42 * (−4.05)	0.71 * (9.51)	0.87 * (7.48)
A_2NOARGG	0.14 (1.37)	0.25 * (2.46)	0.31 * (3.15)	−0.48 * (−4.81)	0.82 * (9.51)	0.83 * (7.48)
A_{13}OUTLA	−0.11 (−1.04)	/	0.45 * (4.46)	/	0.85 * (9.51)	/

注:“ * ”号表示 $t>2$,参数估计值显著不等于零。

由以上方程可得到 2007～2014 年度苏北农村金融变量对农村经济发展变量的直接效应,用自变量到因变量的路径系数来衡量直接效应的大小。对于实际人均 GDP 变量(A_1),农村金融深度的直接效应是 0.37,农村金融效率的直接效应是 0.20;对于农村产业结构变量(A_2),农村金融深度的直接效应系数没通过 t 检验,农村金融效率的直接效应是 0.31;对于单位耕地产出变量(A_{13}),农村金融深度的直接效应系数没通过 t 检验,农村金融效率的直接效应是 0.45。一般地,对模型的因子负荷的检验,除了考虑 t 值外,还希望完全标准化的解大于 0.5,A_1、A_2、A_{13} 变量的路径系数估计值均在 0.5 以下,所以,苏北农村金融变量对经济增长各变量有直接影响，但影响系数不大。

以 2007 年为分界，比较 2002～2006 年与 2007～2014 年金融发展对经济发展变量的影响，可以得出如下结论：首先，金融效率变量对经济变量（A_1、A_2）的影响在 2007～2014 年间有明显提升，并扭转了 2002～2006 年间的负向影响。2002～2006 年金融效率对经济发展变量的影响系数为负，2007～2014 年金融效率对经济发展变量的影响系数为正，且均通过 t 检验，显著不为零。其次，金融规模变量对经济增长变量（A_1）影响系数在 2007～2014 年间显著上升，由 0.25 上升到 0.37。第三，金融效率变量对单位耕地产出的影响由无到有，产生 0.45 的影响系数。所以，始于 2006 年的农村金融增量改革对农村经济增长是有效的，效果较为明显。

6.3.5.2　内生观测变量 A_7、A_{10}、A_{14} 的影响路径分析

内生观测变量 A_7、A_{10}、A_{14} 分别代表医疗卫生条件、通信条件和恩格尔系数，属于社会发展因素。理论上，社会发展因子的观测变量受经济发展的影响较明显，而受金融的直接影响较小，所以分析中以经济发展变量作为中介变量，测量金融变量对其的间接影响，同时测量金融发展变量对其的直接影响作用。

6.3.5.2.1　以经济增长（A_1）变量为中介变量

因变量是社会发展的观测变量，内生自变量是经济增长的观测变量，外生自变量是金融发展水平，由此得到内生观测变量 A_7、A_{10}、A_{14} 的路径分析图（图 6-9）和路径方程模型[式(6-24)～式(6-26)]。

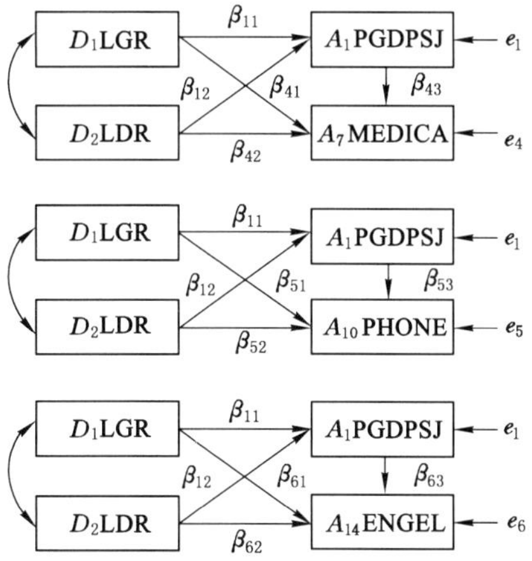

图 6-9　农村金融变量对农村城镇化观测变量的递归模型路径图(2)

路径方程模型：

$$A_7 = \beta_{41}D_1 + \beta_{42}D_2 + \beta_{43}A_1 + e_4, A_1 = \beta_{11}D_1 + \beta_{12}D_2 + e_1$$
$$A_7 = \beta_{41}D_1 + \beta_{42}D_2 + \beta_{43}(\beta_{11}D_1 + \beta_{12}D_2 + e_1) + e_4 \tag{6-24}$$
$$A_{10} = \beta_{51}D_1 + \beta_{52}D_2 + \beta_{53}A_1 + e_5, A_1 = \beta_{11}D_1 + \beta_{12}D_2 + e_1$$
$$A_{10} = \beta_{51}D_1 + \beta_{52}D_2 + \beta_{53}(\beta_{11}D_1 + \beta_{12}D_2 + e_1) + e_5 \tag{6-25}$$
$$A_{14} = \beta_{61}D_1 + \beta_{62}D_2 + \beta_{63}A_1 + e_6, A_1 = \beta_{11}D_1 + \beta_{12}D_2 + e_1$$
$$A_{14} = \beta_{61}D_1 + \beta_{62}D_2 + \beta_{63}(\beta_{11}D_1 + \beta_{12}D_2 + e_1) + e_6 \tag{6-26}$$

2007～2014 年外生变量（D_1、D_2）对内生变量（A_7、A_{10}、A_{14}）的影响参数估计如表 6-25 所列。

表 6-25 2007～2014 年外生变量（D_1、D_2）对内生变量（A_7、A_{10}、A_{14}）的影响参数估计

2007～2014 年内生变量	外源变量		中介变量	$e(t)$	A_1		
	D_1 LGR(t)	D_2 LDR(t)	$A_1(t)$		$D_1(t)$	$D_2(t)$	$e(t)$
A_7 MEDICA	0.05 (0.85)	0.06 (1.06)	0.78 * (16.46)	0.29 * (9.51)	0.37 * (4.00)	0.20 * (2.21)	0.71 * (9.51)
A_{10} PHONE	−0.12 (−1.76)	0.26 * (3.96)	0.72 * (13.71)	0.35 * (9.51)			
A_{14} ENGEL	0.11 (−1.24)	0.03 (0.38)	−0.70 * (−10.18)	0.60 * (9.51)			

注："＊"号表示 $t>2$，参数估计值显著不等于零。

将表 6-25 各参数代入路径方程模型（6-24）～模型（6-26），得到：

$$\begin{aligned}A_7 &= 0.78\times(0.37\times D_1 + 0.20\times D_2 + 0.71) + 0.29\\ &= 0.29\times D_1 + 0.16\times D_2 + 0.84\end{aligned}$$

$$\begin{aligned}A_{10} &= 0.26\times D_2 + 0.72\times(0.37\times D_1 + 0.20\times D_2 + 0.71) + 0.35\\ &= 0.27\times D_1 + 0.40\times D_2 + 0.86\end{aligned}$$

$$\begin{aligned}A_{14} &= -0.70\times(0.37\times D_1 + 0.20\times D_2 + 0.71) + 0.60\\ &= -0.26\times D_1 - 0.14\times D_2 + 0.10\end{aligned}$$

2002～2006 年外生变量（D_1、D_2）对内生变量（A_7、A_{10}、A_{14}）的影响参数估计如表 6-26 所列。

将表 6-26 各参数代入路径方程模型（6-24）～模型（6-26），得到：

$$\begin{aligned}A_7 &= 0.17\times D_1 + 0.76\times(0.25\times D_1 - 0.42\times D_2 + 0.87) + 0.29\\ &= 0.17\times D_1 + 0.19\times D_1 - 0.32\times D_2 + 0.95\\ &= 0.36\times D_1 - 0.32\times D_2 + 0.95\end{aligned}$$

表 6-26　2002～2006 年外生变量(D_1、D_2)对内生变量(A_7、A_{10}、A_{14})的影响参数估计

<table>
<tr><th rowspan="2">2002～2006 年
内生变量</th><th colspan="2">外源变量</th><th>中介变量</th><th rowspan="2">$e(t)$</th><th colspan="3">A_1</th></tr>
<tr><th>D_1 LGR(t)</th><th>D_2 LDR(t)</th><th>$A_1(t)$</th><th>$D_1(t)$</th><th>$D_2(t)$</th><th>$e(t)$</th></tr>
<tr><td>A_7 MEDICA</td><td>0.17 *
(2.48)</td><td>−0.03
(−0.39)</td><td>0.76 *
(12.42)</td><td>0.29 *
(7.48)</td><td rowspan="3">0.25 *
(2.40)</td><td rowspan="3">−0.42 *
(−4.05)</td><td rowspan="3">0.87 *
(7.48)</td></tr>
<tr><td>A_{10} PHONE</td><td>0.22 *
(3.82)</td><td>−0.20 *
(−3.28)</td><td>0.77 *
(14.81)</td><td>0.26 *
(7.48)</td></tr>
<tr><td>A_{14} ENGEL</td><td>0.11
(1.04)</td><td>0.05
(0.48)</td><td>−0.39 *
(−4.23)</td><td>0.82 *
(7.48)</td></tr>
</table>

注:“ * ”号表示 $t>2$,参数估计值显著不等于零。

$$
\begin{aligned}
A_{10} &= 0.22\times D_1 - 0.20\times D_2 + 0.77\times(0.25\times D_1 - 0.42\times D_2 + 0.87) + 0.26 \\
&= 0.22\times D_1 + 0.19\times D_1 - 0.52\times D_2 + 0.93 \\
&= 0.41\times D_1 - 0.52\times D_2 + 0.93 \\
A_{14} &= -0.39\times(0.25\times D_1 - 0.42\times D_2 + 0.87) + 0.82 \\
&= -0.10\times D_1 + 0.16\times D_2 + 0.48
\end{aligned}
$$

由方程(6-24)～(6-26)得到农村金融变量对农村社会发展变量的直接效应和间接效应,其中,间接效应是通过经济增长这一中介变量,分别测量自变量(D_1、D_2)对因变量(A_7、A_{10}、A_{14})的影响,路径系数为自变量到中介变量的系数与中介变量到因变量的系数的乘积。

2007～2014 年的模型分析结果表明:首先,农村金融发展对农村社会发展的影响以间接效应为主,中介变量对各因变量的影响系数显著不等于零,分别为 0.78、0.72、−0.70;而直接效应不明显,除金融效率对通信条件的影响系数为 0.26,通过 t 检验,其他系数均未通过 t 检验。其次,对于农村医疗条件变量(A_7),农村金融规模的间接效应是 0.29,农村金融效率的间接效应是 0.16;对于农村通信条件变量(A_{10}),农村金融规模的间接效应是 0.35,农村金融效率的影响效应可从两个方面解释,直接效应是 0.26,间接效应是 0.14,总共 0.40;对于恩格尔系数变量(A_{14}),农村金融规模的间接效应是−0.26,农村金融效率的间接效应是−0.14。对比 2002～2006 年的模型结果,可得到类似结论。2002～2006 年,农村金融发展对农村社会发展也是以间接影响为主,中介变量对各因变量的影响系数分别为 0.76、0.77、−0.39,均通过 t 检验。差别在于,2002～2006 年,金融效率对因变量(A_7,A_{10})的影响系数均为负,分别是 −0.32 与 −0.52,说明在 2007 年农村金融进行增量改革之后,金融发展对农村社会发展产生了明显的正向推动作用。

6.3.5.2.2 以经济结构(A_2)变量为中介变量

因变量是社会发展的各观测变量，内生自变量是经济结构，外生自变量是金融发展水平的观测变量，由此得到内生观测变量 A_7、A_{10}、A_{14} 的路径分析图(图6-10)和路径方程模型[式(6-27)～式(6-29)]。

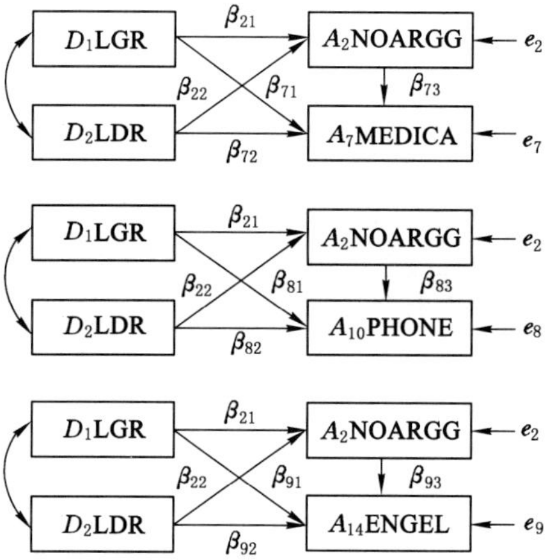

图 6-10 农村金融变量对农村城镇化观测变量的递归模型路径图(3)

路径方程模型：

$$A_7 = \beta_{71}D_1 + \beta_{72}D_2 + \beta_{73}(\beta_{21}D_1 + \beta_{22}D_2 + e_2) + e_7 \tag{6-27}$$

$$A_{10} = \beta_{81}D_1 + \beta_{82}D_2 + \beta_{83}(\beta_{21}D_1 + \beta_{22}D_2 + e_2) + e_8 \tag{6-28}$$

$$A_{14} = \beta_{91}D_1 + \beta_{92}D_2 + \beta_{93}(\beta_{21}D_1 + \beta_{22}D_2 + e_2) + e_9 \tag{6-29}$$

2007～2014 年外生变量(D_1、D_2)对内生变量(A_7、A_{10}、A_{14})的影响参数估计如表 6-27 所列。

表 6-27 2007～2014 年外生变量(D_1、D_2)对内生变量(A_7、A_{10}、A_{14})的影响参数估计

<table>
<tr><td rowspan="2">2007～2014 年
内生变量</td><td colspan="2">外源变量</td><td>中介变量</td><td rowspan="2">e(t)</td><td colspan="3">A_2</td></tr>
<tr><td>D_1 LGR(t)</td><td>D_2 LDR(t)</td><td>A_2(t)</td><td>D_1(t)</td><td>D_2(t)</td><td>e(t)</td></tr>
<tr><td>A_7 MEDICA</td><td>0.27 *
(3.44)</td><td>0.07
(0.82)</td><td>0.50 *
(8.47)</td><td>0.52 *
(9.51)</td><td rowspan="3">0.14
(1.37)</td><td rowspan="3">0.31 *
(3.15)</td><td rowspan="3">0.82 *
(9.51)</td></tr>
<tr><td>A_{10} PHONE</td><td>0.06
(0.88)</td><td>0.22 *
(2.99)</td><td>0.62 *
(11.86)</td><td>0.41 *
(9.51)</td></tr>
<tr><td>A_{14} ENGEL</td><td>−0.07
(−0.79)</td><td>0.06
(0.65)</td><td>−0.55 *
(−7.95)</td><td>0.70 *
(9.51)</td></tr>
</table>

注：“ * ”号表示 $t>2$，参数估计值显著不等于零。

将表 6-27 各参数代入路径方程模型(6-27)～模型(6-29)，得到：

$A_7=0.27\times D_1+0.50\times(0.31\times D_2+0.82)+0.52$

$\quad=0.27\times D_1+0.16\times D_2+0.93$

$A_{10}=0.22\times D_2+0.62\times(0.31\times D_2+0.82)+0.41$

$\quad=0.41\times D_2+0.92$

$A_{14}=-0.55\times(0.31\times D_2+0.82)+0.70$

$\quad=-0.17\times D_2+0.25$

2002～2006 年外生变量(D_1、D_2)对内生变量(A_7、A_{10}、A_{14})的影响参数估计如表 6-28 所列。

表 6-28　2002～2006 年外生变量(D_1、D_2)对内生变量(A_7、A_{10}、A_{14})的影响参数估计

2002～2006 年内生变量	外源变量		内生变量	$e(t)$	A_2		
	D_1 LGR(t)	D_2 LDR(t)	$A_2(t)$		$D_1(t)$	$D_2(t)$	$e(t)$
A_7 MEDICA	0.25 * (2.61)	−0.13 (−1.29)	0.44 * (5.06)	0.72 * (7.48)	0.25 * (2.46)	−0.48 * (−4.81)	0.83 * (7.48)
A_{10} PHONE	0.26 * (3.37)	−0.22 * (−2.69)	0.62 * (11.86)	0.46 * (7.48)			
A_{14} ENGEL	0.07 (0.69)	0.09 (0.78)	−0.25 * (−7.95)	0.90 * (7.48)			

注："*"号表示 $t>2$，参数估计值显著不等于零。

将表 6-28 各参数代入路径方程模型(6-27)～模型(6-29)，得到：

$A_7=0.25\times D_1+0.44\times(0.25\times D_1-0.48\times D_2+0.83)+0.72$

$\quad=0.36\times D_1-0.21\times D_2+1.09$

$A_{10}=0.26\times D_1-0.22\times D_2+0.62\times(0.25\times D_1-0.48\times D_2+0.83)+0.46$

$\quad=0.42\times D_1-0.52\times D_2+0.97$

$A_{14}=-0.25\times(0.25\times D_1-0.48\times D_2+0.83)+0.90$

$\quad=-0.06\times D_1+0.12\times D_2+0.69$

2007～2014 年的模型分析结果表明，以经济结构(A_2)为中介变量测量金融发展对社会发展的间接效应较之于直接效应更为显著，以金融效率作为自变量对农村医疗条件变量与农村通信条件变量的影响更为明显，为正向影响。而 2002～2006 年间，金融效率变量对因变量农村医疗条件变量与农村通信条件变量的影响为间接影响，方向为负。

6.3.5.2.3 以农业发展(A_{13})变量为中介变量

因变量是社会发展的各观测变量,内生自变量是农业发展水平,外生自变量是金融发展水平的观测变量,由此得到内生观测变量 A_7、A_{10}、A_{14} 的路径分析图(图 6-11)和路径方程模型[式(6-30)~式(6-32)]。

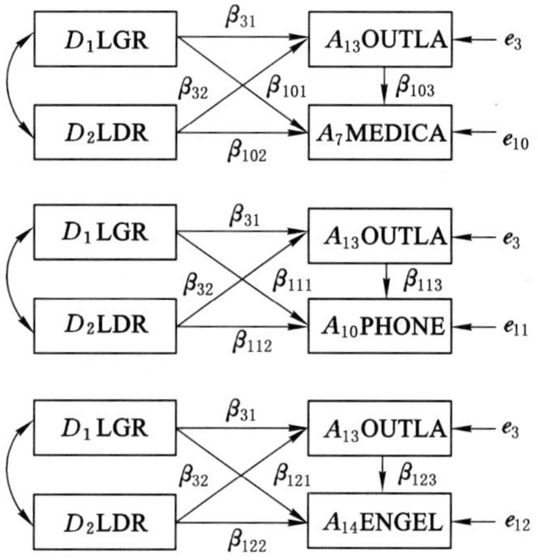

图 6-11 农村金融变量对农村城镇化观测变量的递归模型路径图(4)

路径方程模型:

$$A_7 = \beta_{101} D_1 + \beta_{102} D_2 + \beta_{103}(\beta_{31} D_1 + \beta_{32} D_2 + e_3) + e_{10} \tag{6-30}$$

$$A_{10} = \beta_{111} D_1 + \beta_{112} D_2 + \beta_{113}(\beta_{31} D_1 + \beta_{32} D_2 + e_3) + e_{11} \tag{6-31}$$

$$A_{14} = \beta_{121} D_1 + \beta_{122} D_2 + \beta_{123}(\beta_{31} D_1 + \beta_{32} D_2 + e_3) + e_{12} \tag{6-32}$$

2007~2014 年内生观测变量 A_7、A_{10}、A_{14} 的参数估计与 t 值如表 6-29 所列。

表 6-29 2007~2014 年内生观测变量 A_7、A_{10}、A_{14} 的参数估计与 t 值

2007~2014 年内生变量	外源变量		内生变量	$e(t)$	A_{13}		
	D_1LGR(t)	D_2LDR(t)	$A_{13}(t)$		$D_1(t)$	$D_2(t)$	$e(t)$
A_7MEDICA	0.41 * (5.86)	−0.06 (−0.78)	0.62 * (12.20)	0.40 * (9.51)			
A_{10}PHONE	0.22 * (3.39)	0.11 (1.57)	0.67 * (14.33)	0.34 * (9.51)	−0.11 (−1.04)	0.45 * (4.46)	0.85 * (9.51)
A_{14}ENGEL	−0.20 * (−2.22)	0.13 (1.39)	−0.54 * (−8.01)	0.70 * (9.51)			

注:“ * ”表示 $t>2$,参数估计值显著不等于零。

将表 6-29 各参数代入路径方程模型(6-30)～模型(6-32),得到:

$$A_7 = 0.41\times D_1 + 0.62\times(0.45\times D_2 + 0.85) + 0.40$$
$$= 0.41\times D_1 + 0.28\times D_2 + 0.93$$
$$A_{10} = 0.22\times D_1 + 0.67\times(0.45\times D_2 + 0.85) + 0.34$$
$$= 0.22\times D_1 + 0.30\times D_2 + 0.91$$
$$A_{14} = -0.20\times D_1 - 0.54\times(0.45\times D_2 + 0.85) + 0.70$$
$$= -0.20\times D_1 - 0.24\times D_2 + 0.24$$

以农业发展(A_{13})为中介变量测量农村金融对农村社会发展各观测变量的影响结果表明,2007～2014 年间,其间接影响较为显著,且主要表现为农村金融效率对各变量的间接影响,对医疗条件与通信条件的间接影响为正向,对恩格尔系数的间接影响为负向。而 2002～2006 年间,金融发展变量(D_1、D_2)对农业发展变量(A_{13})的影响测量结果为无解,所以间接影响可以判定为不显著。

6.3.5.3　农村经济与社会发展变量对农村金融发展变量的影响分析

假设农村经济发展变量对农村金融发展变量存在影响,构建路径分析图如图 6-12 所示。图中,变量 A_2 对变量 D_1 和 D_2 以及变量 A_{13} 对 D_2 的路径系数没有通过显著性检验,t 值分别是−0.52、0.82、0.65,且路径系数较小,在模型的进一步修正中将其删除。于是,农村经济发展变量对农村金融发展变量的路径分析图修正如图 6-13 所示。

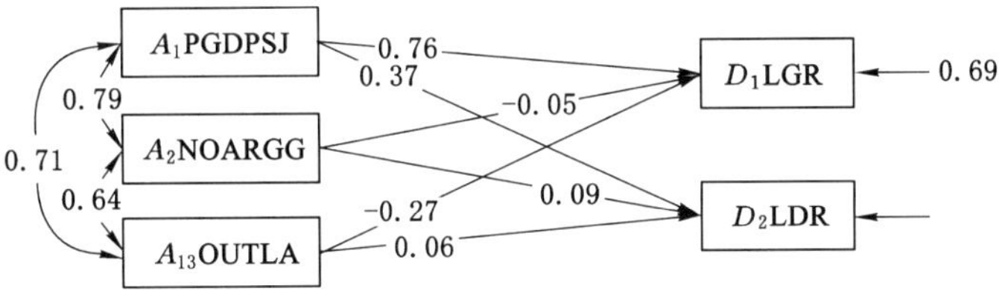

图 6-12　农村经济发展变量对农村金融发展变量的路径分析图(dd-e)

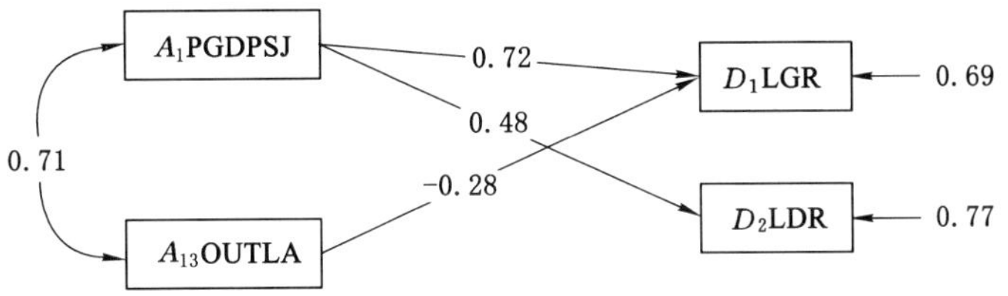

图 6-13　农村经济发展变量对农村金融发展变量的修正路径分析图(dd-e-2)

图 6-13 中，变量 A_1 对变量 D_1 和 D_2 以及变量 A_{13} 对 D_1 的路径系数均通过显著性检验，t 值分别是 8.25、7.33、−3.21。不再对其进行模型修正。

假设农村社会发展变量对农村金融发展变量存在影响，构建路径分析图如图 6-14 所示。图中，变量 A_7 对变量 D_1 和 D_2、变量 A_{10} 对 D_1 和 D_2 以及变量 A_{14} 对 D_1 和 D_2 的路径系数均通过显著性检验，t 值分别是 4.89 和 3.45、2.98 和5.27、2.71 和 3.46。不再对其进行模型修正。

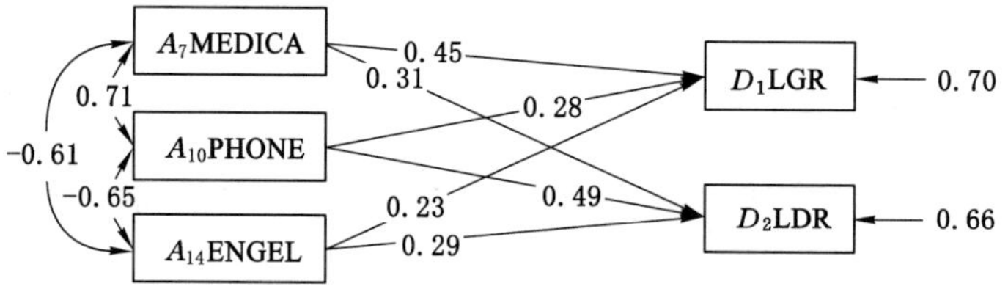

图 6-14　农村社会发展变量对农村金融发展变量的路径分析图(dd-s)

检验模型的拟合指数(表 6-30)发现，苏北农村经济与社会发展变量对农村金融发展变量的路径影响模型与修正模型均没能通过模型拟合检验，所以，苏北农村经济社会发展对金融发展没有形成显著的推动效应。

表 6-30　模型比较

模型	χ^2/df	NFI	SRMR	RMSEA	注
dd-e	87	0.79	0.13	0.69	原模型
dd-e-2	43	0.63	0.15	0.48	删除 A_2 对 D_1、D_2 及 A_{13} 对 D_2 的路径
dd-s	72	0.83	0.11	0.63	原模型

6.3.5.4　结论

上述研究表明，2007～2014 年间，苏北农村金融发展对农村城镇化水平有显著的影响，而农村城镇化对农村金融没有明确影响，二者之间存在金融的“供给引领”效应。按照农村金融对农村经济发展的影响、农村金融对农村社会发展的影响以及农村城镇化对农村金融发展的影响的顺序分析如下。

6.3.5.4.1　苏北农村金融对农村经济发展的影响

依据苏北农村的金融发展对苏北农村经济发展的影响路径观察，2007～2014 年，金融深度(D_1，主要指农村贷款余额占农村生产总量之比)对农村经济增长(A_1)具有明显的正向直接效应，而对农村产业结构(A_2)与单位耕地产出(A_{13})没有明显的直接效应；农村金融效率(D_2，指农村贷款余额与农村存款余额之比)对农村经济增长、产业结构演变与单位耕地产出均具有明显的正向直接效应，其中对单位耕地产出的影响系数最大(表 6-31)。可以得出如下结论：

表 6-31　苏北金融发展对农村经济发展各观测变量的影响路径分析与比较

内生变量 \ 外源变量 / 时间	D_1 LGR		D_2 LDR	
	2007～2014 年	2002～2006 年	2007～2014 年	2002～2006 年
A_1 PGDPSJ	0.37	0.25	0.20	−0.42
A_2 NOARGG	/	0.25	0.31	−0.48
A_{13} OUTLA	/	/	0.45	/

第一，农村金融发展的两个变量(金融深度 D_1 LGR 和金融效率 D_2 LDR)对农村的经济增长均具有明显的正向推动作用，所以，金融发展推动了农村经济增长。相比较而言，农村金融深度对农村经济增长的影响系数更大，农村金融效率的影响作用次之。

第二，对于农村产业结构演变与农业发展而言，农村金融效率因素具有明显的正向直接影响，而农村金融深度对其影响不显著。可能的原因在于，农村部门的贷款主要流向了非农产业。所以，推动农村金融效率的提升，促进农村储蓄向贷款转变是苏北农村产业结构优化与农业发展的重要金融动力。

第三，模型显示，满足苏北农业发展的资金需求更多地依赖于农村金融效率因素，只有农村金融效率水平提升，农村储蓄资金不外流，才能够更好地满足农业发展的资金需求。可见，如何增加金融的有效需求与有效供给，留住农村储蓄资金是创新农村金融制度的重要目标。

第四，与 2002～2006 年相比较，2007 年以来的农村金融增量改革对农村经济增长产生了明显的推动作用，如农村金融效率对农村经济增长、产业结构演变的影响由负向转为正向，农村金融深度对农村经济增长的影响系数上升，同时，农村金融效率对农业产出产生了明显的正向影响，说明金融增量改革中所产生的新型农村金融机构在留住农村储蓄资金，促进储蓄资金转化为农村发展资本的过程中发挥了一定的作用。

6.3.5.4.2　苏北农村金融对农村社会发展的影响

依据苏北农村的金融发展对苏北农村社会发展的影响路径观察，分别以农村经济增长(A_1)、农村产业结构(A_2)和单位耕地产出(A_{13})作为中介变量综合分析影响的直接效应与间接效应。

其一，间接效应分析——以农村地区人均GDP作为中介变量。分析结果表明，首先，对于农村医疗条件(A_7)，金融发展对其直接影响不显著，间接效应较为明显，金融规模因素与金融效率因素的间接影响系数分别是0.29和0.16；第二，对于农村通信条件(A_{10})，金融发展的影响也是主要表现在间接效应上，金融规模因素与金融效率因素的间接影响系数分别是0.27和0.14；第三，对于农村恩格尔系数(A_{14})，金融发展的影响同样主要表现在间接效应上，金融规模因素与金融效率因素的间接影响系数分别是－0.26和－0.14；第四，与2002～2006年相比较，2007年以来，金融规模对苏北农村社会发展各观测变量的间接效应明显上升，金融效率对农村医疗条件与通信条件的间接效应则由负向转为正向，同样说明农村金融的增量改革对农村社会发展产生了推动作用。

其二，间接效应分析——以农村产业结构作为中介变量。分析结果表明，2007～2014年，以农村产业结构(A_2)作为中介变量的路径系数均较小，且没有明显规律。2002～2006年，农村金融对农村社会发展的各观测变量影响也是以间接效应为主，农村金融效率对变量A_7、A_{10}的影响方向为负向，对变量A_{14}的影响方向却为正，没有促进农村社会的有效发展。

其三，间接效应分析——以单位耕地产出作为中介变量。分析结果表明，当以单位耕地产出(A_{13})作为中介变量时，农村金融效率对各因变量的间接效应较为明显，在一定程度上说明，2007～2014年苏北金融效率推动了农业发展，并间接推动了农村社会发展；同时，农村金融深度对社会发展的各观测变量也有直接效应。

总之，2007～2014年间，苏北农村金融发展对农村社会发展各因变量的影响主要表现为间接影响，其中，又以地区人均GDP与农业发展作为中介变量的间接影响尤为突出(表6-32)。充分说明：第一，经济发展水平决定社会发展水平；第二，苏北作为江苏省重要的农业生产区域，近年来设施农业、规模农业取得了较为显著的发展，农业发展水平在一定程度上影响了社会发展水平；第三，金融发展在农村经济与社会发展进程中具有明显的推动作用。

从苏北农村经济和社会发展对苏北农村金融发展的影响路径观察，2007～2014年的数据不支持经济发展对金融发展的逆向推动作用，也不支持农村社会发展对金融发展的逆向推动作用。也就是说，这期间苏北农村城镇化的发展水平相对较低，城镇化进程没有因要素集聚而引致金融市场扩张、金融规模扩大以及金融效率提升，金融发展与城镇化之间的关系主要表现为金融的“供给引领”效应，而不是金融的“需求追随”效应。

表 6-32　苏北农村金融发展对农村社会发展各观测变量的影响路径分析与比较

时间	因变量	以 A_1 为内生自变量				以 A_2 为内生自变量				以 A_{13} 为内生自变量			
		直接效应		间接效应		直接效应		间接效应		直接效应		间接效应	
		D_1	D_2	D_1	D_2	D_1	D_2	D_1	D_2	D_1	D_2	D_1	D_2
2007～2014 年	A_7	/	/	0.29	0.16	0.27	/	0.16	/	0.41	/	/	0.28
	A_{10}	/	0.26	0.27	0.14	/	0.22	/	0.18	0.22	/	/	0.31
	A_{14}	/	/	−0.26	−0.14	/	/	/	−0.16	−0.20	/	/	−0.24
2002～2006 年	A_7	0.17	/	0.19	−0.32	0.25	/	0.11	−0.21				
	A_{10}	0.22	−0.20	0.19	−0.32	0.26	−0.22	0.16	−0.30	/			
	A_{14}	/	/	−0.10	−0.16	/	/	−0.06	0.12				

本章小结

本章以金融发展对苏北农村城镇化的影响进行了实证分析，实证分析从以下三个方面展开：

第一，基于 2011～2014 年的江苏农村金融发展对城镇化影响的实证分析，从区域差异的视角，按照时间顺序，比较发达地区与欠发达地区农村金融发展对城镇化影响的差别，结果表明：各年度农村金融结构与农村金融规模对农村城镇化水平的影响存在显著的区域差异性，城镇化水平越高的地区，农村金融结构与农村金融规模对农村城镇化水平的影响力越大，城镇化水平越低的地区，影响力则越小，苏北是江苏相对落后的地区，农村金融结构与农村金融规模对农村城镇化水平有较为显著的影响，但比苏南地区的影响力小。各年度农村金融可获得性对农村城镇化水平影响同样有明显差异，但差异与上述因素相反，农村城镇化水平低的地区，金融可获得性的影响却大，农村城镇化水平高的地区，金融可获得性的影响却小，这与苏北农村地区蓬勃发展的小额信贷、团体贷款等金融创新密切相关。各年度农村金融效率对江苏农村城镇化水平的影响不明显，说明农村储蓄资金外流现象仍十分突出，造成农村金融机构的存贷比与城镇化发展水平之间无显著关系。

第二，基于 2002～2014 年的苏北各县市金融发展对农村城镇化影响的实证分析，试图解释农村金融深度与农村金融效率对农村城镇化的影响，采用了面板数据分析方法。研究结果表明：金融深度变量对苏北 23 个县市城镇化发展的影响显著且为正向，大概有 10 个县市，不到总数的一半，其他县市的影响为负向或不显著，金融效率对苏北 23 个县市城镇化发展的影响则显著为负向影响，或不显著。原因在几个方面：首先，上一个分析已经表明苏北作为江苏欠发达区域，其金融对城镇化的影响较发达地区明显衰减；其次，苏北农村城镇化发展的走势与金融深度、金融效率走势既有相似，也有差异，相似在于均先下降、后上升，差异在于，低点位置出现时间有错开现象，前者的低点出现在 2006 年，后二者因国际金融危机的发生，低点出现在 2008 年；再次，作为大部分农户与中小企业小额融资主要渠道的农村非正规金融对正规金融贷款的替代没有置于考虑范畴之内。

第三，基于 2007～2014 年苏北各县市金融发展影响农村城镇化的路径分析，试图从整个苏北范围解释金融的影响路径及系数，采用结构方程方法构建模型，并在分析中引入 2002～2006 年的数据进行比较。研究结果表明：苏北农村金融发展对城镇化产生了较为明显的推动作用，以农村增量改革元年(2007 年)为分界，2007～2014 年金融影响城镇化较之于 2002～2006 年具有如下特征：首先，金融深度对城镇化的影响作用明显提升；其次，金融效率对城镇化的影响作用由负向转变为正向。金融发展对社会发展影响的逻辑顺序为：经济发展带动城镇税收提高，进而促进城镇基础设施与公共服务水平的完善，推动了社会的发展；经济与社会发展提升了城镇对人口、资金与技术的凝聚力，反过来推动城镇的经济发展；经济发展与社会发展互为动力，共同推动城镇化进程。在苏北农村城镇化进程中，金融发展对城镇化具有一定的推动作用，而城镇化对金融的促进作用不显著。现阶段，苏北农村金融具有“供给领先”的特征，金融的“需求追随”尚未形成。

如表 6-33 所列，路径分析结果表明，农村金融深度(贷款占 GDP 的比重)变量与农村金融效率(贷款占存款比重)变量对农村人均 GDP 都有显著的正向影响，通过比较 2002～2006 年的影响系数发现，2006 年之后的影响显著上升。农村金融效率变量对农村产业结构和单位耕地产出影响显著为正向，表明苏北农业与非农产业的发展对农村金融机构的信贷有较为显著的依赖，这种依赖在 2006 年之后较之于前也有显著提升。农村金融深度对农村产业结构与单位耕地产出的影响不显著，农村金融深度与产业发展不相一致，在一定程度上说明苏北农村贷款对产业发展的支持不明显。金融变量对农村城镇化中社会发展各变量的影响以间接影响为主，主要是通过中介变量发生影响的。将人均实际 GDP、产业结构与单位耕地产出分别作为中介变量，发现其对农村社会发展各观测变量的影响分别按系数大小顺序依次为人均实际 GDP、单位耕地产出、产业结构，说明，除了人均 GDP 对农村社会发展有显著影响之外，苏北的农业发展和产业结构优化对社会发展均有较为显著的影响。对比 2002～2006 年与 2007～2014 年数据，发现农村金融各观测变量对经济发展变量的直接影响和间接影响具有同样的结论，即 2007 年之后，影响系数均有所提升。2007 年是我国农村金融增量改革元年，比较 2007 年前后，不论是金融变量对城镇化发展的经济因子影响，还是对城镇化发展的社会因子影响，其影响系数均有明显上升，说明苏北农村金融增量改革对农村城镇化发展具有推动作用。

表 6-33　2007～2014 年农村金融深度与农村金融效率对农村经济社会发展的影响

	直接影响			间接影响(以农村人均 GDP 为中介变量)		
	农村人均 GDP	农村产业结构	单位耕地产出	农村医疗水平	通信条件	恩格尔系数
农村金融深度	显著正向	不显著	不显著	显著正向	显著正向	显著负向
农村金融效率	显著正向	显著正向	显著正向	显著正向	显著正向	显著负向

实证研究中，选择农村城镇化水平的观测变量共 14 个，分别属于经济增长、基础设施、财政、社会发展等因子，在对苏北近年相关数据进行实证分析后，发现金融影响系数显著不为零的变量只有 6 个，分别是经济增长变量(用实际人均生产总值测量，A_1PGDPSJ)、产业结构变量(用非农产业产值结构测量，A_2NOARGG)、耕地产出水平变量(用单位面积耕地产值测量，A_{13}OUTLA)、医疗水平变量(用每万人床位数测量，A_7MEDICA)、通信变量(用人均移动电话测量，A_{10}PHONE)和恩格尔系数变量(用城镇居民恩格尔系数测量，A_{14}ENGEL)。所以，金融发展对农村城镇化具有影响作用，这种作用表现在若干与经济增长有关的变量上，其余变量则存在金融支持力度不足甚至缺位的问题。

第7章

苏北农村城镇化融资情况的野外调查

为了进一步明确在农村城镇化进程中的资金供给、需求以及缺口所在，在分析农村金融发展现状与实证分析金融对城镇化影响作用的基础上，进行苏北农村城镇化的资金借贷情况调查。调查分为三个方面：首先，经济个体的资金借贷调查，经济个体分为乡镇企业与居民家庭两个方面；其次，农村土地金融调查，调查农村商业性金融机构与政策性金融机构的土地金融状况；再次，小城镇建设融资调查，在小城镇集中居住的背景下，调查小城镇建设的资金需求与供给。

7.1 苏北A镇经济个体的资金借贷调查

2015年，苏北A镇总人口19.4万人，从业人员9.9万人，土地面积10 560公顷，财政收入12.2万元。为了解小城镇经济个体的资金需求与借贷情况，2016年7、8月间，对苏北A镇进行了相关的问卷调查。

此次调查，主要目的是了解在城镇化进程中，小城镇的资金需求及资金供给状况；调查对象是小城镇的经济个体，将经济个体划分为乡镇企业和居民家庭两种类型；调查形式是问卷调查，分别向乡镇企业与居民家庭发放200份问卷，乡镇企业问卷有效回收率99%，居民家庭问卷有效回收率90%。

7.1.1 乡镇企业资金借贷调查分析

7.1.1.1 乡镇企业基本情况

如表7-1所列，此次调查的194家乡镇企业具有如下特点：

(1) 乡镇企业以微型企业为主。从企业资产规模看，资产范围主要分布在2万～20万元之间，最大不超过50万元，属微型企业。总资产小于2万元的企业20家，占企业总数的10%，全部为农业企业；总资产范围在2万～20万元之间的企业165家，占企业总数的85%；总资产范围在20万～50万元之间的企业只有9家，占企业总数的5%。

表 7-1　　乡镇企业的资产规模结构

企业资产范围	2万元以下	2万～5万元	5万～10万元	10万～20万元	20万～50万元	合计
数量/个	20	43	51	71	9	194
占比/%	10	22	26	37	5	100

(2) 如表7-2所列，所调查乡镇企业涵盖了三次产业，第三产业占比较高。被调查企业涉及农业、制造业、建筑业、交通运输业、批发/零售业、住宿/餐饮业等多个行业，涵盖了三次产业，其中以第三产业最多，占总样本61%。第三产业中以批发/零售业和住宿/餐饮业为最多，占总样本约40%；建筑业位列第三，占总样本23%；农业位列第四，占总样本11%。

表 7-2　　乡镇企业的行业结构

企业资产范围 / 行业	2万元以下		2万～5万元		5万～10万元		10万～20万元		20万～50万元		合计	
	数量/个	占比/%	数量/个	占比/%	数量/个	占比/%	数量/个	占比/%	数量/个	占比/%	数量/个	占比/%
农业	20	100	1	2							21	11
制造业			6	14	6	12	6	8			18	9
建筑业			3	7	5	10	11	15	7	78	26	13
交通运输/仓储/邮政业			4	9	4	8	3	4			11	6
电子商务			2	5			1	1			3	2
批发/零售业			9	21	15	29	18	25			42	22
住宿/餐饮业			13	30	15	29	6	8			34	18
租赁/商贸服务业			3	7			3	4			6	3
居民服务/其他服务业			2	5	2	4	4	6	2	22	10	5
文化/休闲/娱乐业					4	8	19	27			23	12
合计	20	100	43	100	51	100	71	100	9	100	194	100

(3) 乡镇企业以个体户和合伙企业为主，其中个体户/个体工商户占49%，合伙企业占28%。

7.1.1.2　乡镇企业的资金需求与借贷调查

第一，乡镇企业的资金借贷规模较小。被调查企业中，100%的乡镇企业有资金需求，乡镇企业在正规金融机构的贷款金额主要分布在2万～20万元，共93家企业，占总企业数量的48%；乡镇企业在非正规金融机构的贷款金额较少，主要分布在1万～10万元，共152家，占总企业数量的79%。

第二，乡镇企业的借贷资金分别来自于正规金融借贷与民间金融。在有资金需求的企业中，60%的企业在正规金融机构有贷款，40%的企业在正规金融机构中没有贷款；企业没有在正规金融机构申请贷款的主要原因是申请过程麻烦，企业被拒的主要原因是没有担保；98%的企业存在民间借贷行为，民间借贷行为中，99%的企业借贷行为都有借贷合约。可见，乡镇企业的资金需求在正规金融机构不能够得到完全满足，民间金融是正规金融的重要补充。

第三，乡镇企业在正规金融机构的借贷情况。如表7-3所列，被调查的194家企业中，有118家企业在正规金融机构有贷款，占61%。欠款范围主要分布在2万～20万元，其中，借贷资金2万～5万元的企业占总企业的14%，借贷资金5万～10万元的企业占15%，借贷资金10万～20万元的企业占21%。企业规模与借贷发生率之间存在正向相关关系，企业规模越大，借贷发生率越高。

表7-3　　乡镇企业在正规金融机构的借贷结构　　单位：%

欠款范围＼企业规模	2万元以下	2万～5万元	5万～10万元	10万～20万元	20万～50万元	小计
2万元以下	4	3				7
2万～5万元	1	6	6	1		14
5万～10万元		4	5	6		15
10万～20万元			4	16	1	21
20万～50万元				2	3	5
50万～100万元					1	1
100万～200万元					1	1
小计	5	13	15	25	6	64
借贷发生率	50	59	58	68	100	64

注：借贷发生率，是不同规模企业中有借贷企业的相对占比，即借贷发生率为企业的借贷结构(%)与企业的资产规模结构(%)之比。

第四，乡镇企业的民间借贷情况。如表7-4所列，被调查的194家企业中，190家企业有私人借贷，占企业总数的98%。欠款主要分布在1万～10万元之间，其中，欠款范围在1万～3万元的企业占样本总数的15%，欠款范围在3万～5万元的企业占38%，欠款范围在5万～10万元的企业占26%。乡镇企业在民间借贷发生率与企业规模之间不存在相关关系，它们之间没有必然联系。

表 7-4　乡镇企业在非正规金融机构的借贷结构　单位：%

欠款范围＼企业规模	2万以下	2万～5万元	5万～10万元	10万～20万元	20万～50万元	小计
3 000～5 000元	4	1	0	0	0	5
5 000～1万元	3	2	2	0	0	7
1万～3万元	3	4	4	4	0	15
3万～5万元	1	11	14	11	1	38
5万～10万元	0	3	6	15	2	26
10万～20万元	0	0	0	6	2	8
20万～50万元	0	0	0	0	1	1
小计	11	21	26	36	6	100
借贷发生率	100	95	100	97	100	100

第五，乡镇企业的借贷规模与企业规模相符合。企业规模越小，借贷规模越小；企业规模越大，借贷资金数额也越大。从正规金融机构贷款情况看，资产规模在2万元以下的企业中绝大部分企业借贷额在2万元以下，占这一规模企业的40%；企业资产规模在10万～20万元的企业，其借贷规模也主要是10万～20万元，约占这一规模企业的43%；企业资产规模在20万～50万元的企业，其借贷规模也主要是20万～50万元，约占这一规模企业的60%（表7-3）。

总之，正规金融系统与民间金融构成了乡镇企业资金来源的两个重要方面，缺一不可。正规金融的借贷规模较大，而民间金融的借贷规模较小；正规金融机构借贷程序规范，而民间金融借贷更为灵活；正规金融的覆盖面较窄，能够满足60%企业的资金需求，而民间金融的借贷覆盖面较宽，能够满足98%企业的资金需求；正规金融借贷发生率与企业规模之间表现为正向相关，而民间金融借贷发生率与企业规模之间不存在相关性；复杂的借贷手续和担保条件是乡镇企业在正规金融机构贷款的主要门槛，导致正规金融机构的借贷发生率较低，而且资金借贷偏向于较大规模企业，民间金融的借贷门槛较低，借贷手续更简便、担保条件更宽松，使得几乎所有的乡镇企业都能在民间获得融资，不受困于企业的资产规模。

7.1.2　小城镇居民家庭资金借贷调查分析

7.1.2.1　家庭基本情况

在苏北A镇，家庭年收入超过10万元为高收入家庭，家庭年收入5万～10万元为中上收入家庭，家庭年收入3万～5万元为中下收入家庭，家庭年收入1万～3万元为低收入家庭。如表7-5所列，回收的统计问卷中，收入达5万～

10 万元的家庭为 65 户，占 36%；3 万～5 万元的家庭为 96 户，占 53%；10 万元以上的高收入家庭 6 户，占 3%；1 万～3 万元的贫困家庭 13 户，占 7%。样本家庭主要为中等收入家庭，占家庭总数的 89%。

表 7-5 居民家庭的收入情况

家庭年收入	1 万～3 万元	3 万～5 万元	5 万～10 万元	10 万元以上	合计
数量/个	13	96	65	6	180
占比/%	7	53	36	3	100

被调查家庭以从事工业与建筑业为主，分别占 21%和 23%；其次为从事批发/零售与餐饮/旅馆业，分别占 12%与 11%。中、低等收入家庭所从事的行业主要集中在建筑业(74%)、工业(66%)，其次是采掘业(22%)；高收入家庭则集中在交通/物流业(33%)与批发/零售业(33%)，其次是餐饮/旅馆(17%)与银行/保险业(17%)。具体如表 7-6 所列。

表 7-6 居民家庭主要经营/从事行业结构

家庭收入 行业	1 万～3 万元		3 万～5 万元		5 万～10 万元		10 万元以上		合计	
	数量/个	占比/%	数量/个	占比/%	数量/个	占比/%	数量/个	占比/%	数量/个	占比/%
农　业	0	0	2	2	0	0	0	0	2	1
采掘业	0	0	12	13	6	9	0	0	18	10
工　业	3	23	22	23	13	20	0	0	38	21
建筑业	4	31	30	31	8	12	0	0	42	23
手工业	2	15	5	5	0	0	0	0	7	4
交通/物流	0	0	8	8	3	5	2	33	13	7
批发/零售	1	7	5	5	13	20	2	33	21	12
餐饮/旅馆	2	15	6	6	11	17	1	17	20	11
银行/保险	1	7	5	5	11	17	1	17	18	10
卫生/教育	0	0	1	1	0	0	0	0	1	1

7.1.2.2 小城镇居民家庭的资金借贷情况

首先，小城镇居民家庭的资金需求兼具集中与多样化的特点。资金借贷的目的以生活(医疗、教育)为主，占 36%，其次是改善生活条件(建房、购房)，占 20%，生产需要(种地，购种子、肥料、农药)占 7%，投资需要(农场养殖、农场种植等)占 5%。

其次，小城镇居民家庭的资金需求金额小、借贷频率较高。如表 7-7 所列，样本调查显示，家庭借贷规模以 3 000～5 000 元为主，占 49%，其次是 3 万～5 万元，占 17%；平均 6 个月借贷一次的家庭占 34%，1 年及以上借贷一次的家庭占 59%。

表 7-7　　居民家庭的借贷资金结构　　单位：%

借贷金额 \ 家庭收入	1 万～3 万元	3 万～5 万元	5 万～10 万元	10 万元以上	合计
1 000～3 000 元		1	1		2
3 000～5 000 元	3	31	15	1	50
5 000～1 万元	1	4	3	1	9
1 万～3 万元	1	4	1		6
3 万～5 万元	1	7	9		17
5 万元以上	1	4	4		9
小计	7	51	33	2	93

再次，小城镇居民家庭的资金来源以民间金融为主，正规金融机构为辅。正规金融机构包括银行、信用社、村镇银行、小额贷款公司等，分别占 4%、16%、6%和 5%，合计 31%。除此之外，还有约 60%的居民家庭有过民间借贷，在民间借贷中，57%有合约，43%没有合约，系口头约定。具体如表 7-8 所列。

表 7-8　　居民家庭的借贷来源结构　　单位：%

借贷金额 \ 家庭收入	1 万～3 万元	3 万～5 万元	5 万～10 万元	10 万元以上	合计
A. 银行	0	1	2	1	4
B. 信用社	0	10	6	0	16
C. 村镇银行	1	3	3	0	7
D. 小额贷款公司	0	1	4	0	5
E. 亲戚朋友	4	23	17	4	48
F. 高利贷	1	0	1	0	2
G. 其他	0	5	4	0	9
小计	6	43	37	5	91

7.1.2.3　小城镇居民家庭的住房与融资情况

首先，住房产权与价格。小城镇居民家庭均在居住地有住房，房屋的产权形式为全部产权的占70%,为小产权的占24%,还有一部分农村集体土地使用权,占6%。获得现有住房时,房屋价格以10万~20万元为主的占69%,5万~10万元的占9%,20万~50万元的占6%,50万元以上的占8%。

其次,购买现有住房的贷款情况。如表7-9所列,获得现有住房时,有银行贷款的居民家庭占有效问卷的4%,没有银行贷款的居民家庭占有效问卷的70%。如表7-10所列,居民家庭被银行拒绝房贷的原因多样化,依次为:没有人担保,占20%;与信贷员不熟悉,占16%;有不良的信用记录,占12%;无贷款抵押品,占10%,等等。

表7-9　居民家庭的购房贷款情况　单位:%

家庭年收入水平	1万~3万元	3万~5万元	5万~10万元	10万元以上	合计
有贷款	0	2	2	0	4
无贷款	4	41	25	3	73

表7-10　居民家庭被银行拒绝房贷的主要原因　单位:%

家庭年收入水平	1万~3万元	3万~5万元	5万~10万元	10万元以上	合计
A. 有欠款未还清	0	4	2	0	6
B. 没有人担保	1	7	9	2	19
C. 与信贷员不熟悉	1	6	8	1	16
D. 收入低,信贷员担心还不起	1	2	2	0	5
E. 没有抵押品	2	5	2	1	10
F. 不良的信用记录	2	4	6	1	13
G. 其他(请注明)	0	0	1	1	2

第三,购房的私人借贷情况。在购买现有住房时,除银行借贷之外,20%的居民家庭还有其他借贷,其中来自亲朋好友借贷的占90%,来自民间金融组织借贷的占10%。33%的居民家庭除银行借贷之外,无其他借贷。

第四,购房预期。小城镇的居民家庭在镇或县城购买住房的意愿不高,如表7-11所列,只有17%的家庭有购房打算,而41%的居民家庭没有购房意愿。从收入水平看,家庭年收入在3万~10万元的居民家庭在县城有购买住房的意愿,约占样本总数的15%;处于低收入(1万~3万元)与高收入(10万元以上)的居民家庭购房意愿极低,分别只有约1%的家庭有购房打算。

表 7-11　　被调查家庭在镇或县城的购房意愿　　单位：%

家庭年收入水平	1 万～3 万元	3 万～5 万元	5 万～10 万元	10 万元以上	合计
有购房意愿	0.01	0.06	0.09	0.01	0.17
无购房意愿	0.03	0.21	0.14	0.02	0.40

值得注意的是，家庭年收入在 3 万～10 万元的居民家庭在小城镇家庭构成中占主体，这部分家庭在小城镇属于中等收入家庭，其现有住房价格多在 10 万～20 万元，占样本总数的 64%；在购买现有住房时，这部分家庭中 66%的家庭没有银行贷款，其中 33%的家庭既不需要银行贷款，也不需要其他渠道借款；有在镇或县城购房意愿的居民家庭占样本总数的 17%，这部分家庭占有购房意愿家庭的 88%，是未来购买小城镇住房的主要力量。

7.2　江苏 F 县的农地金融调查

我国农村土地具有他物权特征，这种他物权，是指在农村土地集体所有的基础之上，农民对土地享有承包权与经营权。2014 年中央一号文件从国家政策上明确了农村土地的集体所有权、承包权与经营权的三权分离，指出农民可以将农地的他物权向金融机构抵押融资，规避了《中华人民共和国物权法》中关于“耕地、宅基地、自留地、自留山等集体所有的土地使用权不得抵押”的法律限制[92,93]。承包土地的经营权成为金融机构的抵押资产，为农地金融创新提供了有利的发展契机。

江苏 F 县是农业大县，农村土地资源丰富。2014 年 9 月，F 县开始发放农村土地经营权证，并开展土地经营权抵押贷款，成为省内首个发放土地经营权确权证的试点县和全国农村土地经营权抵押担保贷款试点县。F 县以农村土地承包经营权确权颁证为契机，加快农村土地流转，培育和壮大新型农村规模经营主体；启动土地经营权抵押担保贷款，盘活农村土地资产，拓宽新型农业经营主体融资渠道。截至 2015 年底，F 县全县共有 94 万亩承包土地，23.1 万农户。其中，18.6 万农户获得土地承包经营权证书，占农户总数的 80.5%，为流转农村土地与培育家庭农场奠定了坚实的基础。F 县流转土地面积达到 52.8 万亩，家庭农场达到 1 508 家，其中土地流转的最大规模为 3 000 亩，土地流转超过 500 亩的家庭农场约 1 100 家，约占总数的 80%，土地流转超过 1 000亩的家庭农场 20 余家，约占总数的 1.5%。随着农村土地流转的加快，新型农村规模经营主体持续发展壮大，农村规模经营主体的“融资难”问题日益突出，亟待解决。

7.2.1 商业银行的农地贷款业务

2014 年 9 月，F 县商业性金融机构（主要是县农商行与邮储银行）面向家庭农场推出土地经营权抵押贷款业务。其具体做法是：第一，金融机构实行组合担保方式，追加土地经营权抵押，允许家庭农场等新型农业经营主体以《农村土地经营权证》和大型农机具、经营土地上的农作物预期收入、农业生产设施、足额农业保险等为抵押向金融机构申请抵押贷款。第二，对符合贷款条件的家庭农场实行分期贷款与分期还款，利率最高可以上浮 30%。第三，建立风险防范与风险补偿机制，金融机构分别按贷款额度的 15%和 1%提取风险保证金和风险补偿金，县政府出资 500 万元财政资金，作为风险补偿基金。当贷款逾期率低于 5.5%时，贷款损失由风险补偿基金承担；当贷款逾期率高于 5.5%时，贷款损失高出部分由合作银行承担。借款人未能按合同约定向银行偿还贷款，合作银行依据相关法律完成追偿和处置手续后仍发生损失，可申请使用风险补偿基金代偿。第四，相关银行按县财政出资风险补偿基金的 20 倍比例放大授信额度，最高授信额度为 1 亿元。到 2015 年底，F 县商业金融机构陆续推出“兴农贷”、“助农贷”等以土地经营权为抵押的专项信贷，共支持 178 家家庭农场，累计投放约 4 200 万元贷款资金。

商业银行实施农地贷款以来，虽然产品与程序趋于成熟，对新型农村经营主体的金融扶持效果显著，但存在的问题也较为突出。第一，利率较高，最高上浮 30%；第二，授信的家庭农场较少，只占家庭农场总数的 10%；第三，授信额度有限，金融支持家庭农场存在显著的资金缺口。

7.2.2 专业机构的农地贷款业务

由农业发展银行与 F 县政府共同牵头，将农发行的支农通道、地方政府发展“三农”的低息资金与家庭农场的政策信贷三方面优势合并，搭建专门经营农地贷款的政策性支农融资平台——“F 县农村土地流转经营有限公司”（以下简称公司），为家庭农场的规模经营解决融资难问题，为农田水利、新型农村社区、农业农村基础设施建设提供资金支持。

公司具有国有性和政策性两重属性。公司以银、政合作为基础，由县政府注册资本 2 亿元，于 2015 年 7 月成立，是一家专门经营农村土地流转并为“三农”发展提供政策性融资的有限责任公司。公司拥有 15 个镇级土地流转经营分公司和 300 个村级土地流转经营站，业务发展覆盖整个 F 县，公司内部有投资融资部、风险管理部、计划财务部、生产经营部等四个部门。

公司的主要职能是融资与贷款职能，负责资金的统贷与统还。第一，公司向农发行申请授信额度，农发行统一向公司划拨政策性支农贷款；第二，由公司根据各家庭农场需求，将资金分别转贷给家庭农场；第三，公司全权负责借款资金的管理，负责监管资金的用途以及借款本息的足额及时偿还。公司作为农发行与家庭农场之间的融资中介平台，形成了由农发行到公司，再由公司到家庭农场的融资链条。这种融资模式与由农发行直接发放政策性支农资金的融资模式相比较，资金覆盖面更为宽广；与商业信贷相比较，贷款成本更低、担保条件更宽松、贷款流程更简便。这种资金融通模式使得农发行的政策性支农通道更为通畅，更大程度地为"三农"发展提供资金支持。到 2015 年底，成立仅半年的公司累计支持家庭农场 75 家，发放农地贷款 2 150 余万元。

公司拥有完善的风险防范补偿机制。由县政府出资 1 000 万元财政资金，在农发行建立公司储蓄账户，作为公司贷款的风险补偿金。一旦农地经营权抵押贷款出现逾期，超过 30 天经催收仍不能结清本息，便启动风险基金代偿机制，由公司使用风险基金收益代替偿还部分欠款，剩余不足部分申请县财政专属风险基金按比例给予代偿；风险基金代偿完成后，向借款人追偿收回款项，土地经营权则将交付给公司自营或通过农村产权交易平台实施处置。

公司还具有农村土地流转经营管理和中介服务职能。该公司负责接受有着稳定的非农职业与非农收入的农户所放弃的农地承包经营权，然后将这些农地进行零存整转，即将接收的零散的土地进行集中、统一整理、统一规划、整体转包给家庭农场、专业合作社、农业龙头企业等。作为风险资产处置终端，公司将出现还款风险的相关农地进行再次流转或自营，规避因土地流转不及时所产生的农地撂荒贬值。

金融支持农业发展较快，收效显著。如表 7-12 所列，2014 年 9 月至 2015 年 12 月，先后通过农村商业银行和金融支农服务平台开展土地经营权抵押贷款，农村商业银行发放支农贷款约 4 200 万元，支持 170 余家家庭农场；金融支农服务平台发放政策性支农贷款约 2 150 万元，支持 75 家家庭农场。截至 2015 年底，县政府共出资 1 500 万元财政资金，以政府财政资金作为风险补偿基金，相关金融机构按 20 倍放大计，金融机构对新型农业经营主体的授信额度总共约 3 亿元。截至 2015 年底，通过土地经营权抵押发放支农贷款合计约 0.64 亿元。

表 7-12　F 县金融机构的土地经营权抵押贷款情况(2014.9～2015.12)

	县农商行	邮储银行县支行	农发行县支行	合计
贷款额度/万元	2 530	1 696	2 150	6 376
受益农场/家	110	68	75	253

7.2.3 农地金融模式

F县的农地金融发展历程不长，经历了商业银行兼营农地金融业务与专业机构经营农地金融两个阶段。

商业银行兼营农地金融业务是指，商业性金融机构拓展贷款范围，利用自有资金，兼营农地金融业务，开发以农地经营权为抵押的贷款产品。这种模式下，农地贷款只是商业性金融机构的业务之一。

专业机构经营农地金融则是设立专门的经营机构开展土地流转与土地融资业务，机构的职能是专门经营农村土地流转并为"三农"发展提供政策性融资，性质介于土地信用社与土地银行之间。第一，该机构开展土地存贷业务，即土地的"零存整贷"，将零碎土地进行打包、整合、适度开发后，将土地贷给需要土地的农户，收取土地"贷地费"，因而具有农村土地信用社的性质。第二，该机构的资金主要来自于农村政策银行的政策性贷款与财政拨款，是提供政策性融资的平台。第三，该机构的主要职能是融资与贷款职能，负责资金的统贷与统还，它的业务构成主要包括土地存贷业务以及与土地有关的金融服务业务：一是农户将土地使用权抵押给土地银行，土地银行将土地使用权整合打包给土地使用权需求者，农户从土地使用者处获得租金与红利；二是与土地有关的金融服务业务，包括将农发行的支农通道、地方政府发展"三农"的低息资金与家庭农场的政策信贷三方面优势合并，以土地使用权为抵押，向农户发放抵押贷款。第四，该机构没有自有资金，不具备销售土地债券、吸收储蓄存款以及从中央银行再贷款并获得资金的功能，所以不是土地银行。

农地金融在苏北发展时间不长，主要以家庭农场为服务对象，贷款规模增长速度快，银、政合作的风险防控机制相对完善，启动了苏北地区土地金融的发展。

7.3 苏北Y镇建设资金供需调查

苏北Y镇，2015年总面积87.6平方公里，人口6万人，辖15个行政村、6个居委会、41个自然村，耕地面积3.2万亩，财政收入3.3亿元。2012年起，Y镇结合压煤村庄搬迁和万顷良田工程，启动了小城镇建设，经过三年建设期，Y镇镇区建成5个社区，并配套商贸区、社区广场、学校、卫生院、派出所、污水处理厂等功能性设施，完成建筑面积100万平方米。据统计，Y镇的新镇建设资金需求30亿元，资金供给分两个部分，一是财政拨款，二是采煤塌陷地的政府补偿，基本没有产生金融机构贷款，如表7-13所列。

表 7-13 苏北 Y 镇城镇建设资金需求与财政拨款

	资金需求/亿元	百分比/%	财政拨款/万元
镇区基础设施建设	4	13	5 000
城镇住房	20	67	
镇区公共服务	3	10	5 000
其他	3	10	3 000

本章小结

在实地调查的基础上进一步分析苏北小城镇的资金借贷情况，发现农村金融支持城镇化过程中存在内在规律与主要问题。调查表明，经济个体有着普遍的资金需求，其中，约60%的乡镇企业与30%的居民家庭能够从正规金融机构中获得借贷，几乎100%的乡镇企业与居民家庭都有民间借贷行为。正规农村金融市场存在供给边界，民间金融是正规金融的有效补充，边界内的以经营为目的的农村产业的金融需求在正规金融系统中能够得到满足，而边界外的农村小农生产方式的金融需求只好求助于自有资金或民间金融。从农地金融看，农地金融是新兴的金融产品与服务，正规金融几乎包揽了所有农地金融的业务。商业金融与政策性金融先后展开了土地经营权抵押贷款业务，由于政策性金融具有利率等政策优势，加上与政府联手成立农地金融机构，政策性金融在农地金融发展中起着主导作用。从小城镇建设融资看，资金主要源于当地采煤塌陷地赔款，还有一部分来源于政府的财政收入。居民在小城镇的购房贷款率低于80%，金融对小城镇建设的支持不够显著。

第8章

苏北农村城镇化的金融需求与缺口分析

我国城镇化经过改革开放之后三十余年的迅速发展，常住人口城镇化水平已经达到56%(2015)，而户籍人口城镇化水平与之有较大的差距，只有35%左右。我国现有流动人口约为2.7亿，未来城镇化的主要任务之一就是将这些流动人口转为城镇户籍人口，未来按年均1%的速度提高城镇化水平，城市每年新增农村转移人口1 300万，10年总和约1.3亿人口，加总4亿人。我国城市的数量为657个，将近4亿人口全部转移到大中城市显然不可能实现，要在条件允许的地区发展小城市(镇)，围绕核心城市构建城市群，以城市群带动各级城市发展，推动城镇化进程，这是由我国经济、社会、人口规模等因素决定的。苏北位处江苏北部，是东陇海城市群规划区域所在地，在这一地区发展农村城镇化极为必要，也是推动江苏区域协调发展的重要举措。农村城镇化的资金需求规模非常庞大，按每个转移人口需要投入约15万亿元人民币计算，全国平均每年需要投入2万亿元。2011年我国城镇化建设投资的费用总额为1.4万亿元，需求缺口0.6万亿元。小城市(镇)在总投入中的比重很小，在城镇化建设投入的比重微乎其微，小城市(镇)的资金供需缺口更为显著。农村城镇化仅仅依靠财政支持显然行不通，需要金融系统在各方面发展中给予有效支持。

8.1 苏北农村城镇化的金融需求缕析

苏北是江苏重要的农产品生产区域，农村城镇化已经形成一定的基础，新型农村城镇化的推动从提升农业产业化水平、发展农村非农产业、完善小城镇基础设施以及增强城镇集聚能力等方面发力，相应的，金融支持新型农村城镇化也从这几个方面展开。首先，金融发展要满足现代农业所衍生的信贷需求。农业发展是苏北农村城镇化的基本动力，农业规模化、现代化、产业化是推动苏北农村城镇化的主要动力，随着规模农业、现代农业的发展，农业基础设施水平提高，农资支出增大，流动资金需求旺盛，城镇化建设中农业发展对金融支持有更多的需求。其次，金融发展促进提升小城镇的空间集聚力。发展农村城镇化关键在于提升小城镇的人口集聚能力，影响人口集聚的因素主要有三个方面：一是小城镇的基础设施与公共服务能够满足人们日益提高的生活水平；二是小城镇有充足的就业岗位，城镇收入水平能够满足人们生活需求；三是人们在小城镇有基本的住房保障。小城镇的基础设施建设、城镇产业发展与住房保障均离不开金融支持。

8.1.1　农业产业化中的金融需求

农业产业化是以市场为导向，以经济效益为中心，优化配置农业资源，并应用成功的经营管理技术与方法，提高农业收益，促进农民增收，突破传统农户独立经营所产生的产能瓶颈，使农业走上良性发展轨道的现代化经营方式和产业组织形式。新型农村城镇化发展中农业基础地位不能降低。从战略安全上讲，发展现代农业、推动农业产业化是保障粮食和其他农产品有效供给的重要手段，这与我国这样一个人口大国的稳定及安全息息相关。发展现代农业是推动农村城镇化的基础动力。改革开放以来，我国农业人口持续向城市工业部门转移，在极大推动东部沿海地区经济发展与城镇建设的同时，农村经济社会出现了农业劳动力结构失衡和农村社区空心化等问题，造成农业衰退和农村落后。印度与拉美国家在城镇化进程中，也曾出现因忽视农业的基础作用，过度转移人口，导致农业和农村相对落后，城镇化可持续发展动力不强等问题。长期以来，我国农业生产相对落后、农业基础设施建设滞后，在一定程度上与农村金融体系功能发挥不到位，金融对农业产业化的支持力度不足，农村、农业与农民的金融需求得不到满足有很大关系。发展现代农业要从规模农业着手，加强农业科技应用与农业基础设施建设，随着农业规模化经营的发展，农资支出日益增大，催生了较大的流动资金以及购置农机设备等资金的需求，产生了更高、更为宽泛的农业金融需求。为有效推动农业产业化，金融支持体系从以下几方面展开：一是通过完善农村金融机构类型，实现农村金融供给的多元化，增强农村资金的有效供给等途径，为农业发展提供充足的信贷资金；二是通过金融的资源配置作用引导农业产业结构的调整与优化，设立专项投资基金投资于农业龙头企业、生产基地与物流载体，推动农业产业化的体系性成长；三是发展农业保险，防范与化解规模农业的经营风险；四是发挥金融信息平台的作用，引导农民合理组织生产，推动农业健康发展[94,95]。

8.1.2　小城镇建设中的金融需求

小城镇是发展农村城镇化和城乡一体化的空间载体，在新型城镇化背景下，小城镇的居住功能越来越被重视。霍德华(1902)以英国为研究对象，主张在大城市周围规划建设小城镇，注重其田园特性，以环境优美、空气新鲜、住房宽敞、阳光充足等特征吸引并分流城市人口,在小城镇中因地制宜地发展非农产业部门,为居民提供就业岗位;程必定(2011)将我国小城镇的发展方向定位为"城市型"小镇,以基础设施与公共服务的城市化为建设标准,通过完善其居住功能、提高其设施水平,给居民创造方便、舒适、优美的生活环境,提供优良的生活质量,为提高工作效率做好支撑基础[96]。然而,传统城镇化进程中,我国小城镇投入不足,基础设施不完善,生态环境也逐步恶化,居住与就业功能不足,缺乏吸引力,集聚效应没有充分发挥出来,导致小城镇发展相对缓慢。联合国开发署研究表明,发展中国家的城市基础设施投资最好占固定资产投资的10%～15%,占GDP的3%～5%,据测算,1978～2011年,我国城市基础设施投资占固定资产投资比重年平均为3.97%,占GDP比重平均为1.54%,因此逐年累积形成了巨额的基础设施投资欠账,如果排除大中城市,小城镇的基础设施投入更低[97]。马晓河(2013)统计我国86%的小城镇甚至没有污水处理设施。新型城镇化进程中,提升重点小城镇的居住功能与人口承载能力必将成为战略重点。

城市的基本功能可以用十二个字概括:衣、食、住、行、生、老、病、死、安居乐业。目前,我国居住功能评价较高的县城主要分布在东部沿海的天津、山东、江苏、浙江、福建以及四川省、重庆市等地,其县城发展水平与我国城市的平均水平相当,居住功能评价较好的建制镇也主要集中在东南沿海,如江苏、福建、山东、广东、北京、上海、海南、浙江等地,其建制镇发展水平低于城市。江苏的县城与建制镇居住功能均居全国前列,但就省内而言,还有较为明显的区域差距,苏南地区的小城镇建设已比较成熟,苏北地区的小城镇建设有较好的基础,仍需继续加强基础设施与公共服务水平建设,推动重点镇向宜居、宜业的小城市(镇)方向发展,发挥集聚农村转移劳动力的作用,防止人口过度流向大城市,缓解大城市的压力。在小城镇建设中,金融要发挥为转移居民的保障性住房融资的功能,居住是重要的民生需求,大部分农村转移居民为中低收入人群,无法依靠自身能力购买商品房,需要建立多层次的住房融资结构;金融要发挥为完善基础设施与公共服务融资的功能,要容纳新增的城镇人口,除住宅以外,城镇还需建设配套的学校、医疗机构、道路、公共服务等各项设施,这些建设项目本身盈利能力较差,投资周期长,现金流前小后大,市场化融资能力不高,基础设施的社会性与金融机构的盈利性之间存在矛盾,商业银行大都将金融产品与服务定位于大中城市,而小城市、小城镇的金融支持存在显著不足的问题。

8.1.3 农民市民化中的金融需求

金融已经成为城市居民不可或缺的生活要素,服务于人们生活与生产的方方面面,在农村城镇化进程中,金融对农村转移居民的支持表现在对农民生产生活方式的转换，以满足农民在保险、社会保障、自主创业、就业以及消费信贷等方面的金融需求，为此要从居民与金融机构两个方面增强金融对城镇化的支持。首先，提升农民的金融意识与信用意识。只有具备了良好的金融意识和金融能力，才能够实现资金良好的周转以及更高的资金利用效率。金融意识是指人们对于金融知识的了解程度、参与金融活动的意愿和能动性，它包含了信用意识、投融资意识、风险意识以及相关法律、法规知识。金融意识直接影响着金融行为，影响着人们管理财富与利用资源的方式方法，具有良好的金融意识可以优化人们的资金周转能力与致富能力。信用意识是一种重要的金融意识，人们只有具有良好的信用意识才会保持良好的信用记录，才能够获得信用贷款。其次，构建农村转移居民的征信体系。信用贷款无须抵押担保，只需凭借个人的收入资产证明、良好的信用记录与良好的还款记录即可获得信贷资金，是农民获得资金的最低金融门槛。农村城镇化进程中，金融机构协同相关部门构建农民征信体系、设立农民信贷制度，为农民建立信用数据库并进行信用等级评定，对不同信用等级的农民予以信贷优惠措施设定。

8.1.4　小城镇经济发展的金融需求

城镇化要有产业支撑，产城融合是农村城镇化的重点。经济发展尤其是城镇非农产业的发展是城镇化的核心动力，要形成以工促农、以城带乡、工农互惠、城乡一体的城镇化健康发展机制。产业是城镇发展支撑，产业发展通过推动人口及资源集聚推动城镇化进程。国际经验表明，在城镇化的初始阶段，生产效率的扩张源自劳动力的结构性转移，即劳动力从农业部门转移到制造业部门促进了劳动力生产率的扩张；到了中期阶段，城镇化发展增速放缓，生产效率扩张源自于制造业在不同城市的分工以及劳动力在制造业不同部门的配置。新型城镇化进程中，小城镇经济发展体现出如下特点：其一，大中小城市及小城镇之间的分工日趋清晰，分工提高劳动生产效率，是增长的源泉。小城镇在城市群中的分工表现为承接大城市转移出来的劳动密集型产业，围绕这些产业形成专业化工业城市及产业集群，一些与制造业紧密结合的生产性服务业或流通服务业，以及与产业工人密切相关的生活服务业和社会服务业在小城市与小城镇得到快速发展（王微，2014）。其二，城镇化的人口集聚不是简单的人口红利再造，而是人力资本的积累与创造，并推动全要素生产效率的提升，创造与积累人力资本就成为城镇经济建设的发力点（张远军，2013）。其三，小城镇经济发展以第二、第三产业为主，中、小企业将成为小城镇的经济主体。金融支持小城镇经济发展相应地从以下几个方面展开：金融支持小城镇在城市群的分工，为小城镇发展劳动力密集型产业融资；金融支持小城镇的人力资本积累，为生产效率的提高而融资；金融支持城镇中小企业发展，为制造业及服务行业的中、小企业融资。金融支持分工，支持人力资本积累将发挥金融的引领作用与资源配置作用。金融对小城镇的中、小企业支持目前存在总量不足、资金供求缺口显著的问题，需要在农村继续深化金融增量改革，引导民间资本进入金融市场，通过不断完善金融服务体系、健全农村金融制度弥补中小企业及农户对金融资金的需求。

8.2 苏北农村城镇化的资金需求测算

杜晓山(2013)曾对我国社会主义新农村建设的资金缺口做了简单估算，如果按照到2020年全面实现社会主义新农村标准判断的话，这其中包括城镇化、农业现代化，需要万亿级的资金。假设社会主义新农村建设到2020年全面实现，如果按照每年3万亿元或4万亿元算的话，总共需要的资金就在21万亿元到32万亿元之间。换言之，农村人口城镇化所需的人均公共支出至少为10万元，每年提升一个点(超过1 000万人)的城镇化率需要至少1万亿元的配套资金支持。陈雨露(2013)的估算为，按年均提高1%的城镇化速度，转移人口每年达到1 300万，10年达到70%的城镇化水平，将总共转移约1.3亿人口，平均每个转移人口约需投入15万元，则全国年均投入约2万亿元，而2011年，中国城镇建设投资的费用总额为1.4万亿元，缺口约0.6万亿元，规模十分庞大。按2014年度政府工作报告中所提出今后一段时期引导1亿人口就地城镇化的要求，按每人投入10万元估算，总共需要10万亿元的资金支持。

8.2.1 按目前苏南农村金融发展测算苏北农村城镇化的资金需求规模

到2020年，苏北农村城镇化水平力争提升6～7个百分点，大致相当于2014年苏南农村城镇化的水平。如表8-1所列，对比2014年苏南、苏北县市平均存贷比与金融深度，发现苏南与苏北县市的平均存贷比相似，分别为0.79与0.74，相差0.05；两地金融深度有较为显著的差距，苏南的金融深度是0.84，苏北只有0.50，相差0.34。如果苏北县市城镇化水平未来达到提升6～7个百分点的水平，接近苏南目前的城镇化率，则其金融深度相应地提升约0.34，即贷款总量占地区生产总值的比重提升34%。2014年苏南、苏中与苏北县市地区生产总值分别为15 326.84亿元、6 143.05亿元、7 493.81亿元，按各区域平均金融深度计算，各地的贷款规模分别达到12 874.55亿元、4 523.86亿元和3 555.71亿元。苏北与苏南县市贷款规模差距为9 318.84亿元。到2020年，预计苏北农村城镇化水平达到当前苏南农村城镇化水平，期间苏北农村的贷款规模将增加约8 000 亿元，达到 1.6 万亿～2.0 万亿元左右。

表 8-1　2014 年苏南、苏中与苏北各县市存贷比(LDR)、金融深度(LGR)与地区生产总值

	存贷比	贷款/GDP	地区生产总值/亿元		存贷比	贷款/GDP	地区生产总值/亿元
江阴市	0.78	0.80	2 753.95	丰　县	0.56	0.41	281.78
宜兴市	0.78	1.07	1 233.89	沛　县	0.44	0.29	495.37
溧阳市	0.71	0.84	716.29	睢宁县	0.57	0.39	360.16
金坛市	0.77	0.89	471.48	新沂市	0.85	0.45	412.22
常熟市	0.80	0.90	2 009.36	邳州市	0.76	0.38	599.14
张家港市	0.77	0.82	2 180.25	东海县	0.71	0.48	320.17
昆山市	0.71	0.68	3 001.02	灌云县	0.71	0.46	249.92
太仓市	0.91	1.00	1 065.33	灌南县	0.81	0.38	235.90
丹阳市	0.91	0.78	1 008.96	涟水县	0.65	0.52	260.31
扬中市	0.75	0.75	445.35	洪泽县	0.79	0.52	178.06
句容市	0.75	0.72	440.96	盱眙县	0.88	0.67	260.15
苏南县市平均	0.79	0.84	/	金湖县	0.83	0.71	166.42
海安县	0.71	1.08	538.73	响水县	0.86	0.47	203.12
如东县	0.50	0.56	536.03	滨海县	0.74	0.45	300.10
启东市	0.59	0.74	658.31	阜宁县	0.72	0.58	302.17
如皋市	0.58	0.68	657.01	射阳县	0.70	0.49	351.47
海门市	0.60	0.71	740.01	建湖县	0.75	0.58	360.75
宝应县	0.67	0.54	364.42	东台市	0.54	0.47	564.09
仪征市	0.55	0.53	410.16	大丰市	0.63	0.54	443.52
高邮市	0.60	0.54	381.50	沭阳县	0.84	0.49	543.51
兴化市	0.70	0.56	575.84	泗阳县	0.91	0.67	305.20
靖江市	0.66	0.75	670.43	泗洪县	0.94	0.70	300.28
泰兴市	0.57	0.53	610.61	/	/	/	/
苏中县市平均	0.61	0.66	/	苏北县市平均	0.74	0.50	/

8.2.2 按城镇化率测算资金需求规模

8.2.2.1 预测 2015～2020 年的农村城镇化率

依据第 3 章 2002～2014 年苏北各县市城镇化率的变动趋势测算 2015～2020 年各县市的城镇化水平。测算公式如下：

$$UR_{it}^{e} = a_{it} \cdot PGDPSJ_{it} + C_{it} + UR_{i(t-1)} \tag{8-1}$$

式中 UR_{it}^{e}——预测的城镇化率；

a_{it}——系数项；

C_{it}——常数项；

$PGDPSJ_{it}$——各县市人均实际 GDP；

$UR_{i(t-1)}$——上年城镇化率。

农村城镇化率预测如表 8-2 所列。

表 8-2 农村城镇化率预测 单位：%

	2015	2016	2017	2018	2019	2020
丰 县	32	33	34	35	36	37
沛 县	36	38	39	40	42	43
睢宁县	33	34	36	37	38	39
新沂市	36	38	39	41	42	43
邳州市	36	37	38	40	41	43
东海县	34	36	38	39	41	42
灌云县	33	34	36	37	39	40
灌南县	37	39	40	42	44	46
涟水县	31	32	34	35	36	37
洪泽县	41	43	45	48	50	52
盱眙县	35	36	38	39	41	42
金湖县	40	41	43	45	47	49
响水县	36	37	39	40	41	43
滨海县	32	33	35	36	37	38
阜宁县	34	35	37	38	39	41
射阳县	35	36	38	39	40	41
建湖县	38	40	41	43	44	46

续表 8-2

	2015	2016	2017	2018	2019	2020
东台市	41	43	45	47	49	50
大丰市	43	45	47	49	51	53
沭阳县	35	37	38	40	42	44
泗阳县	36	38	40	42	44	45
泗洪县	34	35	37	38	40	42

8.2.2.2　预测 2015～2020 年贷款规模

依据表 8-2 苏北各县市城镇化率的预测值，测算 2015～2020 年各县市的贷款余额。测算公式如下：

$$LR_{it}^{e} = b_{it} \cdot UR_{it}^{e} + D_{it} \tag{8-2}$$

其中　LR_{it}^{e}——预测的各年度末贷款余额；

b_{it}——系数项；

D_{it}——常数项；

UR_{it}^{e}——预测的城镇化率（见表 8-2）。

各县市贷款余额预测如表 8-3 所列。

表 8-3　各县市贷款余额预测　单位：亿元

	2015	2016	2017	2018	2019	2020	合计
丰　县	120.12	129.72	139.32	148.93	158.53	168.13	864.75
沛　县	140.64	151.22	161.79	172.36	182.93	193.51	1 002.45
睢宁县	153.39	166.09	178.79	191.49	204.19	216.89	1 110.84
新沂市	197.72	213.88	230.04	246.20	262.36	278.53	1 428.73
邳州市	241.79	260.60	279.40	298.21	317.01	335.82	1 732.83
东海县	167.80	181.46	195.13	208.80	222.46	236.13	1 211.78
灌云县	123.38	133.25	143.13	153.00	162.87	172.74	888.38
灌南县	93.08	101.08	109.07	117.07	125.07	133.07	678.44
涟水县	144.64	156.71	168.78	180.85	192.92	204.99	1 048.89
洪泽县	104.79	113.33	121.88	130.43	138.98	147.52	756.93
盱眙县	181.29	196.94	212.59	228.25	243.90	259.56	1 322.52
金湖县	126.21	136.39	146.56	156.73	166.90	177.07	909.86
响水县	104.46	112.67	120.88	129.09	137.30	145.51	749.91

续表 8-3

	2015	2016	2017	2018	2019	2020	合计
滨海县	144.73	156.30	167.87	179.44	191.01	202.58	1 041.93
阜宁县	185.98	201.35	216.71	232.07	247.44	262.80	1 346.34
射阳县	183.97	197.06	210.16	223.25	236.35	249.44	1 300.22
建湖县	218.94	236.01	253.08	270.15	287.22	304.29	1 569.67
东台市	295.09	318.05	341.02	363.98	386.94	409.90	2 114.98
大丰市	259.40	280.27	301.14	322.01	342.89	363.76	1 869.46
沭阳县	285.00	309.15	333.30	357.44	381.59	405.74	2 072.22
泗阳县	215.15	233.92	252.69	271.47	290.24	309.01	1 572.48
泗洪县	215.85	234.39	252.93	271.47	290.01	308.55	1 573.21
合　计	3 903.40	4 219.83	4 536.26	4 852.68	5 169.11	5 485.53	28 166.81

8.2.2.3　预测 2015～2020 年新增城镇人口的资金需求规模

按年均提升 1 个百分点的城镇化预期计算城镇新增人口，测算新增总人口的资金需求规模。到 2020 年，我国城镇化率力争达到 60%，年均大约提高 1 个百分点。苏北农村的城镇化水平约处于全国平均水平（见第 3 章），以 2014 年为基年，推算苏北农村城镇化水平未来将提高 6～7 个百分点，达到 45%～47%，大致相当于 2014 年苏南农村城镇化的平均水平。按年均提升 1 个百分点的城镇化预期，到 2020 年苏北农村城镇人口将增加约 130 万人（表 8-4）。按每个新增城镇人口需投入约 15 万元计（陈雨露，2013），未来苏北农村城镇固定资产与设施建设中需要投入资金约 2 000 亿元；按每个新增城镇人口需投入 10 万元计，未来苏北农村城镇固定资产与设施建设需要投入资金约 1 300 亿元。

表 8-4　　预期城镇化率年均提升 1 个百分点的人口测算

	2014 年末常住人口/万人	2020 年末城镇化率/%	2020 年新增城镇人口预期/万人
丰　县	94.59	33	3.56
沛　县	111.29	37	7.00
睢宁县	102.15	34	5.43
新沂市	90.74	37	5.84
邳州市	143.32	36	9.37
东海县	95.87	35	0.00
灌云县	79.79	33	6.86

续表 8-4

	2014 年末常住人口/万人	2020 年末城镇化率/%	2020 年新增城镇人口预期/万人
灌南县	62.87	37	5.58
涟水县	84.53	32	5.52
洪泽县	33.67	42	4.63
盱眙县	65.03	35	3.29
金湖县	33.04	41	4.86
响水县	50.25	35	2.67
滨海县	94.28	32	3.93
阜宁县	83.88	34	5.63
射阳县	89.14	34	5.58
建湖县	73.70	38	6.65
东台市	98.66	41	5.91
大丰市	70.19	43	9.19
沭阳县	155.20	35	6.84
泗阳县	84.50	36	13.49
泗洪县	90.00	34	7.98
合　计	1 886.69		129.81

到 2020 年，苏北农村城镇化率约达到 45%～47%，其资金需求规模约达到 3 万亿元，其中 2.8 万亿元是在现有贷款规模基础上预测的各年度贷款余额总量，0.2 万亿元是以新增城镇人口为基础产生的资金需求量。

8.3　金融支持苏北农村城镇化的缺口分析

农村城镇化进程中要素禀赋转变与资源重新配置所引致的金融需求与传统的农村金融需求之间存在较多的差异与差距，农村金融由政策金融、农村合作金融及商业金融共同构成，以传统的农村生产和消费为服务目标，不能有效满足农村城镇化进程引致的金融需求，导致较为显著的农村城镇化金融供需缺口。

8.3.1 政策供给缺口

我国农村金融发展具有鲜明的政策特性，从20世纪90年代中后期，四大国有商业银行逐步撤出农村，到21世纪初全国范围的农信社改革，再到2007年农村金融增量改革，无一不带有显著的政策印迹。现阶段，农村城镇化建设进程中所出现的金融供需缺口有一部分原因是由政策因素引起的，所以探讨金融支持城镇化的政策缺失与缺位尤为重要。

第一，与农村城镇化金融供给相匹配的政策与制度缺失。目前我国城市与农村的金融供给均不能满足农村城镇化的金融需求：城市金融以商业金融为主体，是以大城市信贷资源配置为目标；农村金融由政策金融、农村合作金融及商业金融共同构成，以传统的农村生产和消费为服务目标。这两种金融供给均不能有效满足农村城镇化进程引致的金融需求。农村金融政策主要引导金融机构满足农业产业发展的需求，而缺失以农村城镇化金融需求为目标，服务农村城镇化的相关政策与制度。

第二，农村商业银行产权制度缺位。农村商业银行是由传统农信社改制而成，具有合作性质，管理权应当明确归属于出资人。而现阶段，我国各地农村商业银行均归政府管理，造成出资人与管理人利益不一致，导致银行贷款以地方大项目为主，偏离了农村、农业和农民。

第三，新型农村金融机构的政策供给缺位。新型农村金融机构是在农村金融增量改革的背景下产生的，采取内生金融与外生金融相结合的方式引导民间金融进入正规金融机构。这种方式以商业银行为发起人，民间金融自发演进为辅助，虽然有助于防范金融风险，但由于商业银行作为发起人的意愿并不高，在一定程度上阻碍了民间金融的发展。

第四，引导民间金融契约化、规范化的政策与制度缺失。民间融资是农村金融体系的重要补充，对于乡镇企业而言，正规金融与民间金融借贷资金之比为6∶4，居民个体的正规金融与民间金融借贷资金比为3∶7。民间借贷具有正规金融所不具备的信息、成本、交易速度等优势，是正规金融的重要补充，应予以契约化、规范化引导，并以法律、法规保护，确保民间金融在农村经济发展与城镇化进程中充分发挥其金融保障与金融支持的作用。

8.3.2 资金供需缺口

农村资金供给不足现象普遍存在。城乡经济的二元结构导致资金流向大、中型城市，农村区域和小城镇金融供给与资金供给缺失现象较为普遍，不能满足“三农”需求，更不能满足农村城镇化的金融需求。长期以来，城市从农村抽取大量资金，农村发展自身就存在资本严重的供求不平衡状态；从未来小城镇和农村新型社区的基础设施公共服务建设方面讲，农村城镇化的资金缺口就达到 0.9 亿～1 亿元人民币。加上未来农业规模化产业化的金融需求和小城镇非农产业发展的金融需求，农村城镇化资金缺口规模巨大。实证分析表明，金融支持苏北农村城镇化进程中存在支持缺位或支持不足现象，具体表现如下。

8.3.2.1　农业规模经营的资金供需缺口

研究表明，农业现代化的金融支持不足。农业产业化因子下，相关变量有单位面积耕地产值与单位耕地面积的机械动力，分析表明，苏北农村金融发展变量对单位面积耕地产值的影响系数为正，且显著不为零，而对单位面积耕地的机械动力影响不显著，系数没有通过 t 检验。以苏北 F 县为例，目前有 1 500 余家家庭农场，土地流转超过 500 亩的家庭农场占到 80%，约 1 200 家，资金需求量巨大。据统计，已有 253 家家庭农场获得支农贷款，占农场总数的 16.8%。其中，农村商业金融机构为 170 余家家庭农场发放了约 4 200 万元的支农贷款，平均贷款规模 24.7 万元/家；农地金融机构为 75 家家庭农场发放了约 2 159 万元的支农贷款，平均贷款规模 28.8 万元/家。据此，可推算家庭农场的资金总需求量约在 3.7 亿～4.3 亿元。到 2015 年底，家庭农场共获得贷款资金 0.64 亿元。不论是商业银行实施农地贷款业务，还是农发行联手县政府实施农地贷款业务，都由县财政出资作为风险防范基金，截至 2015 年底，县政府共出资 1 500 万元财政资金，按 20 倍放大，授信额度达到 3 亿元。F 县现有 1 500 家家庭农场，按目前平均贷款规模计，约需要 3.9 亿元资金，因此，存在约 1 亿元的资金缺口。

8.3.2.2　乡镇企业的资金供需缺口

研究表明，农村产业结构优化的金融支持不足。以非农产业产值占地区生产总值比重作为农村产业结构变量，农村金融深度对其影响不显著，金融效率的影响系数显著不为零，但影响系数不高。调查表明，苏北 A 镇的乡镇企业中，在正规金融机构有贷款的企业占 60%，100%的企业在民间金融机构有贷款，被调查的 194 家企业中，来自正规金融机构的资金量约为 1 600 万元，来自民间金融组织的资金量约为 1 000 万元，正规金融机构的贷款不足以满足乡镇企业的资金需求，民间金融成为正规金融资金借贷的有效补充。乡镇企业的资金供给中，正规金融的资金供给不足。虽然 60%的乡镇企业能够从正规金融机构获得贷款，但乡镇企业资金需求不能从正规金融机构得到满足，98%的乡镇企业仍需要从民间金融中进行资金借贷，40%的乡镇企业没有从正规金融机构获得资金供给；正规金融机构的贷款行为倾向于大企业，与此相对应，非正规金融的贷款行为不存在企业规模差异。

8.3.2.3 小城镇建设的资金供需缺口

研究表明，基础设施建设的金融支持不足。基础设施建设因子下，相关变量主要是交通条件与单位面积的固定资产投入，金融发展与这两个变量不存在明显的相关性。以苏北Y镇为例，其城镇建设的资金需求为30亿元，来自金融机构的贷款几乎为零，除去来自财政资金的1.3亿元，绝大部分依靠经济个体的自有资金。苏北A镇的城镇居民在购买现有住房时，仅有4%的家庭使用银行贷款，绝大部分来自于自有资金。小城镇居民家庭的住房贷款率较低。调查结果表明，仅有4%的家庭在正规金融机构有住房贷款，70%的家庭没有住房贷款，其中，14%的家庭通过非正规金融渠道借款，33%的家庭购买现有住房时，既没有住房贷款，也没有私人借款。居民家庭被银行拒绝房贷的原因多样化，依次为：没有人担保，占20%；与信贷员不熟悉，占16%；有不良的信用记录，占12%；无贷款抵押品，占10%。

8.3.2.4 苏北城镇化建设的资金供需缺口

研究表明，农村社会发展的金融支持不足。实证分析显示，所有社会发展变量中，只有农村医疗条件、通信状况与恩格尔系数通过了实证检验，而且金融对上述变量的影响不是直接发生作用，而是以经济增长、农业发展与产业结构作为中介变量发生间接影响，其中，以经济增长作为中介变量的影响较为明显。

8.3.3 金融机构结构性缺口

农村金融机构体系目前已经形成以农村商业银行为主，农业银行、邮储银行、中小银行、农发行为补充的正规金融体系，具有正规金融供给短缺、机构垄断性突出，金融体系薄弱、中小银行信贷能力不足的特点。

首先，农村机构垄断性突出，正规金融供给短缺。农村商业银行成为农村最大的金融供给主体，处于农村金融的垄断地位[70]。徐州农村商业银行的存、贷款分别占农村金融机构存、贷款总量的37%和44%，网点与从业人员分别占40%与47%。目前农村正规金融的供给相当有限，农户资金来源中，正规金融机构贷款仅占30%左右，私人借款则占到70%；农村企业资金来源中，正规金融机构贷款占比略高，接近60%，民间贷款不到30%。农村金融市场存在较为严重的信贷配给，大型商业银行与农村商业银行处于垄断地位，农户和农民难以从这些正规的金融机构获得贷款。

第二，农村金融体系薄弱，中小银行的信贷能力和风险控制能力不足。村镇银行与小额贷款公司借贷手续简便，借贷门槛低，提供的金融产品与服务灵活，是与农户和农民的金融需求相适应的主要金融机构。研究表明，徐州村镇银行的存贷比上升较快，从 2011 年的 0.66 上升到 2014 年的 0.90，与大型商业性金融机构相比较，高出约 0.2～0.3。2014 年，村镇银行占金融机构总量的 2.9%、从业人员总量的 4.5%、存款总量的 1.35%、贷款总量的 1.96%，处于刚刚起步阶段；从贷款规模看，村镇银行从业人员的相对效率为 0.43，网点的相对效率为 0.67，人员与网点的信贷能力不足，贷款效率较低。

8.3.4　农地金融供给的滞后性

农地金融激活了农村土地的金融权能，按目前近 4 亿亩的土地流转规模，农地金融市场潜在规模将达到数千亿元到上万亿元，农地金融在扭转农村金融体系负投资问题方面将产生极为重要的作用。发挥农地金融作用的同时，农地承包经营权抵押贷款模式存在的缺陷不容忽视。

第一，农地承包经营权抵押贷款缺乏法律的支持。十八届三中全会赋予“农民对承包地占有、使用、收益、流转及承包经营权抵押、担保权能，允许农民以承包经营权入股发展农业产业化经营”。为贯彻十八届三中全会精神，各级政府、相关部门出台了关于推动土地经营权抵押的规章办法，但我国现行的《中华人民共和国物权法》、《中华人民共和国担保法》、《中华人民共和国农村土地承包法》均没有明确规定土地承包经营权可否用于抵押贷款，土地承包经营权抵押的法律支撑不足。

第二，缺乏公正专业的农村土地承包经营权的价值评估机构和科学全面的评估技术。目前缺乏专业的土地经营权价值评估机构和人员，对农村土地承包经营权抵押贷款金融的确定没有相对独立的评估价值参考，只是基于抵押物价值的大小，实施过程中存在主观判断成分较大、流转程序复杂、变现困难、评估价值低于农地经营权实际价值等问题，导致银行等金融机构发放贷款额度偏低。

第三，土地流转交易平台不健全，抵押土地难变现。土地流转交易存在市场不完整、平台不健全、土地流转的信息传播不通畅等问题，土地承包经营权的价值不容易通过市场体现出来，导致涉农银行机构不愿意开展土地经营权抵押贷款业务，抵押权人难以实现土地经营权变现。

第四，土地承包经营权抵押贷款的风险保障制度不完善。农业抵御自然灾害及市场风险的能力较弱，目前缺乏完备的自上而下的土地融资风险补偿机制，在目前农业保险产品少、保障程度低、限制条件多的大环境下，风险保障机制的不健全制约了土地承包经营权抵押贷款业务的发展。

此外，现有的金融制度满足农业转移人口的金融需求存在较多的空白，农村人口就地转移为城市人口过程中，农民的就业形式、生活方式、收入结构以及社会保障等方面逐步实现了由乡到城的转变，由此产生了多元化的居民金融需求，城市较为成熟的金融产品与服务体系尚未延伸至农村，而农村金融制度发展相对滞后不能满足新市民的金融需求[15,98]。

本章小结

本章对苏北农村城镇化的金融需求进行了三个方面的分析：第一，对金融需求进行条分缕析，苏北农村城镇化的金融需求包括农业产业化、小城镇建设、农民市民化与经济发展等方面的金融需求。第二，对苏北农村城镇化金融需求进行两个方面的测算，一是从与发达区域农村城镇化相比较测算资金需求的整体规模，二是按到2020年预计提升6～7个百分点的城镇化水平测算城镇建设的资金需求，资金需求规模约为2万亿～3万亿元。第三，在农村金融供给与城镇化的金融需求分析基础上，指出目前在农村城镇化进程中存在的金融供需缺口。

第 9 章

金融支持苏北农村城镇化的路径与对策

本章进入了解决问题的阶段。金融发展现状分析表明，2006 年以来，苏北农村金融有了稳步发展，存贷款绝对规模、金融效率、金融深度、金融规模都有显著提升，金融结构出现多元化、多层次化，政策性融资引领农业发展，商业性金融机构在解决“三农”问题中起到了中坚作用，新型农村金融机构发展较快，对城镇化融资的贡献日益提升；实证分析表明，金融发展变量影响苏北农村城镇化的被影响变量主要有农业现代化、产业结构、人均地区生产总值，影响变量主要有金融效率与金融深度；野外调查表明，农地金融起步晚，但发展快，为农业规模经营提供了资金保障；缺口分析表明，金融支持农村城镇化进程中还存在着政策供给、资金供需、金融机构结构以及农地金融等方面的缺口。在苏北农村金融发展现状分析、金融支持城镇化的实证分析、苏北农村城镇化融资情况的野外调查以及金融供需缺口分析的基础上，本章以苏北农村城镇化建设过程为例，有针对性地提出金融的支持路径与对策建议。

9.1　金融支持苏北农村城镇化的路径

在农村金融有效供给与有效需求均显不足的背景下，尽管农村金融对农村城镇化的数据分析具有一定的脆弱性，但在将苏北农村城镇化细分为经济发展因子与社会发展因子以及相关观测变量之后，仍然可以发现，金融对苏北农村城镇化的部分变量有正向的驱动作用，这些变量将成为未来农村金融支持城镇化的着力点与突破口。第一，苏北农村金融发展直接推动了农业发展、农村产业结构优化以及农村人均 GDP 增长；第二，分别以农业发展、产业结构以及农村人均 GDP 为中介变量考量金融对农村社会的影响，发现苏北农村金融发展间接推动了农村医疗条件、农村通信水平与农村恩格尔系数的提升与优化，所以，苏北农村金融驱动了农村经济与社会的发展，推动了农村城镇化水平的提升(图 9-1)；第三，在苏北农村城镇化进程中，金融发展对城镇化具有一定的推动作用，而城镇化对金融的促进作用不显著，现阶段，苏北农村金融具有“供给领先”的特征，金融的“需求追随”尚未形成。

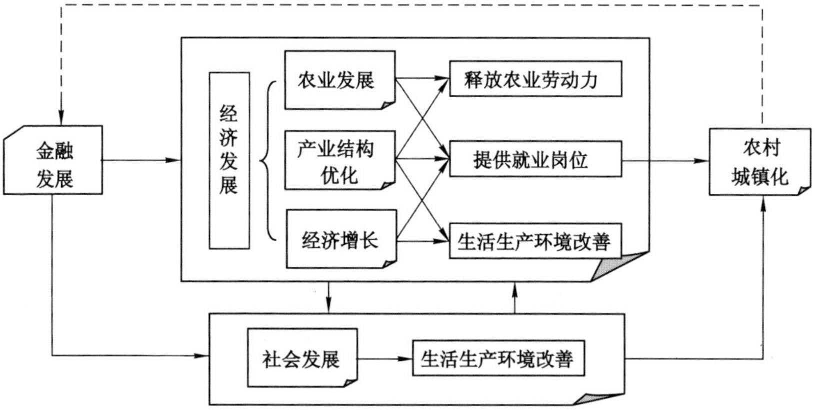

图 9-1　苏北农村金融发展支持城镇化的路径

9.1.1　路径(1):金融支持农业现代化

农业是城镇化的原始动力,农村城镇化的推进离不开农业的现代化与产业化发展。城镇化进程中,农业发展为城镇化建设提供农产品剩余与劳动力剩余,通过发展现代农业、提高农业生产效率,为城镇化提供发展基础。农业是城镇发展的基础,除了为城镇提供劳动力剩余及农产品剩余,农业部门为城镇非农产业提供市场,农业发展与农民收入水平的提高带来农业生产资料与农民生活资料的需求,推动非农产业市场的形成与扩大。

苏北农业发展仍有较大的空间。苏北作为江苏省的农业主产区,其农业发展依然存在规模化、产业化、现代化水平较低等突出问题,农业比较劳动生产效率远远低于发达国家与地区。2007～2014 年的实证分析表明,苏北金融发展对农业的支持主要体现在金融效率对单位耕地产出的影响上。以存贷比作为金融效率变量,以单位耕地产出作为农业发展变量,得到方程:A_{13}OUTLA=0.45·D_2LDR+0.85,影响系数为 0.45(t=4.46),显著不为零;而金融深度对农业发展的影响系数不显著。所以,发展现代农业既是金融支持苏北农村城镇化的切入点,也是着力点,在城镇化发展进程中,农村金融体系的发展应面向农业现代化、产业化与适度规模化,大力支持苏北农业发展是金融支持城镇化的一条重要路径。

9.1.2　路径(2):金融支持农村产业结构优化

产业结构优化与农村城镇化发展之间存在必然的内在联系与逻辑顺序。农村城镇化建设的平台是小城镇，小城镇发展的基础是通过发展非农产业提供就业岗位与税收，所以非农产业结构是衡量小城镇经济发展的重要指标。产业结构优化的重要动力是产业的需求收入弹性差异。由于各产业的需求收入弹性不相同，第一产业的需求收入弹性低于第二、三产业，随着人们收入的增长，人们对第一产业生产的产品需求会相对下降，而对第二、三产业生产的产品需求相对上升，进而引起生产要素的流动与重新配置，要素会从第一产业向第二、三产业流动，于是产生了产业结构的演变与优化。二次产业与三次产业具有显著的规模经济与集聚经济的特点，空间上表现为非农产业在城镇的集中，带动劳动力以及其他生产要素在空间(城镇)的集中，要素的空间集聚推动城镇规模的扩张。所以，产业结构的优化是城镇发展的重要动力，不仅推动城镇的形成，而且促进城镇规模的扩张与城镇数量的增加。城镇化的发展必须要有非农产业的支撑，非农产业要能够充分吸纳农村剩余劳动力。

2007～2014 年的相关数据分析表明，苏北农村金融效率对非农产业结构影响显著，方程 $A_2\mathrm{NOARGG}=0.31\cdot D_2\mathrm{LDR}+0.82$ 中，金融效率对非农产业结构的影响系数为 0.31($t=3.15$)，显著不为零；而农村金融深度对非农产业产值占比的影响不明显，没有通过 t 检验。

9.1.3　路径(3):金融支持农村经济增长

相对于农业发展与产业结构而言，经济增长是一个较为宽泛的概念，其涵盖面较宽，体现了一个区域的经济发展的综合水平。经济增长一直是推动和塑造城镇化的核心动力，2007～2014 年，苏北城镇化率从 41.7%上升到 57.5%，提高了 15.8 个百分比，人均 GDP(按常住人口计算)从 16 263 元增加到 50 603 元，平均城镇化率每提高 1%，人均 GDP 增加 2 022 元；与之相比，苏南城镇化率上升了 6.6%，平均城镇化率每提高 1%，人均 GDP 增加 9 317 元。可以看出，城镇化与经济增长之间存在正相关性，两者的增长保持极为一致的相关性，但这种相关并不表现为简单的线性关系。苏北较之于苏南，城镇化率较低，其城镇化的增长速度明显高于苏南，人均 GDP 的增长速度却比苏南低近 7 300 元。其原因在于，城镇化水平较低的地区，经济增长源于劳动力等要素的重新配置，具体表现为资源从农业向工业、服务业的转移；城镇化水平较高的地区，经济增长更多地源于二、三产业内部的专业化分工与资源重新配置，要素生产效率提高、规模经济及知识溢出效应是经济增长的重要源泉。苏南地区城镇化与经济增长的相关性是因为由技术进步、知识溢出和规模经济所引致的工业和服务业内部生产率的大幅度提高，苏北农村城镇化与经济增长的相关性则是因为劳动力等资源从第一产业向二、三产业转移导致生产效率的提高。可见，经济增长涵盖了产业结构优化与农业现代化发展。

关于金融如何影响经济增长的研究始于20世纪60年代，戈德史密斯(1969)考察了35个国家1860～1963年的数据，采用金融相关率等作为金融发展变量，发现经济与金融发展存在着大致平等的关系，经济增长速度较快的阶段，金融发展速度也较快；Rondo Gameron等人通过非现代统计分析的方法，证明苏格兰人均收入从落后于英格兰到赶上英格兰，最主要的因素是苏格兰拥有良好的金融体系；麦金农(1973)研究了阿根廷、巴西、韩国、印尼和我国台湾地区第二次世界大战以后金融体系与经济发展之间的关系，认为具有较好功能的金融体系可以支持经济以更快的速度增长；King和Levine(1993)运用1960～1989年数据，对80个国家进行了研究，采用金融体系流动性负债与GDP比值等变量作为金融发展变量，发现各金融发展变量与经济增长率及人均实际GDP增长有很强的相关关系[99]。通过对苏北2007～2014年的相关数据分析表明，苏北农村金融深度与金融效率对经济增长都产生了显著的影响，方程为$A_1\mathrm{PGDPSJ}=0.37\cdot D_1\mathrm{LGR}+0.20\cdot D_2\mathrm{LDR}+0.71$，其中金融深度的影响系数为0.37($t=4.00$)，金融效率对经济增长的影响系数为0.20($t=2.21$)。

9.1.4 路径(4)：创新与完善金融制度

路径分析结果表明，苏北农村城镇化发展过程中，不论是农业现代化、产业结构优化，还是人均GDP增长，金融效率的影响系数均显著不为零，对城镇化各变量的支持效果明显，通过比对农村金融增量改革前后，发现金融效率对上述各变量的贡献率有明显增长，所以，推动金融支持农村城镇化的路径还在于提升农村金融效率。提升农村金融效率就是提高农村储蓄资金向贷款转变的效率与农村金融资源配置的效率。我国农村金融具有外生性，很长时间以来，农村金融服务功能单一、农村储蓄资金大量流入城市、农村经济个体融资困难等问题十分突出。改革开放以来，大型商业银行与政策性金融机构进入农村金融市场、农村信用社改制以及增加新型农村金融机构等等金融改革措施依次展开，但由于农村金融发展的路径依赖特征突出，农村储蓄资金外流状况依然存在，农村经济个体融资难等问题虽有所好转，但并没有转折性改变。制度是调整和规范各行为主体的一种外在的组织结构，其核心功能是提供一种激励或约束机制，好的制度可以有效地提高资源配置效率、降低交易成本。据此，提高农村金融效率的关键在于金融制度的创新和有效供给。目前我国农村金融所表现出的金融资源配置低效率，金融规模、金融深度与农村城镇化发展的匹配性较脆弱，根本原因在于农村金融制度的固有缺陷导致农村金融资源的帕累托条件无法满足。同时，也要看到，农村金融增量改革之后，金融效率有了显著的提升，对城镇化的推动作用加强，说明金融增量改革取得了一定的成效。为进一步推动苏北农村城镇化，发挥正规金融的融资功能与集聚作用，农村金融制度的创新要在留住农村储蓄资金、提升农村金融效率与盘活农村土地资本等方面继续发展与突破。

9.1.4.1　提升农村金融效率

金融效率是金融发展的重要指标之一，它与金融深度和金融规模两个指标密切相关。金融效率是地区贷款余额与存款余额之比；金融规模是地区存、贷款余额之和与地区生产总值之比；金融深度是地区贷款余额与地区生产总值之比，金融深度是在农村地区储蓄资金大量外流，金融规模与农村区域经济增长关系弱化的背景下提出的，在本书模型构建中是金融规模的替代变量。金融效率提升，必然推动金融深度以及金融规模的提升。实证分析表明，在相对落后的苏北农村实施金融增量改革以来，尽管金融规模对农村城镇化发展的影响作用依然不明显，金融效率与金融深度两个变量所产生的作用却有了显著提升，其中，金融效率变量的作用更为突出。

就苏北地区而言，金融效率的提升存在于两个方面：第一，大型商业性金融机构的存贷比有了较为明显的提升。大型商业性金融机构在农村地区的存、贷款规模较大，存、贷款总量约占农村地区的一半，超过了农村商业银行的规模。尽管大型商业性金融机构的传统业务在农村遇到诸如信息不对称、盈利目标、风险控制与农村贷款者的分散经营矛盾重重等问题，但在政策性任务的引导下，近几年大型商业性金融机构在创新农村地区的金融产品与服务、解决“三农”问题等方面做了大量工作，如提供小额信用贷款、农户联保贷款、土地承包权与经营权抵押贷款等新型融资服务，大型商业金融机构在农村地区的存贷比稳步提升。第二，在农村地区增加新型农村金融机构的设置对于留住农村储蓄资金、提升储蓄向贷款转换效率发挥了主要作用。当新型农村金融机构进一步发展，农村储蓄资金流出的局面将得到扭转，金融效率提升，进而金融深度与金融规模全面提升，农村城镇化的资金需求才能得到更为有效的保障。

9.1.4.2　设置农地金融机构

农地金融是农村金融改革的一项重要创新，赋予土地经营权可抵押属性使农村经济个体摆脱了有效抵押物品短缺的困境，利用土地进行融资。土地金融是基于土地产权分割基础之上形成的一切货币和信用活动的总和，是土地信用与土地抵押相结合所产生的基于土地资产的资金融通。现有的农村金融供给难以满足农村城镇化的金融需求，若赋予农村土地以金融权能，将成为解决“三农”问题、推动农村城镇化发展的资金融通的重要路径，成为解决农村金融有效供给不足问题的关键。我国目前农村土地金融发展的状态可以概括为“流转在前，确权初启，金融滞后”[100]。所谓流转在前，是指我国农村土地流转从最早形成至今，已经历了三十余年，农村土地经营权与承包权相分离在全国上下已经成为常态，2014 年 11 月，中共中央办公厅与国务院办公厅联合印发的《关于引导农村土地经营权有序流转发展农业适度规模经营的意见》确认了土地流转政策，明确了“三权分置”的土地流转基本原则。所谓确权初启，指农地承包经营权确权颁证工作试点初步展开，用 5 年左右时间在全国范围内完成这一工作。而金融滞后，则说明尽管农村土地的金融权能被初步认定，尽管吉林、成都等地展开了土地流转收益保证贷款的试点，农地金融在全国绝大部分地区仍处于起步阶段。

苏北地区土地金融刚刚起步，在土地流转的基础上，充分发挥商业性金融机构与政策性金融机构的融资作用，以家庭农场的资金需求为服务对象，以银、政风险防控基金为保障，2004 年 9 月至 2015 年 12 月，发放贷款 6 400 亿元，服务家庭农场 253 家，为现代农业发展提供了资金保障。

9.2 金融支持苏北农村城镇化的对策

农村城镇化是一项系统工程，涉及政策、制度、法律、财政、金融等多个方面，金融作为其中的一个方面，是城镇化的资金配置平台，资本的逐利性决定了金融首先要按照市场经济规律支持城镇化建设。农村城镇化建设的资金需求巨大，而资金缺口显著；城镇化建设项目中大多具有公共产品属性，而盈利性是金融企业的运营目标；城乡二元经济的差异引导农村资金源源流向城市，造成农村经济“失血”严重。上述种种构成了农村城镇化的金融制约因素。在农村金融市场规模较小、金融有效供给不足的背景下，金融只能促进城镇化建设，而无法主导城镇化进程，所以农村金融支持城镇化建设应有所侧重，必须寻找好着力点与切入点[2]，做到“有所为，有所不为”。

伴随着城镇化进程的深入发展，农业生产模式更多地表现为规模农业、设施农业，农村居民的居住模式从相对分散趋向于集中居住，小城镇基础设施与农业基础设施水平需要较大幅度的提升，农村金融需求的规模与产品都发生了较为显著的转变，传统的金融体系必须要从根本上发生改变才能与之相适应。依据苏北经济发展水平及农村城镇化发展的阶段性特征，金融发展与城镇化进程之间存在“供给引领”型金融模式。金融发展的实质是完善金融制度、优化金融结构与提高金融效率，本章从金融供给的视角，探讨如何提高农村金融供给质量，推进农村金融结构调整，矫正金融要素配置扭曲，扩大农村金融的有效供给，提高农村金融供给结构对需求变化的适应性和灵活性。

9.2.1　完善农村金融制度

制度是调整和规范各经济主体行为的一种内在的利益结构安排，我国农村金融体系的变迁，无不受到农村经济金融体制和制度调整的影响。随着城镇化的深入发展，家庭农场、土地流转由试点到推广，优化小城镇基础设施，提升小城镇功能迫在眉睫，农村区域的经济发展环境出现了较大的转变，占据主导地位的小农经济逐渐向规模经济过渡，农村经济货币化、金融化程度逐步提高，小城镇建设产生了规模庞大的资金需求，农村资金供给与需求之间的相对平衡被打破，农村金融制度在寻求新的发展与突破。解决城镇化过程中金融有效供给不足的问题，首先要解决金融制度方面的问题，建立与城镇化发展相适应的金融制度。

第一，建立与农业规模经营相适应的家庭农场信用评定制度和农业保险与保障机制。根据家庭农场的主体资格、资信状况、经营实力、市场前景等信息指标的综合情况，评定其信用等级，建立相应的监督制度；加快成立农业信贷担保机构和发展农业保险，降低土地经营权抵押贷款的信贷风险，鼓励和支持保险公司开办农业保险业务，对农业保险的亏损进行适当补偿。

第二，建立与农地承包经营权流转相适应的农村土地价值评估制度与农地流转纠纷仲裁机制。建立专业土地经营价值评估机构，制定专门的农村土地经营权价值评估办法，对农村土地经营权抵押价值进行评估，确定农村土地的合理价值；加快县、乡、村土地流转服务机构体系建设，完善土地流转纠纷仲裁机制，推动土地流转市场健康有序发展，逐步引进独立的社会中介机构参与土地流转服务，形成市场化的交易服务机制。

第三，严格风险防控，审慎推进农地金融创新。由于关于土地金融的配套法律法规相对滞后，对于农村土地经营权的抵押贷款管理有必要实行严格的用途管制，探索把土地经营权与“三农”增信组合起来，探索与农村综合开发、涉农补贴、扶贫开发等涉农政策的组合模式。

9.2.2　优化农村金融结构体系

在新型城镇化背景下，农村金融需求出现了产业发展、城镇基础设施建设的信贷资金需求规模增长较快等特点，传统的农村金融供给体系已经不能够适应农村经济的发展和新型城镇化的需求，要设计与之相匹配的科学的农村金融结构，健全与农村城镇化进程相适应的金融组织体系。培育与发展多层次的农村金融体系将从根本上解决农业生产发展资金不足的问题，进而推动农村城镇化进程[25]。

第一，发展服务于农村城镇化建设的政策性金融。政策性金融有利于实现财政机制和商业金融机制的对接，是商业性金融的必要补充。与发达的城市不相同，农村本身是相对落后的地区，其经济发展与城镇化建设需要政策性低息贷款的支持；在小城镇建设中，存在大量的城市基础设施的融资、城市住房的融资行为，地方政府要组织资金建设住房、学校、道路、通信、医院以及文化休闲等设施，此类设施具有明显的公益性与社会正外部性效应，但收益性较差，与商业性金融的盈利性目标不相符合，商业性金融机构不愿在前期介入，政策性金融要发挥其资金引领与支持功能，提供成本低、期限长的政策融资服务。现有的农村政策性金融机构是农业发展银行，主要为粮棉贷款提供政策性融资，发展新型政策性金融机构或新型政策性金融业务，为农村城镇化建设提供政策融资。

第二，进一步推动农村商业银行和农村合作银行改革。农村商业银行是由传统的农信社改制形成，具有产权关系比较明确、公司治理较为完善、内部控制和风险抵御能力较强等优势，其多项核心指标达到国内商业银行先进水平。在推动新型城镇化的背景下，一要规范产权制度，明确农村合作性金融的投资方、管理方与责任承担方，从而建立符合市场经济要求的现代企业制度，使之成为独立经营、自我管理的企业法人。二要对合作性金融实施优化外部环境的各项措施：允许较发达地区的农信社开展多种业务，给予比商业银行更宽松的经营环境；对贫困地区的农信社低息资金支持，鼓励其向农民发放贷款；加强金融经营管理监测，包括资本充足率、资产流动性、盈利状况等，制定农村合作金融风险预警监测制度，形成完整的内部监督机制。

第三，加快民间金融正规化与契约化的步伐。依据“最优金融结构理论”（林毅夫），只有金融结构符合经济发展需要，才能最有效地发挥金融体系对经济增长的推动作用。农村经济个体的金融需求具有规模小、频率高的特点，与之相匹配的金融供给主要源自于民间金融。随着农村经济规模的扩张与城镇化发展的深入，民间金融机构会寻求进一步的演化，如内部结构趋于“正规化”、金融业务趋于“契约化”，向正规金融机构发展并最终成为正规金融机构成为民间金融发展的必然趋势。研究也表明，农村金融增量改革之后，随着一批新型农村金融机构（小额贷款公司和村镇银行等）出现与快速发展，农村信贷市场竞争程度加剧，集中度下降，拓宽了农村信贷的来源渠道，农村小、微企业的信贷可获得性相应提升，推动产业结构优化及经济增长。所以，民间金融“正规化”、“契约化”，并进入正规金融势在必行，通过进一步降低村镇银行、小贷公司等新型农村金融机构的门槛，规范民间借贷，把民间金融纳入契约化、规范化轨道。

第四，设立专门的农村城镇化金融服务机构。为了弥补市场自行运作过程中存在的不足及缺陷，政府构建政策性金融机构群体对政府所拥有的金融资源进行调节和再分配，实现资源的理性利用与良性配置。设立专门的政策性金融机构，强化政策性金融的支持力度。政策性金融机构以开发面向现代农业、农地流转、保障性住房、中小企业等融资需求的金融服务为核心，通过设立贷款项目、信用担保资金撬动金融市场。设立专门的政商合作银行，主要向家庭农场提供长期和短期贷款。

9.2.3　推动农村土地资本化

不论是城市化还是城镇化，其资金需求都会涉及土地的资金化，土地金融是农村城镇化资金缺口的突破口。为了推动农村土地金融发展，我国已经开始逐步赋予农村土地经营权以流转、抵押与担保等原本不具备的属性，农村土地实施的“三权分立”制度，将农村承包地的所有权、承包权和经营权分离，稳定承包权，放活土地经营权，允许农村土地经营权流转、抵押、担保。

首先，推动土地货币化和证券化，建立与之配套的市场与中介。农村土地金融市场制度的创新，是解决农民贷款难和改善涉农贷款期限结构的新途径和方法，也是农村城镇化的自主推动力。第一，推进农村土地金融制度改革。以农村土地使用权抵押为核心，将农民土地承包经营权与货币、信用结合起来，实现土地要素与金融资源和金融媒介的结合。第二，实现农地货币化与资本化，利用资本市场和社会资本为农村城镇化服务。可借鉴的国外模式是，农民将土地抵押给土地金融机构，再由土地金融机构将土地部分未来收益交给 SPV 机构，由后者与投资银行合作向公众发行土地债券，进行融资；资金再经由国家土地银行、土地金融机构，融通到农民手中，从而实现土地承包经营权的货币化与证券化。这样，不仅扩大了农村城镇化的资金来源，给非农资金进入农业领域开辟了通道，而且通过信用升级，形成风险较低而收益率较高的投资工具，稳定农村金融体系，为农业生产经营提供有效的金融服务。

其次，发行土地债券，建立现代土地银行。无论是土地证券化还是土地股份化，都需要建立与之配套的金融市场与金融中介。土地中介不是真正的金融中介机构，没有抵押贷款业务，不具备信用创造功能，而土地银行是专门的土地金融机构，它与土地中介的区别是向抵押土地的农户贷款，并获得土地抵押债权，具备信用创造功能。在我国，由于实施了农村土地的“三权分立”，赋予农村土地产权权能，已经具备了建立现代土地银行，推进农地金融的基础。第一，解决土地银行的资金来源，土地银行的资金来源主要有如下几个渠道：银行的自有资金、财政拨款、销售土地债券、吸收储蓄存款以及从中央银行再贷款。第二，明确土地银行的业务构成，土地银行的业务主要包括土地存贷业务和与土地有关的金融服务业务。一是土地存贷业务，即土地的“零存整贷”，农户将土地使用权抵押给土地银行，土地银行将土地使用权整合打包给土地使用权需求者，农户从土地使用者处获得租金与红利；二是与土地有关的金融服务业务，包括向土地投资者发行土地债券并获得资金，和以土地使用权为抵押，向农户发放抵押贷款。

9.2.4 引导商业银行提供信贷支持与金融服务

农村城镇化离不开商业性金融的信贷支持，积极引导商业性金融机构涉足农村城镇化业务。未来 10 年城镇化建设将拉动 40 万亿元的投资(陈满沧)，面对城镇化建设中所蕴含的庞大的信贷需求，商业性金融机构应按照市场化与可持续原则，为基础设施建设、经济发展和居民生活提供全方位、多层次的信贷支持与金融服务。鼓励和引导商业性金融机构按照市场化和商业可持续原则，有效促进信贷业务发展，为城镇化进程中的公共建设、城市发展和居民生活提供全方位、多层次和一体化的信贷支持和金融服务。

由于我国城镇化建设的差异性，商业金融对不同区域的支持重点有所差别。东部沿海地区，重点支持县城与中心镇等小城镇建设，促进重点小城镇规模扩大与城镇综合承载能力的提升；重点支持现代农业、工业以及服务产业的发展，推动产城融合，避免“空心城镇化”现象；支持城镇化基础设施建设，提高城镇用水、用电、用气以及信息、医疗、休闲娱乐等服务的现代化水平。坚持商业经营、风险可控的原则，支持城镇个人商铺抵押、房地产抵押等个人创业群体和城镇消费升级的高端个人客户群体；支持专业大户、联户经营、家庭农场等新型农户经营群体，支持城镇个体农业生产向专业化、规模化、组织化发展，尤其要制定和完善支持现代农业的有关信贷政策，围绕城镇化建设中农业产业化发展的信贷需求，选择区域集聚性强的特色农业，逐步出台差异化的区域信贷政策；对于城镇基础设施建设、土地整理等项目和法人客户，要根据其资金经营周期性长的特点，加强金融创新，盘活社会资本，增加城镇化建设中的资金来源和渠道。商业银行可以将到期收益率较高的优质基础设施建设信贷资产通过依托公司向客户发售，将所募集的资金用于替换商业银行的存量贷款或向企业新发放贷款，最后将贷款收益按照合同约定返还给投资人。城建信贷理财产品数量灵活购买方便，能够充分集中社会闲散资金用于基础设施建设，在增加投资者收益的同时拓展城建项目的融资渠道。商业银行在农村土地使用权抵押方面，可以在充分评估风险的基础上，以土地使用权为抵押向农村土地中介机构发放用于短期周转的贷款。

9.2.5 构建城镇化合作金融机制

以农村城镇化发展为契机，放宽民资、外资准入限制，构建城镇化合作金融机制。第一，考虑成立城镇开发银行，允许民间资本参与运营和管理，实现城镇发展金融需求与多元化金融供给的契合。为实现这种契合，需要引导与规范民间金融，放宽外资、民资的金融准入限制，形成多元投资主体。第二，大力发展农村民间金融主体，如各种所有制形式的社区银行、借贷公司等。民间金融具有大型商业金融机构所没有的制度优势与效率优势，发展社区银行、借贷公司等多元化金融组织是构建城镇化金融组织体系的必要补充，在农村地区充分发展民营中小银行机构。第三，挖掘和吸引社会资源，构建城镇化合作金融机制。设立城镇化建设项目，面向社会发包；以私募的形式组建城镇化发展基金、新农村发展基金、农业产业化发展基金等，依托这些项目联合各类金融机构与基金组织，建立联合融资机制。第四，推动基础设施项目融资证券化。农村小城镇的基础设施建设以项目证券化为融资渠道，增加资金、提高融资效率，既可以使城镇建设项目投资者在短期内收回投资，加快资金周转，而且可以分散项目投资风险。

本章小结

基于理论、现状、实证与野外的分析调查，本章提出金融支持城镇化的路径选择和对策建议。首先，在实证分析与野外调查的基础上，梳理苏北地区金融支持农村城镇化的路径，主要有金融支持农业现代化、金融支持产业结构优化、金融支持农村经济增长以及提升农村金融效率、设置农地金融机构等金融制度创新方法、路径；其次，结合苏北农村金融发展现状与金融支持城镇化的缺口，提出金融支持苏北农村城镇化的对策，从完善农村金融制度、优化农村金融结构体系、推动农村土地资本化、引导商业银行信贷支持以及构建合作金融机制等方面提出了相关的对策与建议。

第10章

结 束 语

城镇化是一个综合的过程，包含了政治、经济、文化、环境、基础设施等多个方面的城镇化过程，其基本动力有农业现代化、工业化、城镇基础设施优化等多个因素，这些因素在对城镇化施加作用的同时，通过外部性、规模经济、集聚经济等多重效应，不断强化城镇化的过程，城镇化因此具有自组织性，出现螺旋式的提升。本书围绕着农村金融发展，探讨金融支持农村城镇化的作用机制与路径选择，进行了如下的研究与探索。

10.1 关于城镇化的动力机制与金融驱动机制研究

本书以金融驱动城镇化的机制研究作为理论铺垫。研究围绕着城镇化的动力机制进行拓展，推导出金融对城镇化的驱动机制与机理。

第一，集聚是城镇化的动力机制。城镇化的动力是指经济增长、城镇品质提升等因素形成的推动力与拉动力，二力合并形成了集聚力，集聚力是城镇得以产生并扩张的重要动力。劳动力、资本、技术等要素在集聚过程中会产生规模经济，继而引发要素在空间的进一步集中，这种空间集中并不断自我加强的作用被称为集聚效应，集聚效应是城镇化的驱动机制。

第二，金融的外部性促进要素在空间的集聚。金融对城镇化的驱动机制主要表现为金融发展增强了城镇的区位效应，进而导致要素在空间的集聚，这种现象被称为金融的外部性。金融的外部性是要素在空间集聚的重要动力。

第三，关于金融外部性的阐释。所谓金融的外部性，马歇尔将其称为金钱的外部性(pecuniary externalities)，源于市场规模扩大提高中间投入品以及劳动力市场共享所产生的规模经济，包括市场需求量上升、交易频度上升以及交易成本节约等，在这种金融外部性的作用下，对工资等要素价格提升形成了一种推动力，劳动力等要素价格的提升进一步推动要素在空间的集聚，由此，在金融外部性的作用下，城市集聚—金融外部性—要素价格提升形成了循环累积效应。魏后凯从产业组织的角度对金融的外部性进行了阐述，他认为金融产品与金融服务是产业的中间投入产品，这种中间投入品一方面大大降低了产品生产成本，另一方面要求生产的空间集中，以此解释金融的外部性是集聚的驱动力。

总之，金融的外部性提升了城镇的区位效应，进而促进集聚的发生，集聚效应与外部性效应共同构成了城镇化的驱动机制。

10.2 关于农村金融供给与农村城镇化的金融需求分析

第一，农村金融供给分析。农村金融供给从农村金融改革与金融发展等方面展开。

(1) 农村金融改革。1978 年以来，我国农村金融改革主要经历了两个阶段，以 2006 年为分界，之前是农村金融存量改革，之后为农村金融增量改革。我国农村金融存量改革一直围绕着农村信用合作社进行，而没有积极探索农信社之外的其他农村金融的改革与发展，具有明显的“路径依赖”特性。最终，农信社的合作性金融改革距离有效满足农村金融需求之间一直存在差距，国有商业银行在农村基层网点“只存不贷”，甚至整体退出，导致农村金融需求具有明显的“饥渴特征”。在农村正规金融机构有效供给不足的背景下，民间金融以其社会信息优势与成本优势成为农村(尤其是农户)信贷市场的重要补充。为了满足农村多元化的金融需求，引导民间金融契约化、正规化，2006 年银监会发布《关于调整放宽农村地区银行业金融机构准入政策　更好支持社会主义新农村建设的若干意见》，开启了农村金融增量改革元年，从机构种类、资本限制方面放宽了农村金融市场的准入政策，鼓励在农村设村镇银行等三类新型农村金融机构，农村金融增量改革至今，虽然农村信用社仍然是农村金融的主体，但全国范围内已出现农村金融结构多元化的趋势，农村中小金融机构已经成为支农服务的主力军。农村金融增量改革的效应在金融支持城镇化的路径比较分析中有所体现。

(2) 苏北农村金融发展。2002～2013 年，苏北农村存、贷款规模以及存贷差规模均呈现上升态势，金融效率(存贷比)与金融深度(贷款余额与 GDP 之比)具有相似的演变态势，先下降、后上升，2006～2008 年间处于相对低位，而金融规模(存、贷款与 GDP 之比)呈平稳上升态势。数据分析表明，农村金融增量改革对金融发展具有一定的推动作用，同时，农村储蓄资金外流的问题一直存在，从区域布局看，徐州与盐城的部分县市的金融机构储蓄资金外流问题更为突出，在一定程度上将影响城镇化进程。

第二，苏北农村城镇化的金融需求分析，从城镇化的金融需求缕析、特点以及需求规模测量等方面展开。农村城镇化的金融需求主要体现在农业产业化、小城镇建设、农民市民化以及小城镇经济发展等方面。与传统的农村金融需求相比较,农村城镇化的金融需求具有异质性、多元化、公益性的特点。异质性指农村城镇化进程中要素禀赋转变与资源重新配置所引致的金融需求与传统的农村金融需求之间存在较多的差异,而目前我国城市与农村的金融供给均不能满足这种金融需求。多元化特性指金融需求既有农业产业化、非农产业发展的金融需求,也有小城镇的基础设施建设的资金需求、新增城镇居民的金融服务需求等。公益性指小城镇的基础设施与公共服务设施建设必须要突显其公益性与社会效益,使其公益性大于盈利性,社会效益大于经济效益,才能起到促进农村城镇化发展的推动作用。到 2020 年,按目前苏南农村的金融规模与金融比率推算,苏北城镇化的资金需求规模约为 7 700 亿元人民币,按年均提升 1 个百分点的城镇化率计算,城镇容纳新增城镇人口需投入 1 400 万亿～2 100 万亿元人民币来建设城镇基础设施与公共服务设施,二者合计约 9 000 万元～1 亿元人民币。

10.3 关于苏北农村城镇化的金融驱动分析

基于金融发展对农村城镇化具有正向外部性的研究,本书以江苏苏北为例进行实证分析。

首先,基于区域视角的金融发展对农村城镇化的比较分析。分析结果表明,在金融结构、金融效率以及金融规模等各项因子中,金融结构因子与金融规模因子对城镇化水平的影响显著,且均为正向影响;金融效率因子对城镇化水平的影响不显著。江苏农村金融发展对城镇化水平的影响存在显著的区域差异性,农村金融市场竞争程度越强,金融规模越大的县市,其城镇化水平则越高;反之,农村金融市场集中程度越强,金融规模越小的县市,其城镇化水平则越低。

其次,基于面板数据模型的金融发展对苏北农村城镇化的作用分析。分析结果表明,在研究区间 2002～2013 年,部分苏北各县市金融规模、金融效率对城镇化水平有显著影响,这种影响有正向的,也有负向的,另有部分县市金融发展要素对城镇化影响则十分不显著。

最后,基于结构方程模型的金融发展对苏北农村城镇化的影响路径分析。路径分析结果表明,在将城镇化分解为经济与社会等各项因子后,苏北农村金融发展在城镇化的个别因子上存在较为显著的支持,如金融发展对人均 GDP、农业现代化、产业结构等因子的影响系数显著不为零。以农村金融增量改革为分界，不论是金融变量对城镇化发展的经济因子影响，还是对城镇化发展的社会因子影响，其影响系数均有明显上升，说明农村金融增量改革对苏北农村城镇化发展具有显著的推动作用。

10.4 金融支持城镇化的路径与对策建议

现阶段，苏北农村经济增长与城镇化发展略低于全国平均水平，农村金融发展的“供给领先”型特征较为突出，需要通过扩张金融产品与金融服务供给来推动城镇化与经济增长，研究金融驱动城镇化的路径并从金融供给角度提出相关对策建议符合苏北农村城镇化发展的阶段性要求。

第一，城镇化的金融支持路径。在农村金融市场规模较小、金融有效供给不足的背景下，农村金融支持城镇化建设应有所侧重，必须寻找好着力点与切入点，做到“有所为，有所不为”。金融支持城镇化路径由实践及发展趋势所决定。

苏北农村金融支持城镇化的实证分析表明，金融对农业产业化、农村非农产业结构以及农村经济增长具有显著的影响。鉴于城镇化发展具有“路径依赖”特性，将促进农业产业化、产业结构优化以及农村经济增长作为金融支持城镇化的经济因子路径，将促进农村医疗条件、农村通信水平与农村恩格尔系数的提升与优化作为金融支持城镇化的社会因子路径。前者是由金融发展产生直接影响，后者通过金融对经济因子发生作用，进而产生间接影响。

农村金融创新的趋势表明，土地金融将成为解决农村金融有效供给不足问题的关键所在。目前全国土地流转面积达到3.8亿亩，仅以最基本的流转收益来评估，金融市场规模就达到数以千亿元人民币的规模，如果与产权、增信等创新相结合，估计将带动数以万亿元人民币规模。我国农村土地政策正经历着从“三权分置”到确权颁证、从土地有序流转到农业适度规模经营，赋予农地金融权能与农地使用权资本化正在进行，土地金融将成为推动农村城镇化、解决“三农”问题的资金融通的重要路径。

第二，相关对策建议的提出。在分析与研究的基础上，本书探讨了金融驱动农村城镇化的相关对策与建议。

(1) 完善农村金融结构。不论是农村经济发展，还是农村城镇化建设，农村的金融需求呈现出规模增长较快、多元化趋势越发明显的特征。在已有的政策性金融机构、商业性金融机构与农信社共同构成的农村金融结构基础之上，需要进一步完善农村金融结构。发展服务于农村城镇化建设的政策性金融，进一步推动农信社向农村商业银行和农村合作银行改革，将民间金融纳入普惠金融发展轨道，引导商业银行涉足农村城镇化业务。

（2）探索与发展土地金融。不论是城市化还是城镇化，其资金需求都会涉及土地的资金化，土地金融是农村城镇化资金缺口的突破口。在政策层面逐步理清农村土地的权利与金融权能的基础上，金融应加快赋予农地以金融权能，开发农地的金融属性，建设土地银行，实现土地的货币化与资本化。

（3）推动农村金融服务模式创新。围绕农村城镇化金融服务模式的创新，提出建立与健全农村土地价值评估制度、家庭农场信用评定制度、农业保险与保障机制、农地承包经营权流转机制等，探索农村金融制度与金融服务的创新，以解决农村金融有效供给不足的问题。

（4）对金融驱动城镇化的分析与研究表明，金融是经济增长的核心，金融的外部性是集聚发生的驱动力，所以金融是城镇化的逻辑动力，是城镇化的重要支撑。在对江苏苏北农村金融支持城镇化分析中发现，2002～2014年，苏北农村城镇化进程平稳发展，农村城镇化综合水平略低于全国的城市平均水平，金融发展则呈现先下降、后上升的“U”形态势；金融发展对苏北农村城镇化的支持力度相对于发达区域较弱，在将城镇化水平分解为经济与社会等多项因子后，发现金融发展对人均GDP、农业现代化、产业结构等变量的影响较为显著，对城镇化发展有着不同程度的贡献。在欠发达的农村地区，金融发展相对薄弱，资金数量有限，金融对城镇化的支持不可能全面铺开，而应做到集中力量，突出重点。首先，应在充分利用现有金融资源的基础上，合理配置金融资源，做到重点突出，有所为并有所不为；其次，发挥金融“供给引领”的作用，改革与创新农村金融，从引导商业金融服务农村城镇化，规范民间金融、完善金融机构体系，盘活土地要素、发展农地金融，完善金融制度、推动金融创新等方面进一步促进金融驱动城镇化。

参考文献

[1] AHLERS A L. Weaving the Chinese Dream on the Ground? Local Government Approaches to "New-Typed" Rural Urbanization[J]. Journal of Chinese Political Science, 2015,20:121.

[2] 吴超,钟辉.金融支持我国城镇化建设的重点在哪里[J].财经科学,2013(2):1-10.

[3] 孙久文,叶裕民.区域经济学教程[M].第二版.北京:中国人民大学出版社,2010.

[4] 唐蜜,肖磊.欠发达地区人口大县城镇化动力机制分析[J].农村经济问题,2014,35(8):100-109.

[5] 欧向军,甄峰,秦永东,等.区域城市化水平综合测度及其理想动力分析——以江苏省为例[J].地理研究,2008,27(5):993-1002.

[6] 魏冶,修春亮,孙平军.21世纪以来中国城镇化动力机制分析[J].地理研究,2013,32(9):1679-1687.

[7] 许学强,李郇.改革开放30年珠江三角洲城镇化的回顾与展望[J].经济地理,2009,29(1):13-18.

[8] 周毅.中国城市化特征描述、分析与评价[J].甘肃社会科学,2010(3):135-138.

[9] 李世泰,孙峰华.农村城镇化发展动力机制的探讨[J].经济地理,2006,26(5):815-818.

[10] 郝寿义,安虎森.区域经济学[M].北京:经济科学出版社,2015:44.

[11] 杨小玲.中国农村金融改革的制度变迁[M].北京:中国金融出版社,2011.

[12] 祝健,等.农村金融改革发展若干问题[M].北京:社会科学文献出版社,2011.

[13] 刘芬华.农村城镇化、异质性金融需求与金融产业结构调整[J].财经科学,2010(6):25-32.

[14] 谢金楼,万解秋.发展村镇银行 增加农村金融供给[J].苏州大学学报,2011(1):110-114.

[15] 张杰. 中国农村金融制度:结构、变迁与政策[M]. 北京:中国人民大学出版社,2003:128.

[16] 方显仓. 新型城镇化发展中的金融支持机制建设研究[J]. 经济纵横,2013(12):16-20.

[17] 梁静雅,王修华,杨刚. 农村金融增量改革实施效果研究[J]. 农业经济问题,2012(3):22-28.

[18] 姚曙光,傅昌銮. 农村金融市场发展与小微企业信贷可获得性——基于浙江省的数据[J]. 浙江社会科学,2015(6):150-154.

[19] 吴福明. 历史视角下的土地金融探索[J]. 金融博览,2013(10):36-37.

[20] 陈霄. 农村土地金融开发的条件、框架与对策——基于重庆改革发展的视角[J]. 西部论坛,2012,22(3):20-27.

[21] 吴福明. 农地流转与土地金融[J]. 社会纵横,2012(8):35-38.

[22] 肖艳霞. 农村土地金融制度创新及政策建议[J]. 金融理论与实践,2007(7):38-40.

[23] 郭步超. 农村土地证券化与中国农村土地金融体系构建新论[J]. 生产力研究,2009(2):23-25.

[24] 邹力行. 探讨中国土地资本新思路[J]. 国际融资,2014(1):61-66.

[25] 林乐芬,赵倩. 推进农村土地金融制度创新——基于农村土地承包经营权抵押贷款[J]. 学海,2009(5):68-72.

[26] 李敬,冉光和,温涛. 金融影响经济增长的内在机制——基于劳动分工理论的分析[J]. 金融研究,2007(6):80-101.

[27] PATRICK H T. Agriculture and Economic Growth: Japan's Experience [J]. The Journal of Asian Studies,1971,30(2):463-464.

[28] YANG X K. The Division of Labor, Investment and Capital [J]. Metroeconomica,1999,50(3):301-324.

[29] MYRDAL G. Economic Theory and Under-Developed Regions[M]. New York: Harper & Row, 1957.

[30] KRUGMAN P. The Self-Organizing Economy[M]. New Jersey: Wiley-Blackwell,1996.

[31] FUJITA M, KRUGMAN P, MORI T. On the Evolution of Hierarchical Urban Systems[J]. European Economic Review,1999,43(2):209-251.

[32] LLOYD R. Urbanization and the Southern United States[J]. Annual Review of Sociology,2012,38:483-506.

[33] LIN S, FENG J M, WANG J, et al. Modeling the Contribution of Long-

term Urbanization to Temperature Increase in Three Extensive Urban Agglomerations in China[J]. Journal of Geophysical Research Atmospheres,2016,121(4):1683-1697.

[34] YAO J. Financial Intermediation Development and Total Factor Productivity Growth: Evidence from Chinese Mainland Provincial Panel Data [J]. Modern Economy,2011,2(5):868-873.

[35] LI CHENG-GANG. Empirical analysis of the dynamic relationship between urbanization and financial development in Guizhou Province, China [J]. Discrete Mathematical Science& Cryptography, 2016, 19 (3): 811-820.

[36] TUROK I,JACQUELINE BOREL-SALADIN. Is urbanisation in South Africa on a sustainable trajectory? [J]. Development Southern Africa, 2014,31(5):675-691.

[37] 陈元. 中国农村城镇化问题研究[M]. 北京:中国财政经济出版社,2004.

[38] EKUMANKAMA O, AUGUSTINE UJUNWA, HALIDU AHMAD UMAR, et al. Managing Urban Cities in Nigeria Efficiently by Local Councils:The Capital Market Option[J]. Management Science and Engineering,2012,6(4):30-41.

[39] MATHUR S. Self-financing urbanization: Insights from the use of town planning schemes in Ahmadabad, India[J]. Cities,2013,31:308-316.

[40] YE L, WU ALFRED M. Urbanization, land development and financing: evidence from Chinese cities[J]. Journal of Urban Affairs, 2014, 36: 354-368.

[41] JENNIFER T L,ERIN P K SO, ISABEL K M YAN. Intergovermental Fiscal Arrangements and Provincial Consumption Risk Sharing in China [J]. Emerging Markets Finance and Trade,2014,50(3):45-58.

[42] LIN, GEORGE C S. Reproducing spaces of Chinese urbanisation: new city-based and land-centred urban transformation[J]. Urban Studies, 2007,44(9):1832-1833.

[43] PETERSON G E. Land leasing and land sale as an infrastructure-financing option[R]. World Bank Policy Research Working Paper, No. 4043. 2016.

[44] YEW C P. Pseudo-urbanization? Competitive government behavior and urban sprawl in China[J]. Journal of Contemporary China,2012,21(74):

281-298.

[45] SVARTZHAN B. The leap to the city:resistance and transition in a Chinese village facing urbanization[J]. China Perspectives,2013:41-52.

[46] YE F Z,WANG W. Determinants of Land Finance in China: A Study Based on Provincial-level Panel Data[J]. Australian Journal of Public Administration,2013,72(3):293-303.

[47] MIRIAM H R. Urban sprawl and municipal budgets in Spain: A dynamic panel data analysis[J]. Papers in Regional Science,2014,93(4):843-864.

[48] SHRESTHA B K. Squatter Settlements in the Kathmandu Valley: Looking Through the Prism of Land Rights and Tenure Security[J]. Urban Forum,2013,24(1):119-135.

[49] WIBOWO A,ALFEN H W. Government-led Critical Success Factors in PPP Infrastructure Development[J]. Built Environment Project and Asset Management,2015,5(1):121-134.

[50] LI Y. Analysis on the Disparity in Economic Growth and Consumption between Urban Sector and Rural Sector of China: 1978—2008[J]. Frontiers of Economics in China, 2010,5(4):559-581.

[51] SPERLING J,ROMERO-LANKAO P,BEIG G. Exploring Citizen Infrastructure and Environmental Priorities in Mumbai, India[J]. Environmental Science and Policy,2016,60:19-27.

[52] LIU S T. Existing problems in financial support for new urbanization and recommendations[J]. Asian Agricultural Research,2015,7(10):1-3.

[53] 联合国人居组织. 伊斯坦布尔宣言[R]. 1996.

[54] 马晓河,胡拥军. 中国城镇化的若干重大问题与未来总体战略构想[J]. 农业经济问题,2010(11):4-10.

[55] 张培刚. 发展经济的非经济因素与政府作用[J]. 管理与财富,2001(11):59-61.

[56] 叶裕民,黄壬侠. 中国流动人口特征与城市化政策研究[J]. 中国人民大学学报,2004,18(2):75-81.

[57] 李强. 中国城镇化"推进模式"研究[J]. 中国社会科学,2012(7):82-102.

[58] 战明华. 金融深化的指标体系及其关系[J]. 浙江大学学报(人文社会科学版),2002,32(5):103-109.

[59] 阮华,翁贞林,曹志文. 农村金融供求失衡的理论分析[J]. 金融与经济,2015(5):24-27.

[60] 黎娜,汪洁,陈奕霏.发达国家中小企业融资政策与学术支持[J].学术界,2016(5):228-237.
[61] 国务院.国务院关于印发全国主体功能区规划的通知:国发〔2010〕46号.
[62] 雷立钧.基于增量改革的中国农村金融发展[J].财经问题研究,2008(11):73-77.
[63] 宋洪远,等."十一五"时期农业和农村政策回顾与评价[M].北京:中国农业出版社,2010.
[64] 张兵,周月书.江苏农村金融发展报告:2012,2013,2014[M].北京:科学出版社,2013,2014,2015.
[65] 杜为公,祁华清,王正喜.西方农业经济学研究[M].武汉:湖北人民出版社,2009.
[66] 温涛,冉光和,熊德平.中国金融发展与农民收入增长[J].经济研究,2005,9:30-43.
[67] 赵洪丹,朱显平.农村金融规模、农村金融效率与农村经济增长[J].经济经纬,2015,5:28-34.
[68] 陈敏,顾国星.农村金融发展与农村经济增长关系研究[J].哈尔滨商业大学学报,2014(6):3-11.
[69] 王怡然.中国农村经济发展中的金融排斥问题研究[J].农业经济,2014(11):40-41.
[70] 高晓燕.基于供给视角的农村金融研究[M].北京:中国金融出版社,2012.
[71] 张延平,王秀麦.基于SCP范式的我国农村金融市场研究——以中国邮储银行为例[J].北京工商大学学报(社会科学版),2011,26(2):84-90.
[72] 吴国化.进一步完善中国农村普惠金融体系[J].经济社会法制比较,2013(4):32-45.
[73] 傅昌銮.县域农村金融结构与经济增长[J].农村技术经济,2014(7):114-120.
[74] 傅昌銮.不同类型农村中小金融机构绩效的决定——基于浙江省的研究[J].农业经济问题,2015(5):71-77.
[75] 安徽农村金融发展对策研究课题组.十一五安徽农村金融发展对策研究[R].安徽省经济信息中心,2005.
[76] 匡家在.1978年以来的农村金融体制改革:政策演变与路径分析[J].中国经济史研究,2007(1):106-112.
[77] 刘丹,张兵.农村二元金融结构现象成因:基于农户内生性视角[J].江苏社会科学,2015(3):8-16.

[78] 任碧云,刘进军.基于经济新常态视角下促进农村金融发展路径探讨[J].经济问题,2015(5):101-106.
[79] 王文锋.农户向农村金融机构融资意愿影响因素分析[J].江苏农业科学,2014(9):452-455.
[80] (美)诺克斯,顾朝林.城市化[M].北京:科学出版社,2009:24-25.
[81] 郑长德.中国的金融中介发展与城镇化关系的实证研究[J].广东社会科学,2007(3):12-18.
[82] (美)藤田昌久.空间经济学:城市、区域与国际贸易[M].北京:中国人民大学出版社,2011:32.
[83] 魏后凯.现代区域经济学[M].北京:经济管理出版社,2011:36.
[84] 潘辉,尹翔硕.城市集聚、金融外部性与地区工资差距的关系研究——以我国长三角城市圈为例[J].国际贸易问题,2013(5):158-168.
[85] 杨小凯.经济学——新兴古典与新古典框架[M].北京:社会科学文献出版社,2003:14-15.
[86] 范川.金融创新是解决城市化发展资金瓶颈的关键[J].商业研究,2003(21):149-150.
[87] 王楠.金融发展对中国城市化进程影响的实证分析[D].长春:吉林大学,2011.
[88] 吴旭晓.新型城镇化效率深化趋势及其驱动机制研究[J].商业研究,2013(3):44-51.
[89] 杨晓敏,韩廷春.制度变迁、金融结构与经济增长——基于中国的实证研究[J].财经问题研究,2006(6):72-78.
[90] 黄国平.促进城镇化发展的金融支持体系改革和完善[J].经济社会体制比较,2013(4):56-66.
[91] 侯杰泰,温忠麟,成子娟.结构方程模型及其应用[M].北京:教育科学出版社,2004.
[92] 郭安娜.基于土地承包经营权的农地金融创新研究[J].浙江金融,2015(3):12-18.
[93] 周桂娟,陈卫东,金璋.关于农村土地流转的几点思考[J].农业发展与金融,2015(11):58-60.
[94] 范立夫.金融支持农村城镇化问题的思考[J].城市发展研究,2010(7):63-66.
[95] 清华大学农村金融课题研究组.发展农村金融 支持新型城镇化[J].银行家,2014(10):116-119.

[96] 程必定. 新市镇：中国县域新型城镇化的空间实现载体[J]. 发展研究，2011(6)：24-28.

[97] 王振坡，游斌，王丽艳. 论新型城镇化进程中的金融支持与创新[J]. 中央财经大学学报，2014，1(12)：46-53.

[98] 李建伟. 城镇化背景下农村异质性金融需求制度实证研究——基于金融排斥的视角[J]. 云南财经大学学报，2014(1)：138-144.

[99] 孙刚. 金融与经济增长关系实证研究的发展与创新[J]. 财经问题研究，2004(12)：15-23.

[100] 王曙光. 农地改革打开土地金融创新的空间[J]. 中国农村金融，2015(7)：34-35.

后　　记

光阴荏苒，时光流逝，二十几年的求学生涯过去，至今仍是空忙。2016年底，我完成了博士学位论文答辩，本书在博士学位论文基础之上修改完成，并交付中国矿业大学出版社刊印。值付梓之际，由衷地感谢所有在学习、工作和生活上给予我无私帮助的领导、老师、朋友和亲人们！

2014年寒假初始，徐州下了一场鹅毛大雪，伴着窗外雪花纷飞、冰雪消融、大地回春，我完成了博士论文的开题报告。衣带渐宽终不悔，为伊消得人憔悴。博士论文的写作过程是一场持久战，这一场"战争"从预备开题到完成答辩消耗了近三年的时间。通过阅读文献，撰写数万字的读书笔记，论文从思路到轮廓、从技术路线到研究方法日益清晰、明朗起来。突然天降噩耗，母亲重疾缠身。2015年初，挥泪送走母亲后，带着老人家的深情与遗愿，我重启博士论文的写作征程。经历了反复的研究与论证，论文写作逐渐剥茧抽丝，最终在2016年底，我通过了博士学位论文答辩。

回首过往，有困惑、有艰辛、有悲痛、有欣慰，更多的是感恩与怀念……首先衷心感谢我尊敬的导师——中国矿业大学科学技术研究院院长刘传哲教授，感谢李新春教授、王新宇教授、何凌云教授，感谢各位同门师兄弟，感谢在此期间给予关怀与厚爱的各位亲朋好友。总之，我的每一点滴进步都得到了单位领导、老师、同学、朋友及亲人的太多支持与帮助，本书也凝聚了他们大量的智慧和心血，感激之情，难以言表，谨再次表示深深的谢意！

在此，还要感谢徐州工程学院学术著作出版基金的资助！

感谢各位专家与读者参阅拙作。农村城镇化的金融支持问题牵涉面广，由于本人才疏学浅，书中难免出现纰漏与错误，敬请大家批评指正。

最后，感谢我的家人一如既往的支持、关爱与理解，并以此书怀念我平凡而伟大的母亲——秦洁才先生。

邵　川

2016 年 12 月 29 日于徐州风华园